수운이 지은 하느님 노래

용담유사 龍潭諭詞

도올 김용옥 현재 우리말 역

통나무

목차

서언序言

존재와 몸: 동학을 이해하는 한 단어

인간은 어떠한 경우에도 독존獨存할 수 없다. 외로워서 못살겠다든가, 너무 고독하다든가 하는 감정이나 의식상의 고립을 말하는 것이 아니라, 보다 근원적으로, 존재의 모든 층차의 모든 순간에 있어서, 고립이라는 것은 불가능하다는 것이다. 아주 쉽게 말하자면 나라는 존재는 "몸Mom"이 없으면 존재의 모든 근거가 사라진다. 명료하게 말하자면 나의 존재의 모든 것은 나의 몸에 귀속된다. 나의 몸은 나의 존재의 전부다. 나의 몸이 곧 나의 존재다. 나의 몸이 사라지면, 즉 나의 몸의 구성양식이 해체되면 나는 사라진다. 더 쉽게 말하자면 나는 죽으면 끝이다. 죽음은 무無다!

세상에 이렇게 쉬운 얘기가 또 어디 있겠는가? 이보다 더 쉬운 진리眞理가 어디 있겠는가? 그런데 이런 말을 하는 지식인은 우리 주변에 거의 없다. 몸이 존재의 전부이고, 존재의 전부가 곧 몸이다! 이와같이 쉬운 말을 아무도 하지 않는다. 왜냐? 몸에 대한 이해가 왜곡되어 있기 때문이다. 어째서 왜곡되었는가? 오늘날 우리가 사용하는 언어가 우리의 삶의 체험에서 우러나온 것이 아니라, 외래적 가치에 의하여 오염되었기 때문이다. 나는 나의 언어를 내가 만들지 않았다. 그냥 주어진 대로 익혔을 뿐이다. 그리고 그 익힌 언어의 개념적 틀에 따라 세상을 바라보아 온 것이다. 내 세상이 아니라 나의 언어의 세상인 것이다.

몸이 존재의 전부다! 이것은 너무도 명백한 사실이 아닌가? 죽으면 끝이 아닌가? 송장이 뭘 또다시 바라겠는가? 그런데 왜 이런 말을 못하고 살까? 이런 말을 하면 아주 천박하고 무식한 놈으로 보이기 때문이다. "뒈지면 끝이다!" 도대체 이런 말을 영국·독일·불란서·미국 등지에서 석박사를 다 마친 거룩한 지식인이 자신있게 말하는 것을 들어본 적이 있는가? 몸이 존재의 전부라니! 그런 무식한 소리가 어디 있겠는가? 영혼은 무엇이며, 심령은 무엇이며, 데우스는 무엇이며, 이성은 무엇이며, 사후세계는 무엇이며, 윤회는 무엇이며, 하늘나라는 무엇이며, 불멸은 무엇이냐? 이런 것들도 몸이 해체되는 동시에 다 해체된단 말인가? 몸이 끝나면 영혼불멸이니 하느님이니 하는 개소리도 다 끝이란 말이냐?

언어와 권력

우리의 "몸"을 왜곡하는 모든 언어들은 기실 지난 몇 세기 동안 서구권에서 날조된 것이다. 오늘날 우리나라를 지배하는 지성인들의 지식체계, 일례를 들면, 물리학이니 생물학이니 철학이니 종교학이니 인류학이니 역사학이니 하는 모든 "학學"의 체계가 대부분 19세기로부터 20세기에 걸쳐 1·2세기 동안에 세계를 틀 지운 로고스의 체계의 모사판인 것이다. 이러한 로고스의 체계를 경쟁적으로 마스터하기 위해 정말 안간힘을 다 쓰며 고생고생 습득한 것이다.

이렇게 나로부터 우러나온 것이 아닌 외래의 지식의 체계를 그토록 치열하게 습득하는 이유는, 그러한 지식의 체계가 반드시 그들이 살고자 하는 세계의 권력의 체계와 습합되기 때문이다. 그 시대를 지배하는 지식이나 교양의 습득이 없이는 그 시대를 지배하는 권력을 장악하기가 매우 난감하다. 지식은 권력이다. 다시 말해서 권력은 세계의 왜곡인 것이다.

오늘날 이러한 권력적 지식을 소유한 자에게 "몸"은 반드시 "육체"와 "영혼"으로 나뉜다. 이들에게는 몸의 소멸은 단지 육체의 소멸일 뿐이며, 영혼의 소멸이 아닌 것이다. 이때 육체는 "순수물질pure matter"이 되며 영혼은 "순수정신pure mind, pure spirit"이 된다. 그런데 "몸Mom"을 순수물질로 쳐다보는 것이 과연 정당한가? 과연 몸이 물질인가? 내 몸은 분명히 하나의 유기적 체계를 유지하고 있는 생명체인데, 이것 전체를 물질이라고 말할 수 있겠는가? 이러한 규정(몸=육체=물질)은 너무도 비상식적이며, 우리의 명백한 일상적 사실을 위배하고 있는 것이다. 뇌신경세

포의 복합적인 시냅스의 작용을 단순히 물질이라고 규정할 수 있겠는가?

몸의 소멸이 곧 육체의 소멸일 뿐이라고 생각하는 이들에게는 "몸의 종말＝존재의 종말"이라는 엄연한 사실의 섭섭함을 견디기 어렵기 때문일 것이다. 죽어도 남는 게 있어야 사는 보람이 있다고 생각하고 싶은 것이다. 이왕이면 고귀한 "정신의 불멸the Immortality of the Soul"을 확보하고 싶은 것이다.

그런데 더 본질적인 문제는 과연 독립된 정신, 독립된 물질이라는 게 있느냐 하는 질문에 있다. 어떠한 물체든지 그것을 순수물질, 혹은 순수정신으로 바라보는 것이 과연 정당한가에 관한 질문인 것이다.

데카르트의 실체관 자기원인자, 그것의 터무니없는 부작용

이러한 질문을 가장 먼저, 명료하게 철학적 상식으로서 제기한 인물이 프랑스의 철학자이며 대수학자인 르네 데카르트René Descartes, 1596~1650였다. 그는 "근세철학의 아버지"라고 불리는데, 그의 사유체계가 곧 근대인의 특징을 대변한다고 여겨왔기 때문인 것이다. 그런데 데카르트는 이 세계는 궁극적으로 두 개의 "실체substance"로 구성되어 있다고 주장하였다. 그 두 개의 실체가 바로 정신mind과 물질matter이라는 것이다. 그런데 이때 실체라는 개념이 매우 중요하다. 실체는 우주의 "원질ousia"의 의미이며,

그것은 소크라테스 이전의 희랍철학자들이 주장했던 것인데, 중세교부철학을 거치면서 데카르트에 이르러 다시 규정된 것이다. 그런데 데카르트는 실체가 진정 실체가 되기 위해서는, 다음과 같은 규정성에 부합되어야 한다고 생각했다. 즉 실체는 자신이 존재하기 위하여 자기를 넘어서는 어떠한 타존재의 도움을 필요로 하지 않는다. 실체가 존재하기 위하여 타존재에 의존해야만 한다면 그것은 타존재에 종속되기 때문에 진정한 실체(=원질=본질=본체)가 될 수 없다고 보는 것이다.

이것은 실상 "자기가 곧 자기존재의 원인"이라고 하는 "자기 원인causa sui, self-cause"의 중세철학의 관념을 반복한 것이다. 중세교부철학에 있어서 우주의 궁극적 실재ultimate reality인 하나님은 자기원인자이어야 한다는 것은 일관된 주장이었다. 따라서 우주의 궁극적 실재로서 정신과 물질이라는 두 개의 실체를 설정한 데카르트철학에 있어서, 당연히 정신은 "자기원인자"이어야만 하고, 물질 또한 "자기원인자"이어야만 했다. 다시 말해서 정신은 정신의 존립을 위하여 물질을 필요로 하지 않고, 물질은 물질의 존립을 위하여 정신을 필요로 하지 않는다는 것이다. 그러니까 정신과 물질이 우주의 양대 실체가 되기 위해서는, 정신은 정신대로, 물질은 물질대로 고립孤立되어야만 하는 것이다. 일체의 상호교섭이 있어서는 아니 되는 것이다. 세상에 이런 터무니없는 철학이 어디 있나? 이런 비상식이 어디 있나?

오늘 우리가 쓰고 있는 언어는 한국인의 언어가 아니다

그러나 이러한 비상식은 17세기부터 오늘날에 이르기까지 전 인류의 전문적 지식과 교양의 체계를 지배했다. 서구의 지배, 좀 더 명확히 말하자면 서구과학의 우월성의 맹신체계가 20세기를 통하여 우리의 언어를 지배했다. 다시 말해서 정신이니 물질이니 하는 말은 19세기까지만 해도 우리 조선인의 언어가 아니었다. 이 모든 언어는 개화기 때 새로운 로고스의 권력화에 따라 경쟁적으로 조선인의 심령에 침투한 것이다. 오늘과 같이 과학이 고차원으로 승화된 시기에도 정신과의사와 외과의사는 전혀 서로 교섭이 없는 몸의 영역을 다루는 사람인 것처럼 인식되고 있는 것이다.

도대체 도올이 왜 이런 얘기를 하고 있나? 수운이 쓴 한글가사 인『용담유사』를 쉽게 푸는 작업을 한다고 해놓고서 왜 데카르트 얘기를 하고 있나? 수운이 쓴 한글가사를 난해한 철학서라고 말하기는 어렵다. 수운의 일상적 체험을 있는 그대로 토로한 노래요, 시요, 가감 없는 실존의 독백이다. 너무도 꾸밈이 없이 고도의 사유체계를 게슈탈트적으로 급격히 써내려간 운문이기 때문에, 자칫 잘못하면 매우 피상적으로 이해하고 말 위험성이 도사리고 있다. 그리고 간과할 수 없는 중요한 사실은 수운의 언어는 우리의 언어가 서구적 언어나 개념에 의하여 오염되기 이전의 순결하기 그지없는 조선인의 언어라는 것이다.

다시 말해서 우리가 현재 쓰고 있는 언어를 초월하는 곳에서 수운을 만나야 한다는 것이다. 수운의 의식세계에서는 원불교의 창시자 박중빈의 개교동기표어인 "물질이 개벽되니 정신을 개벽하자"는 식의 언어구성이 생겨날 수가 없다. 소태산은 소태산 나름대로의 시대의식과 해석방식이 있겠지만, 물질과 정신의 이원적 대립은 수운의 언어에는 원천적으로 구성되기 어렵다. 소태산의 언어는 이미 일제강점기의 개화기 사상을 거친 이후의 언어라 할 수밖에 없다.

존재는 생성이다

원래 나의 진술은 인간은 어떠한 경우에도 독존獨存할 수 없다는 테제로부터 출발한 것이었다. 인간은 고존孤存할 수 없다. 즉 인간은 고립된 존재가 아니며, 끊임없이 환경과 교섭하는 가운데 그 존재성을 유지한다는 것이다. 존재성을 유지한다는 것은 끊임없이 생성生成한다는 것을 의미한다. 끊임없이 생성한다는 것은 끊임없이 변화한다는 것이다. 끊임없이 변화한다는 것은 끊임없이 타자와 교섭한다는 것이다. 그것은 곧 자기의 존재를 존속시키기 위해 타자를 필요로 하지 않는다는 자기원인의 실체성을 거부한다는 것이다.

다시 말해서 나의 "몸"은 실체가 아니라는 것이다. 또 나의 몸을 구성한다고 하는 육체도 정신도 실체일 수가 없다는 것이다. 육체라는 실체, 정신이라는 실체는 존재하지 않는다. 오직 생성하고 변화하고 교섭하는 "몸"이 있을 뿐이다. 이것은 진실로 너무도 이해하기 쉬운 사실이다. 특별한 사유나 철학적 체계를 요구하지 않는다. 사실이란 그냥 인정하면 그뿐이다. 그러나 우리나라의 대부분의 지성인들이 이토록 쉬운 얘기를 수용하려 하지 않는다.

모든 존재는 시간, 공간 내의 존재일 수밖에 없으며, 시공간 내의 모든 존재는 변화하지 않을 수 없다. 시간 속에 있다는 것 자체가 변화한다는 것이다. 시간 속에 있으면서 변화하지 않는 것은 없다. 변화하지 않는 것처럼 보이는 것은 오직 변화하는 방식이 그 존재의 형태를 동일한 모습으로 유지시키는 지속에 불과하다는 것이다. 모든 불변은 변화의 부정이 아니라 지속일 뿐이다. 따라서 나의 몸은 모든 순간에 있어서 다시 반복될 수 없는 유일무이한 존재태일 뿐이다.

아주 쉽게 얘기해보자! 노자도 이런 말을 한 적이 있다: "나에게 몸이 없다면, 도대체 나에게 무슨 고민거리가 있겠느냐?及吾無身, 吾有何患?"(13장). 나의 존재의 전부가 나의 몸Mom이라는 사실은 이러한 노자의 독백에서도 확인되는 것이다.

나는 고존의 존재일 수 없다는 것은 나의 몸이 끊임없이 교섭하고 생성하고 변화한다는 것을 의미한다는 것이다. 나는 먹는다. 즉 나의 몸은 먹지 않고서는 그 생명력을 유지할 수 없다. 뿐만 아니라 존재의 동일성을 유지할 수 없다. 먹음으로써 땅地과 교섭하

는 것이다. 나는 숨쉰다. 즉 나의 몸은 숨쉬지 않고서는 그 생명력
을 유지할 수 없다. 숨은 생명의 다른 표현이다. 호흡이 없이는 에
너지 대사가 이루어지지 않는다. 나의 몸은 숨으로써 하늘天과 교
섭하는 것이다. 나의 몸은 하늘을 숨쉬고 땅을 먹는다. 잠시도 그
침 없이 이러한 교섭을 한다. 뿐만 아니라 색·성·향·미·촉·
법과의 끊임없는 교감을 한다. 나의 몸은 자기원인일 수 없다. 교
감 없는 실체일 수가 없다. 그것은 너무도 다이내믹한 생성체이
며, 이벤트들의 과정Process이다.

하느님도 몸이다

그런데 어떻게 이러한 명백한 사실을 묵살하고 서양의 고등한
문명의 담지자라 하는 자들이 예외 없이 4세기 동안 데카르트의
이원론Cartesian dualism을 모든 상식의 기반으로 깔고 자만하면서
모든 이론의 성취를 과시했단 말인가? 정신 없는 물질, 물질 없는
정신의 실체적 사고는 태극기부대의 사람들이나 대형교회의 설
교자들뿐만 아니라, 우리나라 지성계·교육계 전반에 깔려있는
상식이 되어있는 것이다.

나의 몸이 나의 존재의 전부라는 이 단순한 상식을 수용할 수
없는 이유는 그들이 생각하는 모든 가치나 개념이나 실체나 존재
물이 다 몸Mom 하나로 귀속되어야 하는데, 그런 것은 상상도 해
본 적이 없기 때문이다. 그들이 생각하는 여호와 할렐루야 하나
님도 나의 몸의 일부현상으로서 설명되어야 하는데 그런 사고의

전복을 상상할 수조차 없는 것이다. 그들의 신앙체계에서는 감당할 수 없는 반란인 것이다. 이러한 반란을 아주 편하게, 아주 자연스럽게, 아주 심오하게 성취한 사람들이 바로 동학이라는 새로운 사유의 주인공들인 것이다.

서양철학은 기독교신학의 변형

우리나라에서 수운이 아직도 제대로 이해되지 못하고 있는 이유는 첫째 우리가 근대적이라고 부르는 우리의 언어 속에 갇혀있기 때문이고, 둘째는 그 언어의 심원이라 할 수 있는 서양의 모든 학문체계, 철학사상이 아직도 신학의 시녀노릇을 하고 있기 때문이다. 하나님이 없이는 우주를 설명해서는 아니 되고, 본질 없이 실존을 생각할 수 없고, 본체 없이 현상을 해명해서는 아니 되고, 신비 없이 의식을 해체할 수 없는 것이다. 서양철학은 알고 보면 기독교신학의 정교한 변형에 지나지 않는다.

나의 몸은 실체가 아니다. 나의 몸은 육체(=물질)라는 실체로써 규정될 수 없다. 나의 몸은 정신이라는 실체에 소속되지 않는다. 그러나 엄밀한 논의는 아니지만, 아주 상식적으로 "육체적 현상," "정신적 현상"이라는 것은 나의 몸에서 관찰될 수 있지 않을까? 그것이 실체가 아니라고 해서, 다른 존재방식으로 나의 몸에 참여하지 못하는 것은 아니지 아니한가? 정신이라는 실체는 없다. 물질이라는 실체는 없다. 그러나 정신적이라고 부를 수 있는 현상, 육체적이라고 부를 수 있는 현상이 나의 몸Mom의 현상으로서 설명되지 않는다면, 나의 몸이 나의 존재의 전부라는 테제는 빛을 잃는다. 하나님도 나의 몸의 한 현상으로서 설명되어야 하는 것이다. 이러한 시도를 아무도 하지 않았기에 지금까지 수운이 이해될 수 없었던 것이다.

수운왈: "너희는 하느님을 모른다."

수운은 이러한 주제에 관해 논리적 건축물을 만들지는 않았지만, 그의 사유가 속한 체험의 세계는 서구의 종교나 근세철학이나 과학이 우리 마음속에 살쾡이처럼 들어오기 전에, 그 독성을 파괴할 수 있는 면역력을 지닌 풍요로운 가치구조value structure였다. 이 가치구조는 기실 고조선 이래 우리의 몸속에서 반만년 이상 온축된 화합물이었다. 이 땅의 모든 지성인들이 서구의 철학과 종교와 과학과 무력에 무릎을 꿇고 그 장점을 배워야 한다고 겸손하게 비굴하게 아양을 떨고 있을 때 오직 수운만이 분기하여 불끈 주먹을 쥐고 서양의 제국주의자들을 향해 외쳤다:

"너희들은 하느님을 모른다. 너희들은 사람을 모른다. 너희들은 평화가 무엇인지를 모른다. 너희들은 인류를 파멸시키려 하고 있다. 우리가 반만년 이상을 더불어 살아온 우리의 하느님만이 너희를 구원할 수 있다. 우리를 죽이려 하지 말고 우리를 살림으로써 너희를 살려라! 너희들의 미래는 서학이 아니라 동학이다!"

우리 몸의 대뇌피질을 물질이라고만 말할 수는 없다. 그러나 뉴

런의 복잡한 시냅스를 정신이라고만 말할 수도 없다. 우리 몸의 일부이지만 손톱은 부담 없이 손톱깎이로 잘라낼 수 있다. 그러나 대뇌피질을 손톱을 자르듯이, 아무 이유 없이 잘라내는 미친놈은 없을 것이다. 다시 말해서 다함께 몸을 구성하는 중요한 성분이지만 손톱은 물질에 가깝고 대뇌피질은 정신에 가깝다고 말할 수 있다. 그렇다고 손톱에 정신이 없고, 대뇌피질에 물질이 없다고 말할 수는 없다. 다시 말해서 정신과 물질은 실체화될 수 없는 어떠한 역동적 관계에 있다고 말할 수 있을 것이다.

동학입문＝실체적 사고의 변혁

우리가 동학에 입문하기 위해서는 여태까지의 우리는 실체적 사고를 개혁해야 한다. 모든 실체적 사고를 버려야 한다. 날아가는 화살을 고속셔터의 사진기로 찍어 정지된 화면을 만들었다고 해보자! 이 사진에 고착화된 화살의 모습을 놓고 그것이 곧 그 화살의 실체라고 말할 수는 없다. 이러한 정지된 화살을 베르그송은 "시간의 공간화"라고 불렀는데, 이러한 공간화야말로 그 물체가 가지고 있는 생명성을 죽이는 가혹한 행위이다. 오늘날의 모든 양화되고 공간화된 과학적 설명은 진정한 생명의 지속을 거부하는 죽은 설명이다. 화이트헤드는 "철학은 추상의 비판이다" (Philosophy is the critic of abstractions. *SMW* p.87)라는 매우 쓸 만한 얘기를 했는데, 여기서 말하는 추상도 역시 살아움직이는 역동적 과정에서 추상되는 모든 관념적 폭력을 지칭하는 것이다. 추상은 생명이 아니다. 시간의 지속은 창조적 전진인 것이다.

우리의 몸을 비실체적으로 이해하는 한 방편으로서 정신과 물질을 몸이라는 이벤트의 장場Field의 두 극으로 이해해보자! 정신적 극Mental Pole과 물질적 극Physical Pole, 그것을 혼극魂極과 백극魄極이라는 우리말로 환원시켜 이름해보자! 아무래도 백극은 타자를 수용함에 있어서 타자를 있는 그대로의 모습으로 수용할 것이다. 물론 자신이 수용할 수 없는 물리적 여건은 배제할 것이다. 그러나 혼극은, 백극이 순응적이고 수동적이고 객관적인 성격을 갖는데 반해, 자신의 현실을 뛰어넘는 이상을 실현하는 창조적이고 능동적이고 주체적인 성격을 갖는다고 말할 수 있다.

우리의 몸: 혼극과 백극에 의하여 배열되는 기의 장

우리 몸Mom은 혼극과 백극에 의하여 배열되는 기氣의 장場이라고 생각하면, 실체적 사유에 의한 정신이니 물질이니 하는 말은 사라지고, 혼극과 백극의 결합에 의한 매우 다이내믹하고도 다양한 층차의 합생合生Concrescence이 전개될 것이다. 이것은 나의 몸의 현실태인 동시에 하늘과 땅, 즉 천과 지와 인, 삼재三才의 축약태라고도 말할 수 있다. 하느님이란 바로 이 혼극과 백극을 왕래하는 기의 착종적 활동에 대하여 가치론적 선택의 조화를 부여하는 특수한 기의 양태를 가리키는 것이라고 말한다면, 수운이 왜 "무위이화無爲而化"를 말하고 "인간이 곧 하느님"이라고 말했는지를 쉽게 이해할 수 있게 될 것이다. 인내천人乃天(수운 자신의 용법은 아니다)은 특수한 사유의 현현이 아니라, 반만년을 지속해온 조선인의 가치체계의 당연한 표출이라 할 것이다.

만물각유태극萬物各有太極이라 했거니와, 모든 사물에는 태극의 리理가 내재한다. 태극은 극의 최대가치를 말하는 것이다. 일물一物이라도 전 우주를 포섭하는 것이다. 그러나 태극은 무극無極과 짝지어 논의될 수밖에 없다. 머우 쫑싼牟宗三, 1909~1995(산동성 서하인栖霞人. 20세기 중국철학의 흐름을 주도한 거장 중의 한 사람)이 태극을 표전表詮(표면적인 규정언어)이라 하고 무극을 차전遮詮(가리워진 내면의 본질적 모습을 지칭하는 언어)이라고 말했는데 매우 적확한 표현이라 할 것이다. 그러나 결국 표전과 차전은 동일한 것이다. 도체道體는 표전의 관점에서도 볼 수 있고 차전의 관점에서 볼 수도 있다.

수운이 말하는 무위이화

주렴계周濂溪, 1017~1073가 "무극이태극無極而太極"이라 말한 것은 무극이 있고 나서, 무극으로부터 태극이 생겨났다고 말하는 것이 아니다. 그렇게 되면, 그것은 각기 무극과 태극을 실체화 하는 추상화의 오류를 범하는 것이다. 렴계의 논지는 "무극이면서 태극이요, 태극이면서 무극이다"라고 해석되어야 한다. "이而"는 시간의 선후를 말한 것이 아니라, 동시적 교감의 총체성을 지시하는 것이다. 태극太極은 극極의 최대치이다. 태극은 개체의 구별이 살아있는 코스모스(질서)의 모습이다. 그래서 태극을 리理라고 말하는 것이다. 그러나 태극의 본 모습은 극極(한계, 한정)이 사라진 무극無極의 카오스다. 태극은 분별적 코스모스의 체계이지만, 그 코스모스의 이면에는 극이 무화되는 카오스가 도사리고 있는 것이다.

노자는 말한다: "그 밝음을 알면서도 그 어둠을 지키면 천하의 모범이 된다. 천하의 모범이 되면, 항상스러운 덕이 어긋나질 아니하니, 그리하면 다시 무극으로 되돌아간다.知其白. 守其黑. 爲天下式。爲天下式. 常德不忒. 復歸於無極。"(28장).

주렴계의 "무극"은 『노자』 28장의 "무극"에서 왔다는 것은 사계의 정설이다. 무극은 "복귀復歸"의 귀속처이다. 그런데 이 복귀는 28장에 "복귀어영아復歸於嬰兒," "복귀어박復歸於樸"과 병치되고 있다. 무극은 "갓난아기"의 경지요, "질박한 통나무"의 경지다. 무극無極, 영아嬰兒, 박樸, 이것이 바로 하느님의 다른 이름들이다. 송명유학의 출발점에서 우리는 수운이 말하는 "무위이화無爲而化"(=무극無極)의 하느님을 만나게 된다.

혁명은 국가권력의 갚에서 그칠 수 없다

인내천은 인간을 억압하는 모든 권위의 부정이요, 모든 제도에 대한 항거이다. 우리 인류는 수천년 동안 국가의 권위에 도전하는 많은 영웅적 인물들을 보아왔다. 그리고 그들에게 반역이니, 반란이니, 반도叛徒니 하는 팻말을 붙여왔다. 그리고 그들의 반역이 성공하면 역성혁명의 주인공으로 칭송하여 왔다. 그러나 신석기 혁명 이래 그 어느 누구도 수운과 같이 왕권을 넘어서 신권에 본질적인 도전장을 낸 사람은 없었다. 니체는 신을 살해하려고 하였지만 수운은 신의 본모습을 드러냄으로써 신과 인간에게 동일한 생명력을 부여했다. 전통적인 정치혁명은 국가의 해체에 이르지도 못했다. 단지 국가권력의 값을 의미하는 것이었다. 수운의 문제의식은 이러한 혁명을 혁명시킨다.

유일신론의 배타성과 도륙성

왕권은 인류사에 유례없는 폭력과 야만의 형태로서 등장했다. 왕권은 신화의 부정이며 신화를 가능케 했던 모든 신성의 "빨아모음"이다. 왕권이 강화되면서 인간이 자연을 바라보는 눈은 왜곡되어 간다. 자연은 권력의 강화를 위한 수단으로 대상화되고, 신성은 신성을 잃어만 간다. 통일적 왕권은 필연적으로 유일신론과 결합하게 되어있다. 모든 유일신은 전쟁신의 성격을 띤다. 야훼의 역사는 팔레스타인의 원주민을 도륙해가는 전쟁의 역사다. 기독교가 기독교의 정신과 상치되는 구약을 짤라버리지 못하는 이유는 기독교의 국가들이 모두 제국주의의 절대왕정을 지향했고, 또 야훼 유일신론의 배타성과 도륙성을 절실히 요구했기 때문이었다. 배타와 도륙은 동일한 이름이다.

수운의 문제의식은 서학의 배타성과 도륙성이 이 땅을 물들이기 시작할 그 초기에 발생하여 서학의 천주(=하느님)의 수직적 성격, 초월적 성격, 권위주의적 성격을 전면적으로 거부했다. 수운의 문제의식은 이미 단군신화의 언어를 지어낸 사람들의 의식세계와 상통한다. 아니, 그 세계를 직관을 통해 직접 계승하고 있었다. 신화神話는 신神의 이야기話가 아니다. 그것은 궁극적으로 사람의 이야기이며, 과학논리적 인과성이 우리 의식계를 쪼개버리기 이전의 혼후渾厚한 인식의 구성이다.

신화와 곰

곰은 단지 들판의 검은 동물이 아니다. 태고로부터 곰은 자연의 왕자로서 인식되었고, 막강한 힘의 소유체로서 외경의 대상이었다. 인간은 곰이 소유한 힘을 자연의 막강한 위력을 집약한 신성태로서 간주하였다. 곰이 사람이 되고, 사람이 곰이 되는 혼용한 사유는 곧 인간과 자연은 신성을 매개로 해서 일체가 된다는 것을 의미한다. 그렇다고 고대인들이 곰을 두려워만 한 것은 아니다. 곰 또한 포획의 대상이었고 곰털가죽은 최상의 의복을 선물했다. 그러나 그러한 증여를 획득할수록 인간은 곰을 신성한 존재로서 존중하고 아끼게 된다.

환인의 아들 환웅이 신단수 아래로 하강하였다는 것, 그리고 곰이 여인이 되었다는 것, 그리고 이 둘이 결혼하여 단군왕검을 낳았다는 것, 이러한 이야기를 일차적으로 어떤 토템부족간의 결합을 의미하는 것으로 해석해버리면, 그것은 보편적인 인간학의 의미구조를 유실하고 말 위험성이 도사리고 있다. 하나의 토템과 하나의 공동체의 절대적 결속도 필연적인 것으로 간주하기에는 너무도 다양한 함수상황이 개입된다. 그리고 신시가 현 조선땅의 어디라고 점을 찍는 역사학도들의 다양한 학설도 좁은 소견에 지나지 않는다.

환웅의 하강과 단군의 탄생

환웅의 하강은 하늘의 기운을 상징한다. 그리고 웅녀의 탄생은 땅의 기운을 상징한다. 이 하늘과 땅의 결합에 의하여 단군이 탄생한다는 것은, 내가 앞서 말한 바 혼극과 백극의 교섭과 교감과 착종을 의미한다. 그것은 천지인 삼재의 우주의 개벽을 의미한다. 하늘은 이상적 요소의 보편적 양식이다. 기의 합생에 끊임없이 미래적 선택의 가치기준을 제시한다. 그것을 단군신화에서는 "홍익인간弘益人間"이라 불렀다. 사람과 사람 사이의 모든 관계함수에 보편적으로 이로움을 제공한다는 것이다. 환웅이 홍익인간의 이념을 가지고 인간세를 탐냈다고 하는 것은 수직적 하강과 복귀를 의미하는 것이 아니라, 그의 가치체계가 수평적 동일성, 화합성을 지향하고 있었다는 것이다. 수운의 "동귀일체同歸一體" 사상은 바로 이러한 단군신화가 표방하고자 하는 사유구조, 그 가치구조를 선언적으로 표출한 것이다. 그것은 단군이념의 새로운 활화산이었다.

수운과 고조선 시공간의 축, 그리고 혼원론

신시는 백두산 정상도 아니고 묘향산도 아니다. 태백산이면 어떠하고, 무등산이면 어떠하고, 한라산이면 어떠한가? 웅녀가 천자와 결혼할 수 있는 인식을 가진 모든 커뮤니티가 신시인 것이다. 그것은 인류학적 탐사에 의하면 바이칼호수 동북부로부터 대흥안령, 만주벌판을 거쳐 백두산, 베링해협을 지나 아메리카대륙의 남단에 이르는 광막한 몽골로이드문명의 분포지역을 포섭하는 것이다. 그 거대한 크레센트의 중심축이 바로 고조선이었고, 그 고조선의 시간축을 조선의 남단에서 부활시킨 자가 곧 수운이었다.

수운의 문장이나 가사, 그리고 시의 세계에는 항상 초월과 내재, 개체와 전체, 신비와 이성, 인격성과 자연성, 인과성과 초인과성, 아와 무아, 불연과 기연, 인성과 신성, 유위와 무위, …… 이모든 대립적 관계가 생성적 관계로 착종되어 있다. 나는 이러한 수운의 사유를 "혼원론渾元論"이라는 말로 표현한다. 그런데 서양인들이 말하는 신화의 세계는 항상 산자의 세계와 망자의 세계가, 소통하는 것 같으면서도, 궁극적으로는 항상 이원화되어 있다. 삶의 세계는 밝으나 죽음의 세계는 어둡다. 대체로 샤먼이라고 하는 자들은 이 두 세계를 왕래하는 것으로써 자신의 존재이유를 삼는다.

수운은 항상 하느님을 만난다. 그의 하느님은 인격체로서 수운에게 말을 건다. 수운은 그와 논쟁을 벌이기도 하고, 또 하느님은 그에게 명령을 하달하기도 한다. 이것은 환상이 아니라 리얼한 그의 몸의 생성체계에서 일어나는 의식의 현상이다. 혹자는 수운을 무병으로 신음하는 무당으로 볼지도 모른다. 수운에게는 분명 우리의 상식을 뛰어넘는 또 하나의 세계가 있다. 태극의 배면에 무극이 배접되어 있는 것처럼.

수운의 느낌우주: 망자의 세계와 산자의 세계라는 이중적 설정이 없다

그러나 수운의 "느낌Feeling"에 있어서 충격적인 사실은 망자의 세계와 산자의 세계라는 이중적 설정이 없다는 것이다. 현상에 대하여 초월계가 있으나 그 초월계가 어둡지 않다. 수운은 포덕 후 끊임없이 죽음에 직면해 있었다. 그러나 수운에게 죽음은 하나의 실체로서 존재하지 않았다. 동학에는 밝음과 어둠의 이원성이 없다. 동학에는 어두운 그림자가 없다. 수운은 말한다: "명명한 이 운수는 누구에게나 밝은 것이다."「도수사」.

수운은 태극을 무화시킨다

수운은 태극을 무화無化시킨다. 하느님을 무화시킨다. 하느님은 초월을 담지하면서도 철저히 이 세계와 함께 생성한다. 동학은 신화를 초극한 상식이다. 이것이야말로 조선의 문명을 이 지구상의 모든 누메나noumena(본체)적 사유와 구분짓는 특질이라 말할 수 있을 것이다. 수운은 박소朴素한 태초太初이다.

지금 내가 이 글을 쓰고 있는 낙송암駱松菴의 동창에는 한양의 고성이 걸려 있다. 동숭동 낙산의 고성에 올라가면 인수봉이 보인다. 저 인수봉은 대략 2억 년 전에 지각의 변동으로 융기隆起한 것이라고 한다. 저렇게도 우람찬 바윗덩어리가 솟아오르는 것을 보면 2억 년 전의 지구가 얼마나 다이내믹한 유동적 상태였는가하는 것을 짐작해볼 수 있다. 그때는 또 높이가 60m에 달하는 송백류가 번식하고 있었고, 공룡이 출현하여 큰 몸집을 자랑하고 있었다.

그러니까 저 인수봉은 그 앞에서 공룡들이 재롱 피우는 것을 대략 1억 5천만 년 가량이나 지켜보았을 것이다("K-T절멸"은 대략 6천 6백만 년 전). 그런데 저 인수봉과 같은 바위의 수명은 8억 년 가량 된다고 한다. 그렇다면 과연 저 인수봉이 앞으로 6억 년이나 저 우람찬 자기동일성identity을 유지할 수 있을까? 온갖 락클라이머들이 무질서하게 박아대는 피톤이나 하켄만으로도 바위 틈새 갈라짐이 심해지고 있다. 온갖 등벽쓰레기들로 난장판이 되고 있는 저 꼬라지로써 과연 6억 년을 버틸 수 있을까? 1억 년이나 갈까? 1억 년은 무슨 1억 년?

인수봉의 혼

만약 인수봉 내에 특수 귀금속이 있는 것이 특수측정장비로 입증되었다 하면 과연 1년이나 갈까? 온갖 자본가들이 온갖 구실을 대며 당장 폭파하자고 난리를 칠 것이다. 도대체 인수봉을 폭파하여 특별한 암석성분을 채취한다 한들 그게 우리 삶과 문명에 과연 어떤 진보와 행복을 가져다줄 것인가? 그러나 이러한 사유의 여러 갈래에 대한 공리적 가치평가로써는 근원적인 해결의 실마리를 찾을 수 없다는 데 가장 근본적인 문제가 있다.

우리의 인식체계는 이미 철저히 데카르트화 되어있다. 다시 말해서 인수봉을 정신 없는 물질로서만 쳐다보고 있는 것이다. 다시 말해서 인수봉은 자기원인적인 물질이라는 실체substance의 한 예시에 불과한 것이다. 우리 고조선의 사람들도 과연 저 인수봉을 물질이라는 실체로서 바라보았을까?

현대물리학이 말하는 바에 의하면 저 인수봉은 딱딱한 고정된 물체로서 불변의 연장체계(＝공간)를 차지하고 있는 존재자가 아니다. 그것은 원자로 이루어져 있고, 원자의 내부는 양성자와 중성자로 이루어진 핵과 그 주위를 도는 전자가 매우 다이내믹한 평형을 이루고 있는 체계라는 것이다. 다시 말해서 그것은 불변의 고체가 아니라 끊임없이 활동하는 에너지덩어리라는 것이다.

이렇게 생각해보자! 과연 인수봉은 정신이 없을까? 우리가 생각하는 바 "의식"이라는 것은 없다고 말해도 과언이 아닐 것이다. 인수봉은 신경조직이 없고, 신경을 통합하는 뇌와 같은 부분이 없으니까, 의식이 발생할 수는 없을 것이다. 그러나 과연 의식이 없다고 해서, 정신이 없다고 말할 수 있을까? 우리가 앞서 말한 바 혼극과 백극의 사유체계를 가지고 이야기한다면 인수봉에도 혼극이 없을 수는 없다. 아주 저차원이기는 하지만 인수봉에게도 혼이 있는 것이다. 인수봉도 피톤이 꽂힐 때 부정적인 느낌을 느낄 수 있다고 보아야 한다.

인수봉과 신화, 그리고 창진, 시공간의 생성

인수봉에도 아주 저차원이기는 하지만 혼(정신Mind)이 있다고 생각하는 것은 인류의 보편적 사유였다. 최근 1·2세기간에 그런 생각이 자취를 감추었을 뿐이다. 한번 이렇게 생각해보자! 평소 인수봉을 외경스럽게 바라보는 총각이 꿈을 꾸었는데 인수봉이 아름다운 처녀로 바뀌었다. 그래서 그 총각은 그 아름다운 처녀와 결혼을 하였고 북한산 산등성이에 집을 짓고 많은 자식을 낳고 그곳에서 천 년을 살았다. 그러다가 그 기나긴 꿈에서 깨어났다. 이것이 한낱 남가일몽에 불과한 것이라 하여도, 그 청년이 과연 인수봉에 피톤 못질을 할 것이며, 그가 돈을 많이 번 자본가가 되었다 한들 인수봉을 폭파할 생각을 하겠는가?

  그러한 꿈이 신화로 발전하였다고 생각해보자! 한 총각이 인수봉 새악씨와 결혼한다는 것은 결코 물활론적인 저차원의 비과학적 사유체계가 아니다. 그러한 신화야말로 진정 우리 호모모미엔스*Homo Momiens*가 이 천지에서 살아가야 할 너무도 기본적인 인식체계를 제공하는 고등한 철학으로서 재인식되어야 한다고 나는 생각한다. 나는 동학을 이해하게 되면서 양자역학을 좀더 깊게 이해할 수 있게 되었다. 인수봉도 부동의 자세로 서있는 단순 물질의 존재자가 아니라 주변과 끊임없이 교섭하면서 생성을 계속하는 다이내믹한 생명체이다.

  단순한 군용 지프차가 온갖 전자기기를 갖춘 값비싼 세단차보다 오래가듯이, 인간이라는 생명체는 80년(평균)밖에는 동일성을 유지하지 못하지만 인수봉은 8억 년이라는 긴 세월 동안 그 아이덴티티를 유지한다. 너무도 단순하기 때문에 생멸의 지속성이 긴 것이다. 그러나 고등한 생명체는 지속성 면에서는 떨어지지만,

그 새로운 창진Creative Advance의 면에서는 바위에 비교할 수 없다. 창조의 기쁨 때문에 죽음의 질곡을 감수한 것이다. 저 수유리 인수봉에서 지금 이 낙산의 서재에 이르기까지 수억만의 생명체들이 서로 교감하면서 생성을 계속하고 있다. 다시 말해서 저 인수봉과 나의 생명은 하나의 생성과정으로 연결되어 있는 것이다. 수유리로부터 동숭동에 이르는 시공간 속에서 수억만의 생명의 생성이 전개되는 것이 아니라, 그 생성교감의 작용에 의하여 시공간이 생겨나고 있다고 생각함이 옳을 것이다.

주관과 객관의 해체: 동학의 이해는 사고의 전복

이러한 세계관 속에서는 칸트가 말하는 주관이니 객관이니 하는 말도 사라진다. 서양의 근세철학은 모두 이 주관과 객관의 설정 아래 무리하게 만들어진 인식론의 변양들에 불과하다. 이 우주가 결국 나 개인의 주체의 인식체계라는 것이다. 그러나 내가 지금 말하고 있는 동귀일체의 세계관Weltanschauung에 있어서는 주관은 나만의 주관일 수 없다. 저 인수봉과 나 사이에 수억만 개의 주관이 저마다의 세계, 저마다의 시공간을 구성하고 있는 것이다. 이렇게 되면 주·객이라는 구분은 하찮은 것이 되어버리고, 수억만 개 중의 하나로서 전락해버린다. 나를 내세울 아무런 근거가 없다. 이것은 불교의 안아트만anātman(무아)보다 더 근원적인 세계의 해체이다.

자아! 내가 너무 말을 많이 하는 것 같다. 이제 말을 줄여야겠다. 너무도 광대한 주제를 이렇게 몇 페이지에 축약해서 말하려 하니 나도 너무 힘들다. 그러나 내가 하고 싶은 말은 단 하나! 동학을 이해하기 위해서는 우리의 현재적 사고를 완벽히 전복해야 한다는 것이다. 우리 언어의 궤도를 일탈하여 새로운 길을 개척해야 한다는 것이다. 그러한 신생로를 개척하는 데 가장 유용한 문헌, 아니 더 그지없이 아름다운 노래가 바로 『용담유사』라고 나는 확신한다.

수운, 한문저작과 한글저작의 달인

수운의 사상을 표현한 주요경전이, 한문으로 쓴 『동경대전東經大全』이라는 사실에는 별로 이견이 없다. 당시 한문이란 서양 카톨릭문화의 라틴어 *lingua latīna* 처럼 보편언어였다. 그런데 한문을 능숙하게 다룰 수 있는 수운이 버내큘라Vernacular language라고 할 수 있는 "한글"로 8개의 가사를 남겼다는 것은 진실로 충격적인 사실이라 아니 말할 수 없다. 이것은 단테가 버내큘라(통속적 이탈리아어)로 『신곡』을 쓴 것이나, 루터가 독일어 성경을 낸 것과도 같은 사건에 비견될 수 있을 것이다. 수운이 한글가사를 쓴 것은 우발적으로 흥에 겨워 쓴 것이 아니라, 독자적인 한글가사를 집필하여 남겨야겠다는 아주 명백한 문학적 의도를 가지고 쓴 것이다. 우리나라 유학자 중에서 수운처럼 한문저작과 한글저작이 대등한 그리고 풍성한 무게를 가지고 있는 사람은 진실로 찾아보기 힘들다. 정조도 한글을 잘 알았던 것 같고, 추사도 곧잘 한글편지를 썼지만 수운처럼 가사문학을 남기지는 않았다. 수운은 한국문학사에서 차지하는 위상이 유니크하다.

1890년대 동학혁명의 원천, 『용담유사』

그런데 수운은 왜 한글가사를 그토록 열심히 썼을까? 그 이유인즉슨 매우 단순하다. "한글"은 민중의 언어였기 때문이다. 그가 받은 "무극대도"는 자기와 동일한 수준의 한학교육을 받은 사람들의 딱딱한 대가리, 그 의식구조를 파고들어가기가 매우 힘들다고 생각했다. 수운이 생각하는 "다시개벽"은 대단한 교육을 받지 않았더라도 말랑말랑하고 깨인 의식을 지닌 민중의 마음을 통하여 이루어질 수밖에 없다고 생각했다. 한글가사는 수운이 애초로부터 민중과 교섭하기 위한 매체로 설정한 문학양식이다. 이러한 수운의 깨인 의식은 동학을 민중의 것으로 만드는 데 결정적인 역할을 했다. 1890년대 동학혁명이 일어날 수 있는 전국적 저력의 원천은 『동경대전』이라기보다는 『용담유사』라고 보아야 한다.

한문을 읽지 못하는 민중이 『용담유사』를 곧바로 읽고, 다 이해할 수 있는 것은 아니다. 한글가사이지만 핵심적 의미를 전하는 개념이나 성어成語는 대부분이 난해한 한문으로 되어있다. 그러나 그 뜻을 다 이해하지 못한다 해도, 토씨나 접속사, 형용사, 부사, 그리고 동사의 다양한 형태(종결형, 비종결형, 체언형)가 민중의 일상언어와 완벽한 연속성을 지니고 있기 때문에 뭔 말이 어떻게 굴러가는지는 알 수 있다. 한문은 아예 발음이 불가능하지만, 한글가사는 누구든지 발음할 수는 있다. 발음할 수 있다는 것은 곧 그것을 타인에게 전달할 수 있다는 것을 의미한다. 뿐만 아니라 그 전달과정을 반복적으로 행하면 자연스럽게 암송이 가능해진다. 따라서 용담유사는 민중 속에서 암송의 대상이 되었다. 그리고 『용담유사』가 지닌 최대의 강점은 누구나 베껴 쓸 수 있다는 것이다.

세종과 수운의 만남, 왕권의 해체

세종대왕의 한글창제가 소기한 바의 의도가 민중의 의지로서 폭발한 단적인 예를 우리는 동학혁명에서 발견한다. 세종은 왕이었지만 왕으로서 왕권을 무너뜨리는 데 최대의 공헌을 하였다. 그것은 하나의 아이러니이지만, 그 아이러니야말로 세종을 위대하게 만드는 역사의 꼬임이다. 서하西夏가 서하문자를 만들고, 요나라가 거란문자를, 금나라가 여진문자를, 그리고 몽고가 파스파문자를 만드는 당시의 내셔날리즘의 분위기에서(고려에 이미 이 문자들이 다 들어와있었다) 세종이 한글을 창제해야겠다는 결의를 한 것은 그러한 세기적 대세 분위기의 영향권에서 벗어난 돌출적인 행동은 아니다. 이 문자들이 모두 알파벳 표음문자였다. 세종의 한글창제도 이러한 보편적 시대정신의 구현으로 볼 수도 있다는 것이다. 그러나 발음체계 분석의 독창성과 한글 자형의 창조적 체계와 간결성은 세종 개인의 치열한 학구적 성취로 볼 수밖에 없다. 세종은 진실로 세계사에서 유례를 볼 수 없는 혁혁한 지적 자이언트이다. 그러나 그의 위업이 민중의 위업으로 전환되기까지 4세기 반의 시간이 흘러야 했고 최수운이라는 탁월한 천재의 전략과 해후해야 했다.

『용담유사』의 최초간행과 여운형 집안

『용담유사』도 1880년대에나 이르러 민중 사이에서 급속하게 번져나갔다. 공식적인 기록으로 보면『용담유사』가 최초로 간행된 것은 인제 갑둔리에서『동경대전』이 최초로 목활자본으로 간행된 다음 해의 사건이다. 1881년(신사辛巳) 6월 충청도 단양군 남면 샘골(泉洞)에서였다. 그 샘골 경전간행소는 여규덕呂圭德의 집이라 하는데, 놀라운 사실은 여규덕이 우리나라 독립운동사에 가장 혁혁한 이름을 남겼고, 3·1독립만세민중항쟁의 국제적 주도세력인 신한청년당의 리더였던 여운형呂運亨, 1886~1947의 종조부라는 사실이다. 여운형의 친조부 여규신呂圭信도 해월을 직접 배알했고, 여운형의 숙부 여승현도 1894년 동학혁명 재기포 시기에 경기·강원도에서 맹활약한 인물이다. 몽양의 집안이 동학에 헌신한 집안이라는 것, 그리고 몽양의 거대한 인격과 역사비전이 동학에 근원한 것이라는 사실을 새삼 깨닫게 한다. 그러나 안타깝게도 이 1881년판『용담유사』는 유실되어 여태까지 그 실상을 알지 못한다.

1883년, 목천에서의 경전간행

1883년(계미癸未)은 동학의 역사에 있어서 매우 기념비적인 한 해였다. 이 한 해야말로 수운과 해월 사이에서 이루어진 도통전수의 핵심과제상황이었던 경전의 간행이, 그동안의 무수한 난관을 극복하고 성대히 이루어질 수 있는 모든 조건이 성숙한 한 해였다. 그 숙원을 성취할 수 있게 만든 탄탄한 인적구성과 자금이 모였고 그 센터가 현재 독립기념관이 자리잡고 있는 목천이었다. 보통 우리가 『동경대전』의 주요판본으로 알고 있는 계미년 중하仲夏의 경주판본도 실제로는 목천에서 간행된 것이다. 그러니까 1883년 2월, 경전의 제대로 된 모습을 갖춘 역사적인 목천계미중춘판을 간행한 후에 그 내용에 미흡한 점이 있었고, 또 수운 선생의 본향인 경주의 이름으로 된 『동경대전』이 없을 수 없다 하여, 다시 더 충실한 판본을 만들기로 하고 내친 김에 목천에서 새로 발간하고 "계미중하경주개간癸未仲夏慶州開刊"이라는 간기刊記(요즈음 말로는 "판권란")만을 새겨넣은 판본이 바로 "경주판"인 것이다.

간기에 "경주개간"이라고 했다 해서 그것이 반드시 물리적으로 경주라는 지역에서 간행될 필요는 없다. 당시 출판작업은 여러 가지 어려운 여건과 공정을 요구하는 것이었다. 그렇게 어렵게 목천에서 출판한 것을 불과 3개월 만에 경주로 옮겨 출판할 수 있는 그러한 사업이 아니다. 이러한 정황은 이미 표영삼 선생님께서 상세히 고증하신 바 있고 경주판 해월발문에도 그 명백한 증거들이 드러나 있다. 이 사업은 당시 관의 탄압을 받는 사업이었고, 경주에서는 자금조달이 불가능했다. 그러니까 경주개간판은 목천에서 목천접, 공주접, 강원도접의 사람들이 자금을 대어 만든 것이다.

그리고 여태까지 동학연구자들이 간과한 사실은 경진판(1880),

계미중춘판(1883. 2.), 계미중하판(1883. 5.), 무자판(1888. 3.) 등의 모든 『동경대전』판본이 목판본이 아니라 목활자본이라는 사실이다. 이것은 움직일 수 없는 물리적 사실이다. 목활자본은 활자조판인 쇄이기 때문에 목판을 필요로 하지 않는다. 공정이 단순하고 단기간 내에 인출이 가능하다. 목판은 『팔만대장경』처럼 오래오래 보관되어 남는 것이지만, 활자조판은 인출과 동시에 해판되어 자취가 남지 않는다. 그리고 활자조판은 기동성이 있는 업자들에 의하여 이루어지기 때문에 접선만 되면 쉽게 새로운 작업이 이루어질 수가 있다. 1883년(계미) 2월의 중춘판仲春版과 5월의 중하판 仲夏版을 비교해보면 그 목활자가 전혀 다르다. 중하판이 훨씬 가늘고 세련되어 있다. "경주개간"이라고 명명된 중하판은 목천에서 새로운 활판인쇄업자를 데려다가 찍은 것임을 알 수 있다.

유일한 목판, 계미중추판『용담유사』

그런데 더욱 놀라운 것은 바로 이 해 가을에 목천에서(경주개간판을 만들고나서 3개월 후에) 한글가사인 『용담유사』를 다시 간행했다는 사실이다. 그런데 더더욱 놀라운 사실은 이 목천 계미중추癸未仲 秋판『용담유사』가 거의 유일하게 목판으로 제작되었다는 것이다. 여기 "유일하게"라는 표현을 쓰는 것은 수운의 유훈을 실천하는 해월이 주도한 모든 경판사업이 『동경대전』, 『용담유사』를 막론하고 거의 다 목활자본으로 이루어졌다는 사실을 두고 하는 말이다. 그 간행사업의 경비와 신속을 요구하는 시간의 절박함을 생각할 때, 그것은 너무도 당연한 선택이다.

그런데 오직 이 목천 계미중추판『용담유사』만이 유일하게 목판으로 제작되었다는 사실이다. 이『용담유사』는 54개의 경판을 필요로 했으며 앞뒤를 다 사용했다고 하면 27개로 줄어들 수 있다(기실 한 면만 사용했을 가능성이 더 높다). 우선 계선과 광곽이 정확하게 밀착되어 있고, 세로로 배열된 글자가 한 공간에서 서로 얽혀있는 현상이 나타난다. 활자의 경우는 한 글자 한 글자가 모두 독립된 단위래서 두 글자가 아래위로 얽히는 현상은 있을 수 없다. 계미중추판『용담유사』는 완벽한 목판본임이 입증된다. 그것은 곧 종이에 써서 뒤집어 목판에 붙여 새겼다는 것을 의미하며, 그것은 원고가 매우 충실한 오리지날에 가까운 것이라는 사실을 방증한다. 하여튼 목판본의 권위는 압도적인 우위를 점하는 것이다.

목판인쇄의 의미, 선본

그러니까 1883년 목천에서 간행사업을 벌인 동학지도부는 애초에 계미중춘판『동경대전』을 목활자본으로 간행기획할 때부터 이미『용담유사』54개 경판판각을 시작했다고 보아야 한다. 경판판각은 활자조판과는 전혀 차원이 다른 사업인 것이다. 우선 많은 시간을 요하는 것이다.『용담유사』를 목판으로 인쇄해낸 지도부의 용단에 경탄을 금치 못하는 동시에, 지도부의 경전인식이『동경대전』과『용담유사』를 동일한 무게의 가치로 취급하고 있었다는 것을 의미한다. 이 모든 것이 동학의 경전인 동시에 수운의 문집이었고, 이 문집에는 반드시 한글가사가 포함되어야 한다고

생각했다. 그리고 한문에 능하지 못했던 해월의 입장에서는 한글
가사의 가치가 누구보다도 더 절절하게 느껴졌을 것이다. 1883년
목천! 이 한 해 동안의 찬란한 사업은 우리민족의 운명을 바꾸는
획기적인 고난의 여정이었다.

1883년 목천에서의 간행 대사업				
I	계미중춘판 癸未仲春版	목활자본 1883. 2.	『동경대전』	강원도 인제 경진판(1880) 『동경대전』을 경전체제로 재편하고, 미처 싣지 못한 자료들을 첨가하여 최초로 독립된 경전체계를 갖춘 목천판.
II	계미중하판 癸未仲夏版 경주개간 慶州開刊	목활자본 1883. 5.	『동경대전』	중춘판 『동경대전』의 미비함을 보완하고 용담연원을 확실하게 밝힌, 명목상 경주개간의 신판 『동경대전』. 이 경주판이 현존하는 가장 완정한 『동경대전』이다.
III	계미중추판 癸未仲秋版	목판본 1883. 8.	『용담유사』	1881년 신사년 6월에 단양에서 간행된 한글가사 『용담유사』에 근원하여 교정을 가하고 값있는 목판으로 찍어낸 『용담유사』. 이 판본으로 『용담유사』는 경전의 반열에 올랐고, 민중 속으로 동학이 확산되는 계기가 됨.

『동경대전』을 간행할 때 『용담유사』도 같이 간행

『용담유사』의 판본으로서 목천에서 간행된 계미중추판이 가장
선본善本이라는 것은 의심의 여지가 없다. 『용담유사』 간행의 역
사를 보면 그것은 대체로 『동경대전』과 궤를 같이 한 것으로 보
인다. 1880년 인제에서 경진초판본을 간행했을 때도 확실하게 언

급은 되지 않았지만 『용담유사』가 같이 간행되었다는 추론이 가능하다(나의 『동경대전』1, "동경대전 판본에 관하여"를 참고할 것). 그리고 1881년 6월 충청도 단양군 남면 샘골에서 『용담유사』가 간행된 것은 확실하다(1871년부터 해월은 강원도, 충청도 너른 지역에서 활동). 그리고 1883년 8월에 목천에서 목판본 『용담유사』가 판각되었다. 목판이었기 때문에 인출부수가 적지 않았다고 사료된다.

그 후로 1888년 3월에 강원도 인제에서 무자판 『동경대전』이 간행되었을 때, 『용담유사』도 같이 출간되었다. 그 사실이 무자판 발문에 명기되어 있다. 이 무자판본은 『대전』과 『유사』가 다함께 목활자본임이 분명하다. 그리고 현존하는 판본으로서, 1893년 계사판癸巳版이 있는데, 그 끄트머리 행에 "계사간癸巳刊"이라는 표지가 있을 뿐, 별다른 정보가 없다. 계사년은 동학혁명이 일어나기 전 해의 상황이며, 광화문 복합상소(1893년 2월) 및 보은 장내리 대집회(1893년 3월)가 열린 매우 부산한 시기였는데도, 『용담유사』가 간행된 것을 보면(목활자본이다), 『용담유사』 인출에 대한 민중의 갈망이 있었다고 보아야 한다.

그 뒤로도 서울의 양반출신인 남정南正(호가 청림靑林)이라는 사람이 수운의 문하에 들어가 무극대도를 받았다고 하는데, 그 남정의 계열에서 만들어진(남정은 1904년에 죽음) 청림교靑林敎(1930년 경에는 그 교세가 30만에 이르렀다고 한다)에서 『용담유사』를 『개도해가開道解歌』라는 이름으로 간행하였다.

『개도해가』의 초판본 간행은 1917년 맹하이다(청림교의 역사는 정확한 추정이 불가능하다. 설이 다양하다. 조선총독부에서 나온『朝鮮の類似宗教』에는 김상설金相卨과 이옥정李玉汀이 남정을 계승하여 청림교의 간판을 내걸고 포교를 시작한 것이 1920년으로 되어있으므로『개도해가』의 출간도 1920년 이후로 보아야 할 것이라고 성주현은 말한다. 그러나 현존하는『개도해가』의 마지막 장에 "뎡ᄉᆞ밍하"라는 간기가 있으므로 정사丁巳년, 즉 1917년 여름으로 보는 것이 정당할 것이다).

대강『용담유사』의 출간역사를 살펴보면 다음과 같다.

	이름	날짜	성격	장소
1	**경진초판본** 庚辰初版本	1880년 6월	목활자본	인제 갑둔리 추정
2	**신사개간본** 辛巳開刊本	1881년 6월	목활자본	단양군 천동 현존하지 않음
3	**계미중추본** 癸未仲秋本	1883년 8월	목판본	목천에서 간행 현존
4	**무자계춘본** 戊子季春本	1888년 3월	목활자본	인제에서 간행 현존하지 않음
5	**계사간본** 癸巳刊本	1893년	목활자본	출판정황 불투명 현존
6	**개도해가본** 開道解歌本	1917년 4월	목활자본	청림교에서 간행 현존

목천 목판본의 출세

내가 나열한 『용담유사』 판본 이외로도 많은 다른 간행본과 수사본手寫本이 있을 것이다. 그런데 최상의 선본이라 말할 수 있는 계미중추본(목천 목판본)에 관하여 "현존"이라는 말을 했지만, 이 귀중한 목판본은 1982년까지 오리무중 일반에게 전혀 알려지지 않았다. 그런데 1982년 1월 25일 조혜경趙惠卿(당시 30세)이라는 분이 친할아버지인 조경문趙敬文 옹이 오랫동안 고이 간직해온 『용담유사』를 천도교 중앙총부에 기증했다. 기증받고 보니 이 『용담유사』야말로 목천판 목판본 『용담유사』였다. 지금도 이 귀중본은 천도교 중앙총부에 고이 간직되어 있고, 그 영인본을 옛날 형태의 선장본으로 제본하여 유통시키고 있다. 그 선본을 제 모습 그대로 나의 저서 『동경대전2』 말미에 실었으며 독자들은 그것만으로 『용담유사』라는 텍스트의 선본을 활용하는데 아무런 장애를 느끼지 않을 것이다.

『용담유사』 우리말 가사의 이해방식

『용담유사』는 우리말 가사이지만, 텍스트에 따라 우리말을 적는 방식이 조금씩 다르고, 문장을 구성하는 개념어휘들, 관용구 등이 주부·술부를 막론하고 한문투가 많다. 그것은 반드시 한자로 환원시켜 이해할 수밖에 없는데 이 작업은 고도의 한학적 지식을 요구한다. 근 1세기에 걸쳐 이러한 한자어휘의 본모습을 맥락적으로 찾아내는 작업이 꾸준히 이루어져왔는데, 이때 기준이 되는 정본 우리말텍스트가 절실히 요청된다. 우리말 발음의 사소한 차이가 상응하는 한자표현의 엉뚱한 변화를 초래하기 때문이다. 이러한 문제를 생각할 때 계미중추판(목천판)『용담유사』의 등장(1982년)은 확고한 기준을 우리에게 제공하였다. 『용담유사』의 이해는 계미중추판을 기준으로 할 수밖에 없다. 이것은 아직까지도 『용담유사』텍스트에 대한 확고한 기준이 정립되지 않았다는 것을 의미한다. 여태까지 하나의 한글문장에 대한 다양한 한자상응방식이 난립하여 의미론적 통일성을 정립하지 못하고 있는 상황이 허다하다.

어찌 보면 19세기 중엽의 순우리말 표현에 대한 이해가 순한문으로 이루어진 문장의 이해보다도 더 어렵다고 말할 수도 있다. 독자들은 나와 같이 『유사』를 읽어나가면서 내가 지적하는 난감한 과제상황들을 스스로 접하게 될 것이다.

『용담유사』는 수운의 삶의 약동 그 자체

『동경대전』을 주해할 때는 내가 『용담유사』까지 주해하게 되리라고는 생각이 미치질 못했다. 『용담유사』라는 텍스트에 대한 독자적인 인식이 부족했다는 것을 고백하는 이야기가 될 수도 있겠지만, 나는 『동경대전』을 주해한 후, 그것을 다시 독자대중에게 강론하는 과정에서 수운의 사상에 대한 나의 민감도가 새로운 도약을 일으키고 있다는 것을 발견했다. 세속적인 논리의 차원을 뛰어넘어 어떤 새로운 존재의 경지로 도약하는 그런 느낌의 복잡계를 발견했던 것이다. 그 경지 속에서 나는 살아있는 인간 수운을 직감으로 만났고, 그 해후 속에서 『용담유사』의 춤추는 언어를 내 몸에 감추었다. 『유사』는 수운의 삶의 약동의 순간이자, 그 생명의 전체였다. 『유사』의 언어는 한 구절 한 구절 속에서 그의 신비적 체험의 전체를 말한다. 그것은 주제별로 배열된 것도 아니요, 우리에게 체계화된 사상의 건축물을 전달하려는 것도 아니다.

그때 그때, 그 당장 그 당장에서 그는 삶의 총체적 느낌을 토로한다. 절망하기도 하고 후회하기도 하고, 희노애락의 정서를 표출하는 데 아무 거리낌이 없다. 『용담유사』는 수운이라는 한 인간의 발가벗은 실존의 모습이다. 그것은 투정이요 원망이요 권유요 효유요 꾸짖음이요 천명의 고백이다. 그러면서도 이 모든 감정의 기복을 통관하는 것은 대인의 우환이요, 다시개벽에 대한 희망이요, 삶과 죽음의 초월이다. 보통 사람이라면 그토록 격정을 노출하고 죽음의 공포를 향해 걸어갈 수밖에 없는 필연의 루트를 따라가고 있다면, 그리고 존재의 심연의 떨림을 느낀다면, 그의 느낌의 세계는 어둠으로 배접되어 있을 것이다. 그러나 수운의 초월계에는 죽음과 어둠과 공포 대신에 화창한 봄날의 해맑은 꽃잎들이 흩날리고 있다. 눈부시게 아름다운 빛을 발하고 있는 것이다.

『용담유사』는 그 전체가 인간 최수운의 로기온 자료

나는 『동경대전』을 주해할 때는 아무래도 수운의 사상을 체계화하는 데 역점을 두었다. 그러나 나는 『용담유사』를 읽으면서 최제우라는 인간, 그리고 그 인간의 삶을 발견하였다. 물론 그의 삶의 역정을 알 수 있는 자료로서 『대선생주문집』이 있다. 그 『문집』은 내가 나의 저서 『동경대전1』에서 더 말할 나위 없이 상세히 역주해놓았다. 그러나 『문집』은 수운 자신의 문장이 아니라 수운의 삶의 역정에 관한 제자들의 기록이다. 『문집』에는 수운이 객관화되어 있다. 그러나 『용담유사』는 수운 본인의 주관적 느낌을 토로한 수운 자신의 저작이다. 그것도 가감없는 수운 본인의 오리지날한 필치가 담겨진 진본이다. 『용담유사』는 수운이라는 인간 그 자체이다. 그것은 죽어있는 글이 아니라 살아있는 맥박이다.

인간 예수에게 접근할 수 있는 자료는 기껏해야 복음서라는 케리그마 저작 속에 담긴 로기온 *Logion*(=말씀파편) 자료밖에는 없다. 내러티브가 없이 로기온 자료만을 모은 것으로서는 『도마복음서』라는 예외적인 저작이 있다(나의 『도마복음한글역주』 3권을 참고할 것). 그러나 이 모든 로기온 자료도 예수 자신의 저작이 아니라 예수를 따라다니던 팔로우어들이 적어놓은 파편들인데, 그것도 인간 예수 자신의 언어인 아람어 Aramaic language로 쓰여진 것이 아니라, 희랍어, 그리고 콥트어 Coptic language(고대 이집트말)로 쓰여진 것이다. 이러한 로기온 자료들을 통하여 역사적 예수에 접근하려는 노력은 가상하기는 하지만 그 실상과의 부합여부는 보장될 길이 없다. 로기온 자료들은 예수의 기적행위나 신적인 언행이 부각되지 않는 측면이 강해 인간 예수의 실존성에 근접한다고 보지만,

그 로기온 자료 자체도 이미 상당 부분은 초대교회의 케리그마(그들이 선포하고 싶어하는 예수상)에 오염되었다고 간주되는 것이다.

『용담유사』는 케리그마가 배제된 수운의 육필

이에 비한다면 『용담유사』는 그 전체가 소중한 최수운의 로기온 자료이며, 중간 매체를 거치지 않은 수운 본인의 언어의 육필이다. 케리그마가 배제된 역사적 수운의 노정露呈인 것이다. 하여튼 『대선생주문집』, 『동경대전』, 『용담유사』는 수운의 대문집을 구성하는 트리오라 할 것이다. 나는 이 중에서 『용담유사』를 빼놓은 것이 계속 마음에 걸렸다. 수운의 사상과 삶은 같이 전달되어야 한다. 사상은 개념적이고 이념적인 논리구성이라고 한다면 삶은 비개념적이고 초이념적인 느낌의 서술이다. 『동경대전』과 『용담유사』, 이 양자 사이에는 그러한 차별이 분명히 있다.

그런데 『동경대전』은 당연히 역주의 대상이 된다고 생각하면서도, 『용담유사』를 역주의 대상에서 제외시키는 우리의 상투적 행동은, 전자가 한문으로 쓰였고, 후자가 한글로 쓰였다는 단순한 사실로부터 파생한다. 그러나 번역이란 문명과 문명 사이를 가로지르는 공간이동에만 해당되는 것이 아니라, 한 문명 내의 동일한 언어문화권 내에서도 다른 시간에로의 이동의 경우, 똑같이 적용되는 것이다. 영문학 저술을 번역하듯이 우리는 조선왕조의 한글문학을 동일한 자세로 번역하여야 한다. 『용담유사』는 21세기 한글로 번역되어야만 하는 문헌이다.

『용담유사』는 새로운 양식으로 번역되어야 한다

그런데 『용담유사』의 경우 한글가사 4·4조의 운율을 타고 있어서, 많은 사람들이 번역을 할 때조차 그 운율의 제한 속에 같이 갇혀버리는 성향이 있다. 『용담유사』라는 원 텍스트가 엄존하고 있고, 또 그 원전이 손상받을 이유가 없는 상황에서는, 그 원전의 형식에 구애됨이 없이 자유롭게 수운이 의도했던 의미체계를 21세기 오늘의 언어로 발휘해도 별 상관이 없다. 에즈라 파운드 Ezra Pound, 1885~1972가 『시경』을 번역했듯이, 새로운 운율을 창조한다면 그것은 다른 차원의 문제이지만, 『유사』의 번역은 운율에 구애됨이 없이 그 의미맥락을 자유로운 양식으로 발휘함이 옳다고 나는 생각한다. 의미맥락을 살리기 위하여 문맥의 첨삭도 얼마든지 가능하며, 산문적인 부연도 얼마든지 허용될 수 있는 것이다. 단지 그 모든 번역의 다양한 양식이 수운이 의도한 오리지날한 의미체계에 접근해야 하는 것이다.

나는 수운, 그 인간을 전달하고 싶은 것이다. 나는 수운 그 사람의 모습에서 단군을 발견하기도 하고, 고구려의 현자를 발견하기도 하고, 나의 조국이 나아가야 할 미래상을 발견하기도 한다. 내가 지금 이 글을 쓰고 있는 것은, 나 개인의 의도가 아닌 하느님의 명령이다.

도올tv 『동경대전』 강론의 혁신적 방법론

나는 도올tv에서 『동경대전』을 강의하면서 여태까지 아무도 시도하지 않았던 새로운 방법의 텍스트읽기를 시도했다. 『대선생주문집』 때문에 우리는 수운의 삶의 역정에 관하여 꽤 정확한 크로놀로지를 구성할 수 있다. 이러한 크로놀로지를 기준으로 하여 수운의 모든 저작, 즉 『동경대전』과 『용담유사』에 실린 작품들을 시대순으로 배열하는 것이다. 여기 "시대순"이라고 하는 것은 단순히 연표적 나열이 아니라 수운이라는 인간이 자기 삶을 무無의 미래로 던져갔던 모험의 역정을 말하는 것이다.

최초의 저작인 「용담가」로부터(1860. 5.) 마지막 저작인 「불연기연」(1863. 11.)에 이르기까지 그의 생애는 3년 반밖에는 되지 않는다. 그리고 포덕(1861. 6.)의 시점으로부터 계산하면 저술시기는 더 줄어든다. 하여튼 그의 공생애 3년 동안에 너무도 많은 삶의 굴곡이 있었고, 또 한 인간으로서는 감당하기 어려운 다양한 사건들이 줄을 이었다. 그는 이 시기에 자신의 삶이 죽음으로의 행진이라는 것을 잘 알고 있으면서도 어떻게 하면 무극대도를 온전하게 인간세에 남길 것인가 하는 것을 고민했고, 또 그러한 고민과 우환 속에서 부지런히 저술을 했다. 그가 당면한 곤란한 처지들을 생각할 때 이 많은 저작은 피눈물나는 혼신의 노력이라 아니할 수 없다.

공간화된 문자들을 시간화시켜라

베르그송이 "시간의 공간화"라는 말을 했지만, 우리의 수운 이해가 대부분 시간이 사라진 공간의 화석 수준에 머무르고 만다.

그의 삶의 긴박한 시간이 사라진 한가로운 문자처럼 그의 저작을 대하고 있는 것이다. 그의 전 작품을 시간별로 배열하면, 공간화된 문자들이 시간화되고, 무생명화된 화석들이 다시 생명으로서 약동한다. 수운의 삶의 긴장감을 망각하고 그의 언어를 대하는 것은 망동이요 망발이다.

우선 수운의 주요 저작을 시대순으로 배열하면 다음과 같다.

	제목	종류	저작시기	집필장소	비고
1	**용담가** 龍潭歌	한글	1860년 4월 하순경	경주 용담	무극대도 전수받은 직후 그 생생한 전후상황을 전함. 수운의 종교체험의 원형.
2	**포덕문** 布德文	한문	1861년 7월 중순경	경주 용담	1861년 6월 포덕한 후 한 달 만에 포덕의 의미를 설명. 나는 왜 이 도를 전해야만 하는가? 나의 가르침은 서학과는 다르다! 보국안민의 길.
3	**안심가** 安心歌	한글	1861년 8월 하순경	경주 용담	영남유생들의 공격을 피하고. 일반의 오해를 깨우치기 위하여 쓴 글. 나의 가르침은 서학과 전혀 다른 것이니 안심하라! "다시개벽," "개같은 왜적놈"과 같은 중요한 개념이 최초로 언급됨.
4	**교훈가** 教訓歌	한글	1861년 11월 하순~12월 초순	전라도 구례	용담을 떠나 객지인 전라도로 피신해야만 했던 억울한 상황들. 경주 향중 사람들의 왜곡과 음해. 제자들에게 주고 싶은 참된 교훈: "나는 도시 믿지말고 하느님만 믿었어라."

5	**도수사** 道修詞	한글	1861년 12월 15일 ~ 12월 25일	전라도 남원 약종상 서형칠의 집	도를 제대로 닦아야 한다. 용담연원의 사승관계는 지켜져야 한다. 중견지도자들의 속성주의, 주지주의적 허세를 경계. 자신의 무극대도를 공문孔門과 대등하게 논함.
6	**권학가** 勸學歌	한글	1862년 1월 초	남원 교룡산성 덕밀암 德密庵 일명 은적암 隱跡菴	제목에 있는 "학"은 동학을 의미한다. 이 가사는 한문 「동학론」과 동시에 「동학론」의 서론격으로 쓰여졌다. 「동학론」에서 처음으로 "동학"의 개념이 확립되었다. 동학을 권하는 이 노래는 조선왕조체제의 멸망을 예견하고 절망에 빠진 민중에게 희망을 준다. 기독교비판이 일품이다.
7	**동학론** 東學論 일명 **논학문** 論學文	한문	1862년 1월 말 「권학가」를 끝낸 후에	남원 교룡산성 은적암	수운사상의 가장 포괄적인 이론서. 가장 방대하며 동학의 개념이 이 글에서 최초로 확립됨. 주문 21자가 모두 정확히 해설된다. 수운의 하느님관이 포괄적으로 논의됨. 오심즉여심. 귀신.
8	**통유** 通諭	한문	1862년 5월 하순	남원 교룡산성 은적암	수운은 은적암에 7월 초까지 머물렀다. 『문집』에 이 해 춘3월, 경주에 와서 최경상을 만난 사건이 기록되어 사람들이 수운의 체류스케쥴에 관해 혼란을 일으키고 있으나 춘3월 사건은 잠시 은밀하게 다녀간 것이며, 수운은 7월 초까지 전라도 남원에 계속 머물렀다. 「통유」는 떠나 있으면서 자기를 사랑하며 기다리는 사람들에게 안부편지로 쓴 것이다.

9	**수덕문** 修德文	한문	1862년 6월 초	남원 교룡산성 은적암	「통유」를 쓰고나서 연이어 쓴 논문인데, 「포덕문」을 정正이라 하면 「동학론」은 반反이요, 「수덕문」은 그 양자를 종합한 합合이라 할 수 있다. 어떻게 덕을 올바르게 닦을 수 있는가를 논한 위대한 글이다. 수심정기, 성·경·신이 정확하게 논의되고 있다.
10	**몽중노소 문답가** 夢中老少 問答歌	한글	1862년 6월 중순	남원 교룡산성 은적암	전라도에서 생활하면서 민심의 동요를 깊게 체득한 것 같다. 억압받는 민중은 사회개혁을 갈망하면서도 그 갈망을 정감록 따위의 도참사상에 의지하여 십승지지를 찾아 방황하는 모습을 보이고 있었다. 이 「문답가」는 문학적 향기가 드높은 작품이며 민중의 방황하는 마음을 활용하여 "다시개벽"의 도래에 관한 신념을 불러일으키고 있다. 이 노래 속에서 수운은 새로운 아이덴티티를 정립한다. 도피가 혁명으로 전환된다.
11	**통문** 通文	한문	1862년 10월 14일	경주 용담	7월 초 남원을 떠나 경주로 돌아왔고, 백사길의 집에 잠시 머물다가 박대여의 집에 은둔한다. 이 시기에 경주관아에 붙잡혀가 수모를 당한다(9월 29일). 풀려난 후 박대여 집의 거처를 정리하고 용담으로 돌아갔는데, 도유들에게 공연히 오해받을 짓을 하지 말라고 통문을 발한다. 나의 도로 인하여 도인들의 삶이 망가져서는 아니 된다는 것이다. "기도棄道"라는 표현이 나옴.

12	도덕가 道德歌	한글	1863년 7월 말	경주 용담	시간이 흐를수록 수운의 가사가 세련되고 그 의취와 출전이 분명함을 알 수 있다. 도인들의 수행자세를 강조한 글인데 문필이 아무리 좋아도 도덕과는 별상관없다고 말한다. 지벌, 문필 자랑하는 군자들이 몰염치하게 나라를 망치고 있다. 당대 지식사회의 허상을 비판함으로써 자기가 죽은 후에 동학이 나아갈 정당한 길을 예시하고 있다. 수운의 성·경 두 글자가 『중용』과 관련 있다는 것도 이 노래에서 밝혀진다. 도덕은 궁극적으로 귀신의 뜻을 체득하는 데서 바르게 정립된다.
13	흥비가 興比歌	한글	1863년 8월 (8월 13일에 반포)	경주 용담	수운의 가사문학의 최종편인 동시에 가장 난해하고 가장 심원한 뜻을 담은 노래이다. 수운의 유서라고도 말할 수 있다. 『시경』의 작법분류인 부賦, 비比, 흥興의 개념을 활용하여 다양한 비유를 통해 도인들의 진리에 대해 불철저한 자세를 지적한다. "무궁호 이울속의 무궁호 니아닌가"는 그의 가사문학의 총결이다. "이울"은 기존의 해석과 다르게 해석되어야 한다.
14	歎 탄 道 도 儒 유 心 심 急 급	한문	1863년 8월 말 해월에게 도통을 물려준 후	경주 용담	동학에 대한 박해가 극심해졌다. 수운은 국가체제와의 대결이 불가피하다는 것을 느끼고 있다. 그러나 수운은 그러한 상황일수록 도유들이 마음을 급하게 먹지 말 것을 당부하고 있다. 풍운대수는 사람됨의 기량을 따라가기 마련이다. 현기는 쉽게 노출되지 않으니 마음을 조급히 먹지 말라. 명문이다.

| 15 | 불연기연
不然其然 | 한문 | 1863년
11월 | 경주
용담 | 수운이 체포되기(12월 10일 새벽 1시) 직전에 쓴 이 글은 수운의 글 중에서 가장 난해하고 심오한 것으로 유명하다. 죽음을 앞둔 한 사상가가 세속의 일을 염려치 아니하고 끝까지 추상적 철학테마를 추구하고 있다. 기연은 우리의 시공상의 인과적 상식이 적용되는 세계이고, 불연은 인과를 넘어서는 세계이다. 불연은 결국 기연이라는 게 수운의 결론이며, 이 말로써 서학의 허구성에 대하여 종지부를 찍는다. |
| **최수운 선생은 1864년 3월 10일 하오 2시, 대구 남문 밖 관덕당 앞뜰 장대에서 효수되시었다.** | | | | | |

 이제 독자들은 수운의 삶과 저작의 총체적 비전을 획득하였으리라고 믿는다. 아마도 이러한 도표가 만들어진 것은 유례가 없는 사건일 것이다. 수많은 연구자들의 연구성과가 축적된 것이다. 이제부터 본격적으로 『용담유사』를 주해할 것인데 수운의 저작순서대로 풀어갈 것이다. 목천판은 그러한 순서를 따르지 않았다. 목천판의 판각자들이 노래들의 저작시기를 세밀하게 고찰할 겨를이나 자료가 없었고, 또 그들은 그들 나름대로 노래의 흐름이나 중요성에 대한 판단이 있었던 것으로 보인다. 계미중추판을 기준으로 해야 할 것이나, 순서만은 연대순을 따라야 할 것이다.

1) 용담가(72구)

2) 안심가(145구)

3) 교훈가(227구)

4) 도수사(100구)

5) 권학가(114구)

6) 몽중노소문답가(86구)

7) 도덕가(68구)

8) 흥비가(93구)

　"용담유사"의 "유사"는 빠질 유 자의 "유사遺詞"가 아닌 깨우칠 유 자의 "유사諭詞"임을 다시 밝힌다. 그리고 "한울님"은 수운과 아무런 관계가 없다. "하느님," 혹은 "하늘님"으로 표기되어야 마땅하다. 나는 "하느님"이 정당하다고 본다. 천도교사람들은 "하느님" 하면, 개신교나 천주교의 "하느님"으로 오해받는다고 하나, 기독교의 "하느님"이야말로 동학의 "하느님," 우리 민중의 의식 속에 배어있는 "하느님"으로부터 파생된 것이다. 이 지구상의 모든 교인들이 수운이 말하는 "하느님" 신앙으로 다시 태어날 때만이 인류에게 빛이 드리울 것이다.

제1장
용담가

전체 개요 전술하였듯이, 이 노래는 경신년(1860) 4월 5일, 수운이 하느님과의 해후에서 무극대도를 받아낸 사건, 그 느낌이 생생하게 남아있던 시기(4월 말경)에 쓰여진 것이다. 이 지구상의 어떤 종교적 천재도 자신의 종교대각체험을 그 직후에 전후상황을 자세히 알리는 서술양식으로 스스로 집필한 사례는 거의 없다. 시 한 수를 쓴다든가, 신비적 체험의 느낌을 나중에 제자들에게 설파한다든가, 혹은 계시받은 대로 영험스럽게 손을 움직인다든가 하는 식의 사례는 있어도 수운처럼 자신의 전 생애를 회고하고 태어난 곳의 지세를 운운하면서 영적인 체험이 가능했던 객관적 맥락들을 상술하는 그러한 정황은 매우 특이하다. 이것은 수운 본인의 성품 그 자체가 매우 영험스럽고 신비로운 동시에, 그 신비적 성격을 객화시키고 소외시키고 언어화시키는 매우 특이한 지적 명철성을 지녔다는 것을 의미한다.

보통 신비는 언어화될 수 없다고 말하는 것이 모든 신비주의자들의 주장이다. 그러나 수운은 신비는 신비화되어서는 아니 된다고 말한다. 신비주의자들은 이렇게 말할 것이다: "너의 신비는 진정한 신비가 아니었다." 그럼에도 수운이 이 가사를 쓰지 않을 수 없었던 이유는 그의 체험이 그에게 모든 인식의 구조를 뒤바꾸어 놓았고 삶의 느낌을 개변시켰기 때문이요, 또 그러한 개변 속에 주변의 동포들을 참여시키지 않고서는 배길 수 없는 어떤 충동이 직관으로써 들끓어올랐기 때문이다. 그의 대각은 세칭 말하는 종교적 대각이 아니요, 세속의 초탈 또한 아니었다. 그의 무극대도는 "삶의 개벽"이었다. 그는 이 새로워진 삶의 모습을 전하지 않고서는 배길 수 없었던 것이다.

수운이 최초의 하느님해후의 느낌을 한글로 적었다는 것, 즉 무극대도의 출발이 한글가사였다는 것, 동학의 시작이 한글노래였다는 것은 조선민족의 역사에 있어서 중대한 의미를 지니는 것이다. 그가 한문으로 「포덕문」을 쓰게 되는 것은 1년 3개월이나 지난 후의 사건이다. 그러니까 이 「용담가」의 생생한 느낌은 많이 희석되고 개념화되고 언어화되었다고 말할 수 있다. 그래서 「용담가」에 담긴 한글가사의 느낌이 우리에게 소중한 것이다. 비극적인 삶의 역정이 무극대도 수용을 계기로 환희로 전환되는 그 감격이 여실하게 표현되어 있다.

용 담 가
龍 潭 歌
(칠십이구)

1-1. 국호는　　도션이오　　읍호는　　경쥬로다
　　 國 號　　　朝 鮮　　　　邑 號　　　慶 州

　　 셩호는　　월셩이오　　수명은　　문수로다
　　 城 號　　　月 城　　　　水 名　　　汶 水

　　 긔즈씨　　왕도로셔　　일쳔년　　안일년가
　　 箕 子　　　王 都　　　一 千 年

　　 동도는　　고국이오　　혼양은　　신부로다
　　 東 都　　　故 國　　　　漢 陽　　　新 府

　　 아동방　　싱긴후의　　이런왕도　　쏘잇는ㄱ
　　 我 東 方　　　　　　　　　王 都

　　 수세도　　조커니와　　산긔도　　조흘시고
　　 水 勢　　　　　　　　　山 氣

　　 금오는　　남순이오　　귀미는　　셔순이라
　　 金 鰲　　　南 山　　　　龜 尾　　　西 山

　　 봉황디　　노푼봉은　　봉거디공　　ᄒ야잇고
　　 鳳 凰 臺　　　峰　　　　鳳 去 臺 空

　　 쳠셩디　　노푼탑은　　월셩을　　지켜잇고
　　 瞻 星 臺　　　塔　　　　月 城

청옥젹　황옥젹은　ᄌᆞ웅으로　지켜잇고
青玉笛　黃玉笛　雌雄

일쳔년　신라국은　소리를　지켜니네
一千年　新羅國

풀 이　나 수운이 태어난 곳, 그 나라의 이름은 조선이요, 그 도읍지의 이름은 경주이다. 경주는 성이 둘러쳐져 있는데 그 성의 이름은 월성月城이라 하고, 그곳을 흐르는 강물의 이름은 문수汶水라 한다. 은나라의 마지막 현인이라 할 수 있는 기자가 고조선에 귀순할 때부터 이 경주는 이미 왕도였으니 수천 년의 문화가 축적되어 있는 곳이다.

지금 동도東都(동쪽 수도)라고 부르는 이 경주야말로 신라 고국의 기품이 쌓인 곳이요, 한양이라 하는 곳은 이성계가 새로 나라를 세우면서 만든 신흥도시에 불과하다. 동아시아 역사가 생겨난 이후로 우리 경주와 같이 찬란한 왕도王都는 다시 있어본 적이 없다. 물맛이 그렇게 좋을 수가 없고, 산기운도 아름답기 그지없다.

경주의 중심부에서 남쪽으로 남산 봉우리들이 있는데 그 주봉이 유서 깊은 금오산金鰲山(해발 494m)이고, 서북쪽으로는 웅장한 구미산(해발 594m)이 자리잡고 있어 경주를 감싸고 있다(※금오도 일종의 용거북이기 때문에 거북의 꼬리를 이루는 구미산은 수미일체의 연속성을 과시한다). **또 읍내에 있는 봉황대**(경주시 노동리에 있다. 높이 22m. 둘레 250m. 신라고분의 일종일 것이다) **정상에는 봉황은 날아갔어도 그 대臺만은 빈 채로 남아있다**(이태백의 시구에서 영감을 받은 표현: "봉거대공강자류鳳去臺空江自流."「등금릉봉황대登金陵鳳凰臺」. 인간세 역사의 성쇠부침을 읊은 명작).

드넓은 밤하늘의 별을 바라보는 첨성대 높은 탑은 월성을 지키고 있다(여기 월성은 그 유지가 남아있는 반월성을 가리킬 것이다). **또한 이 세상의 모든 위기를 해소시키고 근심을 가라앉히는 신라의 보배 만파식적! 그것을 상징하는 푸른 옥적과 황색 옥적의 자웅 피리가 끊이지 않고 소리를 냄으로써 수천년 신라국의 안정을 도모하였다. 이런 위대한 문명의 고도가 또 어디 있으랴!**

보충 설명 우리나라 사람들의 표현양식은 항상 지세와 유서 깊은 역사의 도덕성을 먼저 내세움으로써 자기가 말하고자 하는 메시지의 정당근거를 삼는다. 대부분의 학교 교가에도 앞에는 지세가 언급되어 있다. 이것은 이만큼 우리나라 삼천리 금수강산이 아름답기 그지없어 지리와 인사를 분리할 수 없기 때문이다. 수운은 지금 자기 고향, 신라고도 경주의 유서 깊은 품격을 마음껏 자랑함으로써 자신의 도통의 정당근거를 과시하려 한다. 이것은 하나의 문학이다. 따라서 모든 지리언급이 정확한 과학적, 인과적 근거를 갖는 것은 아니다. 중요한 것은 수운 본인의 "지리인식"체계이다. 즉 지리에 의미를 부여하는 그의 가치세계를 형량해야 한다는 것이다. 나의 번역이 일반인들의 번역과 다른 점은 이러한 본질적 인식구조의 차별에서 온다. 따라서 사실체계에 관한 상론詳論은 될 수 있는 대로 피할 것이다. 독자들이 수운이 말하고자 하는 의미체계의 대강과 본원을 파악할 수 있도록 도와나갈 것이다. 해석의 지평은 나 도올로써 완결되는 것이 아니라 끊임없이 열려있는 것이다.

1-2. 어화세상 ᄉᆞ롬들아   이런승디 구경ᄒᆞ소
    世上   勝地

동읍삼산 볼작시면   신션업기 고이ᄒᆞ다
東揖三山   神仙   怪異

셔읍쥬산 잇셔스니   츄로지풍 업슬소냐
西揖主山   鄒魯之風

어화세상 ᄉᆞ람들아   고도강산 구경ᄒᆞ소
    世上   古都江山

인걸은 디령이라   명현달ᄉᆞ 아니놀가
人傑   地靈   名賢達士

ᄒᆞ물며 구미산은   동도지 쥬산일세
        龜尾山   東都之 主山

곤륜산 일지믹은   즁화로 버려잇고
崑崙山 一支脈   中華

아동방	귀미산은	소듕화	싱겨ᄯᅮᄂ
我東方	龜尾山	小中華	

어화세상	ᄉ람들아	ᄂ도ᄯᅩ흔	출세후의
			出世

고도강산	지켜니여	세세유젼	안일넌가
古都江山		世世流傳	

긔쟝ᄒ다	긔쟝ᄒ다	귀미산긔	긔쟝ᄒ다
奇壯	奇壯	龜尾山氣	奇壯

거록흔	가암최씨	복덕산	안일넌ᄀ
	佳岩崔氏	福德山	

풀 이　어화(※기쁜 마음을 나타내는 감탄사) 세상 사람들아! 내가 태어난 이곳, 이 빼어난 지세를 한번 같이 살펴봅시다! 동쪽에서 절을 하고 있는 듯이 서있는 세 개의 산준령을 보려 하면, 신선이 살고 있지 않다는 것이 괴이하기 그지없소. 서쪽에는 또 그 절을 받으며 읍하고 있는 주산, 구미산이 자리잡고 있으니, 그 봉우리들의 자세만 보아도 과연 공자와 맹자를 배출한 추나라·노나라의 풍격이 없다고 말할 수 있으리오!

　어화 세상 사람들아! 이 아름다운 고도의 강산을 다시 한번 음미해보소! 옛부터 걸출한 인물은 영험스러운 지세에서 태어난다고 했소. 과연 이 땅에서 유명한 현인이나 지식에 통달한 선비가 아니 배출될 수 있겠소이까? 하물며 이 장엄한 구미산은 우리나라 동도東都의 주산主山이오. 저 티베트고원의 서왕모가 거주하는 곤륜산의 큰 맥이 중국의 북방지역으로 뻗어 백두산에 미치니 그것은 백두산의 조산이다. 그 곤륜산 기운이 백두대간을 지나 구미산까지 이르니 그 대맥 속에 조선이라는 또다른 중화가 자리잡고 있는 것이라오.

어화 세상 사람들아! 나 최수운 또한 구미산의 기운을 받고 태어나, 경주 고도의 강산을 지켜냈다. 이것은 나 홀로 한 일이 아니라, 대대로 내려오는 우리 집안의 전승의 축적에 힘입은 것이다. 기이하고도 장쾌하다! 기장하다! (※수운이 잘 쓰는 말인데 중국고전에 특별한 출전이 있는 말은 아니다). 구미산의 기운이야말로 기장하도다! 우리 집안 거룩한 가암최씨佳巖崔氏(※최진립을 파조로 하는 경주최씨 사성공파司成公派의 한 지파. 최부자집 가계와 최수운 가계를 낸 것으로 유명)의 가문에 복과 덕을 가져다 주는 명산이 아니겠는가?

보충 설명　"동읍삼산," "서읍주산"의 읍은 "邑"이 아니라, "揖"으로 보는 것이 더 정당하다. 동읍삼산은 특별한 명칭이 고정되어 있는 것이 아니고 수운의 고향에서 볼 때 동쪽으로 있는 세 개의 봉우리를 가리킨다. "귀미산"은 "구미산"으로 일관되게 표현한다. 이 단의 원문에는 "구미산"이라는 표현도 있다.

1-3.

귀미산 (龜尾山)	싱긴후의	우리션됴 (先祖)	ᄂ셧구ᄂ
산음인가 (山蔭)	수음인가 (水蔭)	위국충신 (爲國忠臣)	긔쟝ᄒ다 (奇壯)
가련ᄒ다 (可憐)	가련ᄒ다 (可憐)	우리부친 (父親)	가련ᄒ다 (可憐)
귀미용담 (龜尾龍潭)	조흔승디 (勝地)	도덕문댱 (道德文章)	닥가니야
산음수음 (山蔭水蔭)	아지마는	입신양명 (立身揚名)	못ᄒ시고
귀미산ᄒ (龜尾山下)	일졍각을 (一亭閣)	용담이라 (龍潭)	이름ᄒ고
산림쳐ᄉ (山林處士)	일포의로 (一布衣)	후세예 (後世)	젼탄말ㄱ (傳)
가련ᄒ다 (可憐)	가련ᄒ다 (可憐)	이니가운 (家運)	가련ᄒ다 (可憐)
ᄂ도ᄯ오호	츌세후로 (出世)	득죄부모 (得罪父母)	안일넌가
불효불효 (不孝不孝)	못면ᄒ니	젹세원울 (積世怨鬱)	안일넌ㄱ
불우시지 (不遇時之)	남아로셔 (男兒)	허송세월 (虛送歲月)	ᄒ엿구ᄂ
인간만ᄉ (人間萬事)	힝ᄒ다ㄱ (行)	거연ᄉ십 (遽然四十)	되얏더라

소십평싱 이쌘인가 무가니라 홀셀업다
四十平生　　　　無可奈

풀이 조선대륙에 웅장한 구미산이 솟은 이후로, 그 산세를 빛내는 우리 선조 최진립 장군이 나셨구나. 아~ 우리 최진립 장군께서 태어나신 것이 이 지역 산세의 음덕일까, 물기운의 음덕일까? 임진왜란·병자호란 양란에 모두 나라 위해 혁혁한 전공을 올리신 그 충신의 모습은 웅혼하고도 장쾌하기 그지없다. 이에 비한다면 그 6대 손이신 나의 부친의 명운은 가련하기 그지없다. 아~ 가련하도다, 가련하도다! 우리 부친 최옥崔鋈 선생 가련하도다! 구미산 아래 용담, 그토록 아름다운 승지勝地에 태어나시어, 바른 도덕을 닦고 위대한 문장가로서의 탁월한 소양을 기르신 분! 산세의 음덕, 물세의 음덕이 그 분의 운세를 지켜주지 않은 것도 아니건만, 빼어난 실력에도 과거에 합격할 기회를 얻지 못하여 입신양명하지 못하신 것은 기실 부패한 세태의 제물이 되신 탓이렷다. 우리 아버지 최옥 선생은 입세간入世間의 염념을 끊고, 구미산하에 하나의 정각亭閣을 짓고 용담정이라 이름하고, 그곳에서 후학들을 가르치며 순결한 선비로서 생애를 사시었다. 결국 산림의 처사, 벼슬한 자리 못한 포의布衣로서 후세에 그 이름을 전했을 뿐이니, 그 분의 출중한 문장을 생각하면 이 아니 가련할 수 있겠느뇨? 가련하다, 가련하다, 우리집 운세가 이렇게 해서 기울었으니 가련한 일이 아니겠느뇨?

　나 수운 또한 이 세상에 태어난 이후로 재가녀의 후손이라는 명분에 걸려 내 실력을 발휘할 길이 다 막혀버렸으니, 이 운명 그 자체가 내가 나의 부모님께 죄를 짓는 꼴이 아니고 무엇이겠는가? 불효자식 신세를 면할 길이 없었으니, 아~ 아~ 누대에 쌓인 원망과 울적함이 아니겠느뇨?

　나는 운명적으로 때를 제대로 만나지 못한 한 사나이로서 세월을 헛되이 보낼 수밖에 없었다. 나는 과거에 응할 자격도 없었고 아버님이 돌아가신 이후로는 생계를 위하여 온갖 세상잡일을 행하지 않을 수 없었다. 그러다 보니 어느덧 나이 40이 되고 말았다(※그가 모든 잡일을 청산하고 용담으로 되돌아온 것은 1859년 10월이었으니 그때 나이 기실 만 35세, 우리 나이로 36세였다. 그런데 옛 사람은 30대 중반이면 이미 나이 40이라고 보통 올려 말하는 습관이 있다). 회고해보니 내 40평생이 겨우 이것뿐이런가? 부엌에 걸 솥 하나 걸머지고 아버지께서 지어놓으신 퇴락한 집으로 돌아왔으니, 내 신세 무가내라, 어찌할 도리가 없었다.

　보충 설명　"출세"는 요즈음 말로 "출세한다"는 뜻이 아니고, 세상에 나온다, 즉 태어난다, 그러니까 "탄생"을 의미한다. "적세원울"의 "적세"는 "積世"이다. 이 "적세"라는 말은 수운이 잘 쓴다. "積世"는 "누대에 걸쳐 축적되었다"는 의미가 있고, 또 "누대에 걸쳐 축적됨으로써 세상만물에 대하여 명확한 지식을 얻는 다"(積世萬物)라는 두 가지 뜻이 있다. 후자의 경우 "적세積世"를 "격치格致"라고 엉뚱하게 고쳐 해석했는데, 그것은 오석誤釋이다. 달리 해석할 여지가 없다. "적세"는 고전에 정확한 용례가 있다.

"거연"은 "居然"일 수 없다. 반드시 "遽然"으로 써야 한다. 한 자의 해석은 명료한 의미맥락을 따른다. 적당히 애매하게 글자를 상응시키는 것은 옳지 못하다.

"무가내"는 "어찌할 도리가 없다"는 뜻의 한문표현이다. 보통 "무가내하無可奈何"라고 쓴다. 비감이 서린 표현이다. "무가내하 화락거無可奈何花落去"(꽃이 떨어지는 것을 어찌할 수 없소). 시세가 점 점 어려워지는 것을 경계한 말인데, 주은래가 중국공산당 제10차 전국대표대회에서 한 연설 중의 한 구절이다.

1-4. 귀미용담   ㅊㅈ오니   흐르ᄂ니   물소리오
龜尾龍潭

노푸ᄂ니   산이로세   좌우산쳔   둘너보니
山   左右山川

산수눈   의구ᄒ고   초목은   함졍ᄒ니
山水   依舊   草木   含情

불효혼 不孝	이니마음	그아니	슬풀소냐
오작은 烏鵲	ᄂ라드러	됴롱을 嘲弄	ᄒ는듯고
송빅은 松栢	울울ᄒ여 鬱鬱	청졀을 淸節	직켜니니
불효혼 不孝	이니마음	비감회심 悲感悔心	졀노ᄂ다
가련ᄒ다 可憐	이니부친 父親	여경인들 餘慶	업슬소냐

풀이 속세풍진을 다 떨쳐버리고 내 고향 구미 용담을 찾아드니, 흐르나니 물소리요, 높으나니 산이로세! 좌우산천 둘러보니 산수는 옛 모습과 다름이 없고 초목은 하나하나 모두 나의 추억이 서려 나에게 정감을 토로하는 듯하니, 가뜩이나 불효자식 꼴이 되어 버린 이 내 마음 그 아니 슬플 수가 있겠느뇨? 때마침 까마귀가 날아들어 우리를 조롱하는 듯 까악까악 짖어댄다. 소나무, 전나무 모두 빽빽이 그 울창한 모습, 푸르름을 자랑하니, 푸른 절개를 지켰다고 뽐내는 듯하다. 그 쓸쓸한 광경을 바라보는 불효한 나의 마음은 슬픈 감회와 후회스러운 생각에 휩싸이고 만다. 아아~ 가련하도다, 이 내 신세여! 나의 위대한 아버지의 여경餘慶(훌륭하게 사신 분의 음덕이 그 자손에게 미침)인들 없을까보냐!

보충 설명 「용담가」의 이 구절은 동학교도들이 매우 즐겨 암송하였던 시구인데 아름답기 그지없고, 처량하지만 오랜만의 해후에 천지가 다같이 합창하는 그러한 살아있는 광경을 잘 표현한 수운 문학의 한 백미로 꼽힌다. 나는 임운길 선생, 그리고 표영삼 선생과 수운이 걸은 이 길을 그대로 걸어본 적이 있다. 이 시구의 느낌을 더욱 깊게 체감하기 위하여! 두 분 다 고인이 되셨고 나조차 몸이 민활치 못하니 비감회심 절로 난다.

  수운이 들어올 때 이미 상당한 식솔이 있었다. 박씨 부인 외로, 두 아들 세정世貞(9살), 세청世淸(6살), 그리고 두 딸, 그리고 양녀 주씨朱氏(13살)가 있었고, 그 외로도 한둘이 더 있었던 것 같다. 그러나 나중에 수운이 처형된 후 두 아들 다 핍박으로 제 명을 살지 못했고, 후손을 남기지 못했다. 그리고 수운의 딸들에 관한 기록은 희박하여 추정키 어렵다. 단지 제일 나이 많은 양녀 주씨가 수운의 가정사에 관한 많은 목격담을 남기었을 뿐이다.

  "함정含情"이니 "조롱嘲弄"이니 하는 표현은 내가 서언에서 말한 대로 우리가 사는 우주에는 무한대의 주체가 있다는 것을 상기시킨다. 인간, 그리고 "나"만이 천지의 주체일 수는 없다. 천지에 대한 외경심이 없는 자는 수운의 세계를 알 길이 없다.

  "울울鬱鬱"은 "마음이 상쾌하지 않고 답답하다"는 뜻이 있고, 또 "나무가 빽빽이 들어서서 무성하다"는 뜻이 있다.

이날 낡은 집에 당도한 박씨 부인은 밥을 짓기 위해 부엌 아궁이에 불을 지폈는데 아궁이가 불을 내어 매운 연기에 눈물을 흘려야 했다. 쓸쓸한 광경이다.

1-5. 쳐불너 효유ᄒ고 　이러그러 지니ᄂ니
妻 子　　曉 諭

텬은이 망극ᄒ야 　경신ᄉ월 초오일의
天 恩　　罔 極　　庚 申 四 月　初 五 日

글노엇지 긔록ᄒ며 　말노엇지 셩언홀가
記 錄　　　　　　　成 言

만고업논 무극디도 　여몽여각 득도로다
萬 古　　無 極 大 道　如 夢 如 覺　得 道

긔쟝ᄒ다 긔쟝ᄒ다 　이니운수 긔쟝ᄒ다
奇 壯　　奇 壯　　　運 數　　奇 壯

ᄒ 놀님 ᄒ신말솜 　기벽후 오만년의
　　　　　　　　開 闢 後　五 萬 年

네가쏘ᄒ 첨이로다 　ᄂ도쏘ᄒ 기벽이후
　　　　　　　　　　　開 闢

노이무공 ᄒ다가셔 　너를만ᄂ 셩공ᄒ니
勞 而 無 功　　　　　　　　成 功

ᄂ도셩공 너도득의 　너의집안 운수로다
成 功　　得 意　　　　　　運 數

이말슴	드른후의 後	심독희 心獨喜	ᄌᆞ부로다 自負
어화세상 世上	ᄉᆞ람들아	무극지운 無極之運	다친쥬를
너의엇지	알가보냐		

풀 이　나는 아내와 자식들을 불러 놓고 내 사정과 우리 집안의 곤궁한 사정을 잘 타일렀다. 그리고는 이럭저럭 세월을 보내던 중에, 하느님의 은혜가 망극하였는지, 경신년(1860년) 사월 초오일에 이르러 엄청난 사건을 체험하게 되었다. 이것은 정말 글로 기록할 수 없고, 말로 어떻게 문장을 만들 수도 없다. 만고萬古에 있어본 적이 없는 유니크한 무극대도無極大道(극極, 즉 한정성이 없는 큰 도. 그러니까 여기서 "크다"는 표현은 일상적 체험의 크기를 가지고 있지 않다)를 내가 얻었는데, 그 과정은 꿈결과도 같았고 또 생생한 생시의 체험과도 같았다. 기장하고 또 기장하다. 나의 운명이 어찌 기구하고 장엄하다고 아니 말할 수 있으리오?

내가 만난 하느님께서는 다음과 같이 나에게 또렷이 말씀하시었다: "수운아! 이 천지가 개벽된 후, 오만 년이 지나도록 나는 사람다운 사람을 만나고자 했는데 만나지 못했다. 그런데 너를 만나고 보니 너야말로 내가 만난 첫 사람이로구나! 네가 여태까지 허송세월했다고 하지만 나도 또 개벽 이후 인간세의 역사를 위하여 여러 가지 노력을 해보았으나 아무런 공功을 성취하지 못했다. 그것이 나의 비극이었다. 그런데 너를 만나 오만년 만에 성공하니, 나도 성공한 것이요, 너도 자부심을 가질 만한 인간이 된 것이다. 이것은 너의 집안의 행운이기도 하다."

나는 이러한 하느님의 말씀을 들은 후에 마음속으로 홀로 기뻐하면서 스스로 사명감을 가지게 되었다. 어화 세상 사람들아! 이 무극의 대운이 우리 모두에게 닥쳤다는 이 사실을 너희들이 어찌 깨달을 수 있을까보냐! 정말 답답하고 또한 걱정스럽다. 그러나 우리에게는 희망이 있다!

보충 설명　이 시기만 해도 "동학"이라는 개념이 없었고, 오직 "무극대도"라는 개념만 있었다. 사실 "무극"이라는 개념과 "대도"라는 개념은 같이 가기 어렵다. 무극은 극이 없는 것이고 보면, 대소大小라는 크기의 개념을 초월하는 것이다. 그러니까 대도의 "대大"는 실제로 "무극"의 다른 표현일 뿐이다. 모종삼 선생이 말씀했듯이 대도를 표전表詮이라고 한다면 무극을 차전遮詮이라 말할 수 있을 것이다. 수운이 "무극대도"라는 표현을 처음에 쓴 것은 "서학-동학"의 대비적 개념을 피하고 싶었기 때문이다. 후에 「동학론」에서 무극대도를 "동학"으로 규정한 것은 서학으로 몰리는 현실적 저주를 피하기 위한 장치로서의 기능이 그 표면적 이유였을 것이다. 그러나 "동학"은 어디까지나 "해동"인 조선땅에서 조선인으로서 무극대도를 깨닫고 펼쳤다는 주체적인 자각을 강력하게 표방한 새로운 개념적 선택이라고 보아야 한다. 수운이 말하고자 한 동학을 참으로 이해하기 위해서는 동학의 배경에 항상 무극대도가 본원적으로 도사리고 있다는 것을 깨달아야 한다. 『용담유사』에서는 「몽중노소문답가」에 이르기까지 "무극대도"라는 표현이 계속 쓰이고 있다.

"개벽후 오만년"이라는 표현에는 선천개벽–후천개벽의 이원적 대비개념이 전혀 내포되어 있지 않다. 그냥 인간의 문명의 역사를 "개벽후 오만년"이라 표현했을 뿐이다. 그리고 개벽의 주체로서의 하느님이라는 관념도 없다. 개벽은 하느님이 주체적으로 결행한 행동이 아니다. 그러니까 하느님은 천지를 개벽하지 않았다. 기독교문화권에서 말하는 "무로부터의 창조creatio ex nihilo"를 주관하는 창조주 하나님은 수운에게는 거부되는 개념이다.

여기 수운의 신관을 나타내는 가장 중요한 단어는 "노이무공勞而無功"이다. 다시 말해서 하느님은 우주의 생성 밖에서 그 과정을 주관하거나 컨트롤하는 아웃사이더가 아니라, 천지의 생성과 더불어 노력하여 공을 이루는 과정Process적 인사이더인 것이다. 천지의 개벽 후 천지와 더불어 같이 노력했으나 공이 없었다는 것이다. 수운의 하느님은 전지전능하신 "하나님"이 아니라, 생성과 더불어 실패하고 좌절하는 하느님, 기氣에 대하여 이상적인 리理만을 제공하는 하느님이 아닌 것이다. "수운을 만나 처음으로 성공했다"는 하느님의 고백은 수운의 깨달음이 얼마나 유니크한 것이었나, 그리고 조선민족의 위상이 얼마나 고귀한 것인가를 나타내주는 명언이다.

1-6.

긔장ᄒ다 奇壯	긔장ᄒ다 奇壯	이늬운수 運數	긔장ᄒ다 奇壯
귀미산수 龜尾山水	죠흔승디 勝地	무극ᄃ도 無極大道	닥가니니
오만년지 五萬年之	운수로다 運數	만세일디 萬世一之	장부로셔 丈夫
조흘시고	조흘시고	이늬신명	조흘시고
귀미산수 龜尾山水	조흔풍경 風景	물형으로 物形	싱겨ᄯ가
이늬운수 運數	마쳣도다	디디엽엽 枝枝葉葉	조흔풍경 風景
군ᄌ낙지 君子樂之	안일넌가	일텬디ᄒ 一天之下	명승디로 名勝地
만혹쳔봉 萬壑千峰	긔암괴셕 奇岩怪石	산마다 山	이러ᄒ며
억됴창싱 億兆蒼生	마는ᄉ룸	ᄉ룸마ᄃ	이러홀가

조흘시고	조흘시고	이너신명	조흘시고
귀미산수 龜尾山水	조흔풍경 風景	아모리	조타히도
너아니면	이러ᄒ며	너아니면	이런산수 山水
아동방 我東方	잇슬소냐	나도쏘훈	신션이라 神仙
비상텬 飛上天	훈두히도	이너션경 仙境	귀미용담 龜尾龍潭
두시보기	어렵도다	쳔만년 千萬年	지너온들
아니잇ᄌ	밍세히도 盟誓	무심훈 無心	귀미용담 龜尾龍潭
평디되기 平地	이달ᄒ다		

풀 이　웅장하다, 웅장하다! 이 나의 운수, 웅장하다. 구미산수 빼어난 지세에서 무극대도를 닦아내었으니, 이것은 오만년 만에 처음 있는 운수로다. 만세에 한 번 날까말까 하는 장부로서 무극대도를 당당히 닦아내었으니 좋을시고 좋을시고 이내 신명 좋을시고.

구미산의 산세와 물세, 너무도 아름다운 이 풍경은, 물론 물체로서 형성된 것이지만, 그런 물형에 머물지 않고 나의 무극대도의 운세와 꼭 맞아떨어졌다. 가지마다 잎새마다 생명이 약동하는 그 풍경은 군자가 사랑치 아니할 수 없는 것이로다.

저 거대한 하늘 아래 유니크한 명승지로서 만학천봉과 기암괴석을 뽐내는 구미산의 자태를 보라! 산이라고 생긴 것이 다 이러하며, 억조창생의 그 많은 사람, 사람마다 다 이렇게 수려한 기운을 타고났을까보냐?

좋을시고 좋을시고 이내 신명 좋을시고! 구미산수 좋은 풍경 아무리 좋다 해도 나를 빼놓고 이럴 수 있겠느뇨? 여기서 무극대도를 받은 내가 없다면 과연 이런 영험한 산수가 동아시아대륙에 있을 수 있겠느냐?

나는 신선이로다! 신선으로 비상천한다 해도(하늘에 오른다. 죽음을 암시하는 뉘앙스도 있다) 내가 득도한 이 나의 선경 구미용담, 다시 보기는 어려울 것이다. 천만년을 살아가며 구미용담만은 잊을 수 없다고 맹세해도, 인간의 맹세에 무심한 구미용담이 온데간데없이 평지화 되고 쓸쓸한 먼지만 휘날릴까? 애달프고 또 애달픈 심사가 눈앞을 가리운다.

보충 설명 "기장하다"는 의미는 수운에게 이미 내면화된 언어이며 다양한 맥락으로 쓰인다. 여기서는 득도의 기쁨을 나타내고 있다.

"군자낙지"는 대부분의 주석가들이 "君子樂地"라고 한자를 달지만 문법에도 맞지 않고 도무지 어색하다. 어불성설이다. "君子樂之"일 수밖에 없으며 "之"는 앞의 "좋은 풍경"을 가리키는 지시대명사이다.

"내아니면"이라는 표현 속에 수운 본인의 득도에 대한 확신, 자신감이 최대치로 표현되어 있다.

"신명"은 "신바람" 같은 것인데 우리말이지 한문표현이 아니다.

마지막의 "무심한 구미용담 평지되기 애달하다"는 "평지될까봐 애달프다"라는 뜻인데, 수운의 환희의 배면에 깔린 파테틱한 감정pathetic sentiments을 나타낸다. 그렇게 희망적이고 웅장하고 밝은 톤으로 전편을 내려오다가(득도의 환희를 표현) 마지막에서는 그 모든 환희를 무화無化시키는 비감을 토로한다. 이「용담가」가 대각 초기, 하느님과의 해후 직후에 쓰여진 것이라는 것을 생각하면, 즉 난법난도자亂法亂道者들에게 시달리기 이전이라는 것을 생각하면 그의 모순된 감성의 이중주는 대인의 형안이 아니면 설명될 길이 없다. 비감과 환희는 수운 존재의 양면이다.

「용담가」를 끝내면서 놀라운 생각이 드는 것은, 전편을 통해 서두에서 그토록 장황하게 인문지리를 토로하는 것에 비한다면 그의 대각의 내용이 지극히 짧고 간결하게 처리되었다는 것이다. 하느님과의 해후 직후였기 때문에 보다 더 많은 얘기를 할 것 같은데 "노이무공" 몇 마디로 끝내버리고 말았다. 그리고 마지막에 "평지되기 애달하다"라는 비감 서린 말로써 종지부를 찍었다. 이것이 바로 고조선의 기백이며 오만년의 시혼詩魂이다. 우리가 수운을 사랑할 수밖에 없는 이유, 한국인으로서 그를 자랑치 않을 수 없는 이유가 바로 이런 담박미에 있다. 수운은 내가 입는 하이얀 순 무명두루마기와도 같다.

제2장
안심가

전체 개요 수운은 1860년 4월 5일, 용담에서 득도하였다. 그러나 자신의 득도를 대외적으로 표현하지 않고 그것을 내면화시키는 작업을 한다. 즉 하느님과의 해후, 대면하여 주고받은 언어들을 검증하는 시간을 갖는 것이다. 그 기간이 자그마치 1년 2개월이나 된다. 그리하여 내면적 확실성을 획득함에 따라 1861년 6월 초부터 용담의 포문을 열었다.

그런데 어쩐 일인지, 당시 신문이나 라디오광고도 없었고 통신수단이 미비한 시절이었지만, 사람들이 꾸역꾸역 모여들기 시작하였다. 용담은 많은 인원을 수용할 수 있는 시설도 없었고, 또 수운 본인의 살림이 빈궁했기 때문에 손님대접의 여유도 없었다. 그리고 "예배"와도 같은 체제나 수도절차를 지도하는 예식이 준비가 되어있지 않았기 때문에 처음에는 여러 가지 트러블이 생겨났을 것이다. 그러한 과정에서 수운의 말씀을 "복음"(복된 소리)처럼 수용하는 순결한 사람들도 많았지만, 뒤돌아 비방하고 서운해하는 자들도 자연 있게 마련이다. 수운이 종교를 창도하기 위해 철저한 제도적 준비를 했었다면 그런 트러블은 쉽게 제어될 수 있었겠지만, 수운은 그렇게 형식적이고 또 권위주의적 인간이 아니었다. 그저 순결하고 따스한 마음, 그리고 인간세에 대한 우환의식이 깊었던 한 인간이었을 뿐이었다.

포덕을 시작하여 포덕 그 자체에서 생기는 여러 문제들을 해명하기 위하여 쓴 글이 바로 1861년 7월 중순경에 한문으로 쓴 「포덕문布德文」이다. 내가 왜 포덕을 해야만 했는가? 나의 포덕의 소이연이 과연 무엇인가? 내가 상제上帝(「포덕문」에서는 "천주天主" 대신 "上帝"라는 표현을 썼다)를 만나 영부를 받고 주문을 외우게 된 그 행위의 궁극적 지향처는 무엇인가? 이에 수운은 "보국안민輔國安民"이라는 주요 테마를 제시한다.

그런데 한문으로 「포덕문」을 쓴 후에 한 달 만에 다시 한글로 그 「포덕문」에서 미비했던 내용을 보다 생생하게 표현하고자 붓을 들게 되는데, 그 한글가사가 바로 「안심가」이다.

「안심가」는 문자 그대로 주위사람들에게 "안심하라"는 메시지를 발하기 위하여, 문자 그대로 마음을 편안히 가지라고 훈도하기 위하여 쓴 글이다. 이 "안심"의 핵심은 역시 내가 가르치는 도가 서학이 아니니, 안심하라는 것이다. 동학이라는 말은 아직 생기지 않았으나, 이미 서학과는 대비되는 "무극대도"인 자신의 도가 서학으로 오해받는 일이 있어서는 아니 되겠다고 고심하게 된다. 그러한 고심 속에서 무극대도에 대한 아폴로지(=호교론, 변호)적 성격이 강렬하게 부각되고 있는 것이다.

「안심가」는 여러분들이 읽어가면서 그 장쾌한 언표에 깔린 수운의 기개나 구상을 충분히 숙지하게 되겠지만, 내용의 밀도가 매우 높은 작품이며, 득도의 과정에 대한 묘사도 그 리얼리티와 생동감이 매우 치열하게 표출되어 있는 문학적 걸작이다.

그리고 "개같은 왜적 놈아"라는 표현이 3번이나 나오는데 그는 "보국안민"의 테제를 매우 구체적으로 예언하고 있다. 아무리 서양의 제국주의의 위세가 세계를 전복시키고 있다 해도 이러한 틈새를 타서 발호하는 것은, 또다시 개같은 왜적놈일 수밖에 없다고 갈파하는 것이다. 서학과 개같은 왜적놈을 한 큐로 꿰어버리는 수운의 인식체계는 당시 유자 어느 누구에게서도 찾아볼 수 없는 고차원의 사고력이다. 진정한 보편주의는 항상 민족주의를 바탕으로 해야 한다는 만고의 진리를 우리는 수운의 "종교철학=정치철학"에서 발견하게 되는 것이다.

안 심 가
安 心 歌
(일빅ᄉ십오구)

2-1.
현숙ᄒ 賢淑	늬집부녀 婦女	이글보고	안심ᄒ쇼 安心
딕져싱령 大抵生靈	초목군싱 草木群生	ᄉ싱즈쳔 死生在天	안일넌ᄀ
ᄒ물며	만물지간 萬物之間	유인이 唯人	최령일네 最靈
ᄂ도쏘ᄒ	ᄒ놀님쎼	명복바다 命福	츌셰ᄒ니 出世
ᄌ아시 自兒時	지닌일을	력력히 歷歷	혜여보니
첩첩이 疊疊	험ᄒ일을 險	당코ᄂ니 當	고싱일네 苦生
이도역시 亦是	텬졍이라 天定	무가니라 無可奈	홀찔업다
그모로ᄂ	쳐ᄌ드른 妻子	유의유식 裕衣裕食	귀공ᄌ를 貴公子
흠션히셔 欽羨	ᄒ눈말이	신션인가 神仙	ᄉ람인가

안심가 : 85

일텬지하 싱긴몸이　　엇지져리 갓ᄌ는고
一天之下

앙텬탄식 ᄒ눈말을　　보고ᄂ니 혼숨이오
仰天嘆息

듯고ᄂ니 눈물이라　　닉역시 ᄒ눈말이
　　　　　　　　　亦是

비감회심 두지말고　　닉말잠간 드러시라
悲感悔心　　　　　　　　暫間

호텬금궐 상제님도　　불틱션악 ᄒ신다니
昊天金闕 上帝　　　　不擇善惡

ᄌ조졍 공경이ᄒ　　ᄒ놀님새 명복바다
自朝廷 公卿以下　　　　　　命福

부귀ᄌ눈 공경이오　　빈쳔ᄌ눈 빅셩이라
富貴者 公卿　　　　　貧賤者 百姓

우리쏘ᄒ 빈쳔ᄌ로　　초야의 ᄌ라ᄂ셔
　　　　 貧賤者　　　草野

유의유식 귀공ᄌ는　　앙망불급 안일넌ᄀ
裕衣裕食 貴公子　　　仰望不及

복녹은 드바리고　　구셜앙화 무셥더라
福祿　　　　　　　口舌殃禍

졸부귀 불상이라　　만고유젼 안일넌ᄀ
猝富貴 不祥　　　　萬古流傳

공부ᄌ ᄒ신말숨　　안빈낙도 닉안인ᄀ
孔夫子　　　　　　安貧樂道

| 우리라 | 무슨팔즈 | 고진감늬 | 업슬소냐 |
| | 八字 | 苦盡甘來 | |

| 흥진비릭 | 무셥더라 | 혼탄말고 | 지닉보세 |
| 興盡悲來 | | 恨歎 | |

풀이 현숙한 내집 부녀들이여! 이 글 보고 안심하소(※ "부녀"라 한 것은 부인과 딸들을 가리킨 것이다. 그러나 이것이 반드시 수운 자신의 부인과 딸에 국한하여 한 말은 아닐 것이다. 용담에 드나드는 모든 부녀들에게 타이른 말일 것이다. 역시 옛날에도 부녀들의 태도가 전체 분위기를 잡는 데 중요한 역할을 했음을 알 수 있다. 이「안심가」는 일차적으로 부녀들의 마음을 가라앉히기 위하여 쓴 것이다). 대저 살아있는 영물들을 보라! 초목으로부터 살아있는 뭇 생명들, 그들의 삶과 죽음의 명운은 하늘에 있는 것이 아니겠느뇨? 하물며 천지간 만물 중에서 사람이야말로 가장 영험한 기운을 타고났으니 삶과 죽음의 명운 또한 하느님의 조화에 달린 것이 아니겠는가!

나 수운 또한 하느님으로부터 복된 명운을 받아서 태어난 것이다. 막돼먹은 자가 아니다. 어려서부터 성장과정에 있었던 일들을 자세히 또렷하게 헤아려보면, 첩첩이 험한 일을 당한 고통스러운 삶의 여정이었다. 그러나 이것이 모두 하늘이 정해놓은 것이니 무가내라 내 어찌할 도리가 없는 일이로다.

세상 이치를 모르는 처자들은 좋은 옷 입고 풍성한 식탁을 즐기고 있는 귀공자들을 쳐다보게 되면, 부러워서 이렇게 말하게 된다: "아~ 저들은 신선이뇨, 사람이뇨? 한 하늘 아래 태어난 몸이 동일한 천지의 기운을 받았건만 어찌 이리도 같지 않을 수 있단 말이냐?" 이들이 하늘을 우러러 탄식하는 말을 보고 있으면 나 수운도 한숨이 아니 나올 수 없고, 듣고 있자니 눈물이 흐르지 않을 수 없다. 일반 백성의 삶은 이와같이 고달픈 것이다.

　　이러한 현실에 직면하여 나 또한 이와같이 말하게 된다: "여보게들! 슬픈 감회나 후회스러운 마음에 휘둘리지 말고 내가 하는 말을 잠깐 들어보소. 저 너른 하늘 금빛 대궐에 계신 상제님께서는 선한 자와 악한 자를 가려서 복을 주시는 것은 아니라네. 악한 자를 골라 저주만 내린다면 이 세상에 악한 자는 없을 것이나 세상이치가 그렇지는 아니하도다. 사람이라면 모두 복된 명을 받게 마련인데, 그 명을 제대로 발현하면 잘사는 것이요, 그 명을 제대로 받지 못하면 못사는 것이라오. 그러니 선악이 선천적으로 갈리는 것이 아니라, 잘살고 못사는 인품이 있을 뿐이라오. 조정의 높은 벼슬아치인 공경으로부터 서민에 이르기까지 모두 하느님께 똑같은 명복을 받았다오. 그러나 부귀자는 공경이고, 빈천자는 백성이라는 현실적 구분은 엄존하오. 나 또한 빈천자로서 초야에 자라났으니, 비단옷 입고 고기 먹는 귀공자의 삶은 부러워 쳐다본다 해도 그 경지에 미칠 수는 없는 것이 아니겠소? 그러나 하느님께서 우리 모두에게 공평하게 주신 복록은 다 내팽개치고, 서로를 헐뜯는 구설을 일삼아 재앙을 불러일으키는 그런 우리끼리의 현실이 더 큰 문제가 아니겠소?

아무리 부귀가 부러운 것이라 해도, 갑자기 돈이 많아지고 높은 벼슬을 얻는다는 것은 상서롭지 못하오. 오히려 재앙을 불러일으킬 뿐이오. 졸부귀불상이라는 이치는 만고에 전해내려오는 진리라오. 우리의 성현 공자님께서 가르치신 말씀을 요약하자면 결국 안빈낙도安貧樂道 아니겠소? 지금 나의 삶이야말로 가난을 편안하게 생각하면서 도를 즐기는 그런 여유로운 것이 아니겠소?

우리라 무슨 팔자라고, 고생이 다하면 감미로운 삶의 여정이 다가온다는 순환의 이치가 없는 팔자란 말이오? 우리가 더 무서워해야 할 것은 좋은 세월 다 즐기고 나면 반드시 비극적 결말이 따라온다는 사실이오. 우리의 비극적 현실을 두려워하지 맙시다. 우리 현실을 한탄하지 말고 긍정적으로 건설해봅시다!"

보충 설명 아주 짧지만 내면에 깔린 논리들이 너무도 복합적이고 압축되어 있다. 그 표면의 명제들 뒤에 깔린 여러 논리를 같은 평면에 드러내놓았다. 수운의 현실비판적 사고와 현실긍정의 논리는 매우 오묘하게 오버랩되어 있다.

"유인"은 "惟人"이 아니라 "唯人"이다. "유의유식"은 "遊衣遊食"이 아니라 "裕衣裕食"이다. "호의호식好衣好食"과 같은 의미이다. "만고유전"은 "萬古遺傳"이 아니라 "萬古流傳"이다. 흘러 내려온다는 뜻이다.

"구설앙화"는 당시 이미 영남유생들이 수운을 시기질투 하여 무근설화를 지어내는 현실이 용담의 사람들을 괴롭혔다는 것을 추론케 한다. 그러나 여기서 말하는 구설앙화는 득도 이전의 상황이므로 그가 젊은 시절에 겪은 경험에 관해 이야기하고 있는 것이다.

"호천금궐 상제님도 불택선악 하신다네"는 수운의 가치철학을 단적으로 나타내는 심오한 입론立論이다.

2-2. 이러그러 지닉ᄂ니 거연ᄉ십 되얏더라
遽然四十

ᄉ십평싱 이쑌인가 무가닉라 홀씰업닉
四十平生 無可奈

가련ᄒ다 우리부친 귀미산졍 지을씨에
可憐 父親 龜尾山亭

놀줄ᄂ고 지엇던가 홀씰업셔 무가닉라
無可奈

뎐불싱 무록지인이라 이말이 그말인가
天不生 無祿之人

곰곰이　싱각ᄒ니　이도역시　텬졍일네
天定

ᄒᄂᆞ님이　졍ᄒ시니　반수기앙　무셥더라
定　　反受其殃

무졍세월　여류파라　칠팔삭　지니ᄂᆞ니
無情歲月　如流波　七八朔

ᄉᆞ월이라　초오일의　꿈일넌ᄀᆞ　잠일넌ᄀᆞ
四月　初五日

텬디ᄀᆞ　아득히셔　졍신수습　못홀너라
天地　　精神收拾

공듕의셔　외ᄂᆞ쇼리　텬디가　딘동홀찌
空中　　天地　震動

집안ᄉᆞ람　거동보쇼　경황실식　ᄒᄂᆞ말이
擧動　驚惶失色

이고이고　ᄂᆡ팔ᄌᆞ야　무슴일노　이러ᄒ고
八字

이고이고　ᄉᆞ람들아　약도ᄉᆞ　못히볼ᄀᆞ
藥

침침칠야　져문밤의　눌노ᄃᆡ히　이말홀고
沈沈漆夜

경황실식　우ᄂᆞᄌᆞ식　구억마다　ᄶᅵ여잇고
驚惶失色　子息

딕의거동　볼ᄌᆞ시면　ᄌᆞ방머리　힝ᄌᆞ치마
擧動　　子房

업퍼지며	잡바지며	종종거름	흔창홀씨
공듕의셔 空中	외눈쇼리	물구물공 勿懼勿恐	ᄒᆞ엿스라
호텬금궐 昊天金闕	상뎨님을 上帝	네ᄀᆞ엇지	알가보냐

풀 이 나의 인생은 이렇게 안빈낙도하는 가운데 이럭저럭 어렵게 지나갔다. 그러는 가운데 거연 나이 40이 되었다. 회고해보니 내 나이 40 되도록 평생 이룬 것이 겨우 요 꼴인가 하고 생각하니 무가내라 내가 어찌할 도리가 없었다.

가련하다! 우리 부친! 부친께서 구미에 산정을 지으실 때는 이것을 나에게 물려주시려고 지으신 것은 아닐 것이다. 그런데 나는 이런 옹색한 시골구석으로 다시 돌아왔으니 이 귀룡歸龍이야말로 무가내라 피할 수 없는 나의 운명이 되고 말았다.

하늘은 녹이 없는 사람은 내지를 않고, 땅은 이름 없는 풀은 기르지를 않네(※ 천불생무록지인天不生無祿之人, 지부장무명지초地不長無名之草.『명심보감明心寶鑑』「성심편省心篇」上).『명심보감』의 이 말씀이 곧 나의 신세를 그려주는 그 말이련가?(※ 결국은 별볼일없이 살아온 나이지만 녹祿이 없지는 않다는 뜻. 여기 녹이란 바로 득도의 대사大事를 가리키는 것이다. 득도의 체험을 묘사하기 전에 이미 그것을 암시하는 이러한 수법은 수운의 문학적 재능의 특성이다. 그리고 때에 맞게 출전을 잡아내는 그의 능력은, 얼마나 그가 다양한 고전에 능통한 사람인가 하는 것을 말해준다). 곰곰이 생각해보니 이 또한 하느님이 정한 것이라고 생각할 수밖에 없었다. 하느님께서 정한 일이라고 한다면 그 운명을 받아들이지 않는 것도 하나의 반역이요, 두려워하지 않을 수 없는 것이다 (※ 여기 "반수기앙反受其殃"은 『사기』 「회음후열전淮陰侯列傳」에 나오는 말이다: "개문천여불취蓋聞天與弗取, 반수기구反受其咎; 시지불행時至不行, 반수기앙反受其殃。 제가 듣건대, 하늘이 주는 것을 받지 않으면 도리어 벌을 받고, 때가 왔을 때에 결행하지 않으면 도리어 재앙을 받습니다." 이것은 한신이 권력의 절정기에 있을 때 괴통이라는 관상의 대가가 한신을 만나 천하삼분지계를 권하는 아주 통찰력 있는 진언 중에 나온다. 한신이 독자적 세력을 형성하여 항우, 유방과 대적하는 것이 옳다고 말한 것이다. 한신은 유방의 후대에 대한 의리에 끌려 결국 토사구팽의 운명에 처해졌다. 수운은 하느님과의 해후를 받아들이지 않는 것은 반수기앙이라고 생각하고 있는 것이다).

그러나 무정한 세월은 흘러가는 냇물의 파랑처럼 흘러만 가고 있었다. 이렇게 일곱 · 여덟 달이 지나가던 어느 날(그가 귀룡한 것이 이미 10월이었으니까 "칠팔삭"이라는 표현은 매우 정확한 언어이다), 4월 초5일이었다!

갑자기 꿈결인지 잠결인지 모호한 가운데 천지가 아득해서 도무지 정신을 수습할 길이 없었다. 그때 모호한 의식 속에서도 공중에서 외치는 신묘한 소리가 있었다. 그 장중한 소리와 더불어 천지가 뒤흔들리니, 나의 부인이 어쩔 줄을 모르고 허둥대었다. 허둥지둥 놀라고 두려워 얼굴이 창백해지더니 이와같이 말하는 것이었다: "아이고 아이고 내 팔자야! 뭔 사나운 액이 끼었길래 이러할꼬! 애고애고 사람들아, 약으로 다스릴 수만 있어도 좋겠건만, 약조차 쓸 수 있는 상황이 아닐세. 아무것도 보이지 않는 캄캄한 한밤중에 내 남편은 뭘 대놓고 저렇게 지껄이고 있는 것일꼬?"

놀라고 두려워서 얼굴빛을 잃은 자식들마저 엉엉 울면서 방구석마다 끼어 있고, 나의 부인의 거동을 보자 하면, 자방머리(보통 여인의 쪽 지은 머리를 씨방 같다고 하여 자방머리라 한다)에 행주치마를 두른 채 엎어지며 자빠지며 종종걸음을 치면서 어쩔 줄을 몰라 하고 있었으니, 그때 또다시 공중에서 외치는 소리가 이와같이 들려왔다:

"두려워 말라! 무서워 말라!(※ "물구물공勿懼勿恐"은 「포덕문」에서도 같은 맥락으로 쓰였다. 신비체험의 인트로로서). 나는 호천금궐의 상제님인데 네가 어찌 나를 알겠느뇨?"

보충 설명 수운이 자신의 종교체험을 서술하는 방식이 매우 리얼하고 자세하다. 그리고 주변의 정황을 매우 상세하게 그려내고 있다.「포덕문」을 집필한 한 달 후에 쓴 글이기 때문에「포덕문」과도 밀접한 관계가 있다. 여기 "하느님"이라는 표현을 쓰지 않고 "상제님"이라는 표현을 쓴 것은 당시 일반 민중들이 즐겨 표현한 인격신의 개념을 씀으로써 민중에게 가까이 다가가는 전략이 내포되어 있다고 말할 수도 있다. 그리고 "상제님"이라는 표현은 기독교적 신관과의 대립에서 출발한 그의 사유를 별 여과 없이 드러낸 것이다. 여기 수운이 상제와 만나 대담하는 광경은 인격신적인 관념을 뚜렷이 드러내고 있다. 다시 말해서 그의 무극대도의 출발점이 인격신과의 해후였다는 이 사실이야말로 신유학의 리기론적 사유체계와 또다른 차원의 어드벤쳐로서의 동학의 성격을 규정 짓고 있는 것이다. 이제부터 전개되는 광경을 우리는 흥미롭게 바라보지 않을 수 없다.

2-3. 초야의　무친인싱　이리될쥴　알앗던ᄀ
　　　草野　　　人生

　　　기벽시　국초일을　만지장셔　ᄂ리시고
　　　開闢時　　國初　　滿紙長書

　　　십이제국　다ᄇ리고　아국운수　먼져ᄒ네
　　　十二諸國　　　　　　我國運數

　　　그럭져럭　창황실식　졍신수습　되얏더라
　　　　　　　憎惶失色　精神收拾

　　　그럭져럭　장등달아　빅지펴라　분부ᄒ니
　　　　　　　張燈　　　白紙　　　吩咐

창황실식(愴惶失色) 홀ᄭᆡᆯ업셔 빅지페고(白紙) 붓슬드니

싱견못본(生前) 물형부ᄀ(物形符) 됴의우에 완연터라(宛然)

니역시(亦是) 졍신업셔(精神) 쳐ᄌ불너(妻子) 뭇눈말이

이윈일고 이윈일고 져런부(符) 더러본가

ᄌ식의(子息) ᄒ눈말이 아바님 이윈일고

졍신수습(精神收拾) ᄒ옵소셔 빅지페고(白紙) 붓슬드니

물형부(物形符) 잇단말ᄉᆞᆷ 그도또ᄒ 혼미로다(昏迷)

이고이고 어마님아 우리신명(身命) 이윈일고

아바님 거동보쇼(舉動) 져런말ᄉᆞᆷ 어ᄃᆡ잇노

모ᄌᄀ(母子) 마됴안ᄌ 슈파통곡(手把痛哭) ᄒ창홀씨

ᄒ놀님 ᄒ신말ᄉᆞᆷ 지각업눈(知覺) 인싱들아(人生)

삼신산(三神山) 불ᄉ약을(不死藥) ᄉᆞ룸마다 볼ᄀ보냐

미련호   이인싱아   네가다시 그려니셔
         人生

그릇안의 살아두고   닝수일빅 쎠다ㄱ셔
                      冷水一盃

일장탄복 ᄒᆞ엿스라
一場吞服

풀이 아~ 초야에 묻혀 살아온 내 인생인데, 이런 일이 생길 줄을 내 어찌 알았던가? 어둡고 혼미한 가운데서도 상제님은 나에게 종이에 가득 쓰여진 일대 문장을 내리시었는데, 그 문장의 내용인즉 하늘과 땅이 열리는 그 태초에 우리나라가 어떻게 만들어졌는가 하는 것에 관한 것이었다. 이것은 곧 하느님께서 십이제국(※ 보통은 전국시대의 열두 나라, 즉 노魯, 위衛, 제齊, 초楚, 송宋, 정鄭, 위魏, 연燕, 조趙, 중산中山, 진秦, 한韓을 가리킨다. 그 카운트하는 나라이름들은 사가에 따라 조금씩 다르다. 그러나 여기서는 전국시대의 12제국을 가리킨 것이 아니라 수운이 살고 있던 당대의 열국 모두를 가리킨 것이다. 조선을 위협하고 있는 모든 동·서열강을 지칭한 것이다)을 **모두 뒤로 하고, 조선의 새로운 개벽이야말로 세계 운세의 새로운 시작임을 선언하신 것이다**(※ 뒤에 "장등달아"라는 표현이 나오므로 이 장면은 등을 켜기 전의 어둡고 혼미한 가운데 일어난 사건임이 분명하다. 혹자는 "초야에"로부터 "아국운수 먼저하네"까지를 상제님 말씀이 이어지는 것으로 보기도 하지만, 그것은 도무지 맥락적으로 불가하다. 이것은 수운의 내러티브로 보아야 한다.

그런데 주석가들이 아무도 "개벽시 국초일에 관한 만지장서滿紙長書"가 과연 무엇을 의미하는지 그 의미맥락을 탐구하지 않는다. 그것은 "천지개벽"과 더불어 이루어진 조선개국의 여러 사정에 관한 것이다. 그것은 고조선의 개국상황에 관하여, 즉 단군이나 "홍익인간"의 이념에 관하여 하느님이 수운에게 계시를 내렸다는 것을 암시하고 있다. 고조선의 "개천開天"이 이루어지듯이, 새로운 운세가 십이제국을 다 버리고 조선에서 다시 시작된다고 하는 희망과 확신을 수운에게 비전으로서 전달했다고 보아야 한다. 그러니까 하느님과의 해후가 영부를 받는 등의 종교적 사태만이 있었던 것이 아니라, 수운에게는 조선의 국운에 관한 수만 년의 통시적·공시적 통찰이 이루어졌던 것이다. "만지장서"에 관한 바른 해석을 결하게 되면 수운의 사상의 총체적 측면을 유실할 수 있다.

　　"만지장서"를 바르게 이해해야만 왜 19세기 말 20세기 초의 우리나라 정신사에 있어서 국초일[단군의 신화나 역사에 관한 해석 등]에 관한 다양한 견해가 주류를 이루게 되었는지를 이해할 수 있게 된다. 김일부의 정역, 강증산의 천지공사, 나철의 대종교 창건 등등의 사건이 이미 최수운의 상제체험에 뿌리박고 있다는 사실을 깨달아야 한다).

　　상제님과 정신적 교류를 해나가는 가운데 그럭저럭 창황실색하였던 내 정신이 점차 수습이 되어갔다. 그러한 중에 나는 등불을 켜서("장등張燈"이라는 말 자체가 "등불을 켠다"의 뜻이다. "장등달야長燈達夜" 운운은 완벽한 텍스트의 오독이다. 수정되어야 마땅하다) 벽에 달았다. 방이 환해졌다. 이때 하느님은 나에게 또 분부하신다: "방바

닥에 백지를 펴놓아라!"

나는 창황실색 중에 어쩔 수 없이 분부대로 백지를 펴놓고 붓을 들었다. 그랬더니 살아 생전 내가 보지 못한 물상에 기초한 형부가 펴놓은 백지 위에 아주 뚜렷하게 나타나는 것이었다.

나 역시 정신이 없었고, 혼자서 그 물형부를 해석할 길이 없어, 아내와 아들을 불러 종이를 가리키며 물었다:

"여보 여보 이 웬일인고! 이 웬일인고. 저 종이 위에 그려진 저런 형부를 본 적이 있소이까?"

내 말이 떨어지자마자 내 큰자식(세정世貞으로 사료됨. 당시 10살. 표영삼 고증)이 이와같이 말하는 것이었다:

"아이쿠 아버님도 이 웬일이시오니이까? 제발 정신 수습 좀 하소서! 백지를 펴놓고 붓을 드시오니 그곳에 물형부가 나타났다고 하시는 말씀, 그 말씀이야말로 아버님 정신이 혼미해지셔서 하시는 말씀이외다. 아이고, 아이고, 우리 어머님! 우리 집안 이 신명(=신세)이 뭔 꼴이오니이까? 어머님! 울 아버님 거동 좀 보십시오. 저런 말씀이 도대체 성한 사람이 할 말입니까? 아이고 아이고!"

엄마와 아들이 마주 앉아 손잡고 통곡, 통곡이 한참일 때 또다시 하느님의 말씀이 들려왔다:

"지각없는 인생들아! 삼신산(봉래, 방장, 영주. 이 삼신산은 실상 우리나라 금수강산에 있는 영묘한 산이라는 것은 중국인, 조선인을 막론하고 공통된 신앙이었다)의 **신묘한 불사약**(※여기서는 그 불사약이 바로 이 형부라는 메타포가 포함되어 있다)**을 어디 사람 꼴을 하고 있다고 해서 다 알아볼 수 있겠느뇨? 미련한 이 인생, 수운아! 내가 내린 그 영부를 네가 종이 위에 그대로 다시 그려보아라! 그리고 그 영부를 그릇 속에서 불로 태워라! 냉수 한 그릇을 떠다가 그 재 위에 붓고 한바탕 시원하게 꿀꺽꿀꺽 마셔보아라!"**

보충 설명   이 사건들이 일어나고 있는 정황을 정확하게 구성할 필요가 있다. "만지장서"의 중요성은 이미 설파한 대로이다. 역사적 수운에게 하느님과의 해후는 단지 종교적 영감뿐만 아니라 인문과학적(역사, 철학, 예술, 시문학 등) 통찰을 가져다준 위대한 체험이었음을 말해준다. "창황"은 "愴惶"이 옳다. 공연히 딴 글자를 쓸 필요가 없다. "수파통곡"은 우리식 한문이다. 여기서 "일장탄복"은 "一張"이 아니라 "一場"(한바탕)이다.

2-4. 이말슴   드른후의   밧비훈장 그려니야

물의타셔 먹어보니   무셩무취 다시업고
無 聲 無 臭

무ㅈ.미지　특심이라　그럭져럭　먹은부가
無滋味之　特甚　　　　　　　　　符

수ᄇ.장이　되얏더라　칠팔삭　　디ᄂ.ᄂ.니
數百張　　　　　　　七八朔

가는몸이　굴거지고　검던낫치　희여지ᄂ.

어화세상　ᄉ.람드라　션풍도골　ᄂ.안인ᄀ.
　　　　　　　　　　仙風道骨

조흘시고　조흘시고　이ᄂ.신명　조흘시고

불노불ᄉ.　ᄒ.단말ᄀ.　만승텬ᄌ.　딘시황도
不老不死　　　　　萬乘天子　秦始皇

여ᄉ.의　　누어잇고　ᄒ.무졔　　승노반도
驪山　　　　　　　漢武帝　　承露盤

우슴바탕　도얏더라　조흘시고　죠흘시고

이ᄂ.신명　죠흘시고　영세무궁　ᄒ.단말ᄀ.
　　　　　　　　　　永世無窮

조흘시고　조흘시고　금을준들　박굴소냐
　　　　　　　　　　金

은을준들　박굴소냐　진시황　　ᄒ.무뎨가
銀　　　　　　　　秦始皇　　漢武帝

무엇업셔　죽어ᄂ.고　ᄂ.가굿씨　ᄂ.셔쓰면

불ᄉ약을 숀의들고　조롱만샹 ᄒ올거슬
不死藥　　　　嘲弄萬狀

늣기ᄂ니 혼이로다　조흘시고 조흘시고
　　恨

이ᄂᆡ신명 조흘시고

풀 이　이 하느님의 말씀을 들은 후에 곧 나는 한 장의 물형부를 그려내어 불에 사르고 물에 타서 꿀꺽꿀꺽 먹어보았다. 그랬더니 아무 냄새도 없고, 아무 맛도 없었다(※ "무성무취"는 실제로 "소리가 없다"는 것이 아니라 『예기』「중용」의 마지막 구절에서 온 것이다. 군자의 도는 현란하게 드러나는 것이 아니라 소리 없고 냄새 없는 깊은 내면에서 우러나오는 것이다. 하느님께서 하시는 일도 이와같이 소리도 없고 냄새도 없다. 물형부 잿물이 무성무취하다는 뜻은 그 자체로서 이미 우주적 신성의 의미를 지니고 있다고 할 것이다). **그럭저럭 먹은 물형부가 수백 장이 되었다**(이것은 수운의 수도의 과정을 가리킨다. 수운 시대의 먹과 종이는 100% 자연물이었으므로 그 재가 몸에 나쁠 리 없다).

일곱 · 여덟 달을 지내는 동안에 가늘었던 내 몸이 굵어지고, 거무틱틱했던 내 얼굴빛이 환하게 밝아졌다. 어화 세상 사람들아! 이 나의 변화된 모습이 신선의 풍도요 도인의 골격이 아니고 또 무엇이랴! 좋을시고 좋을시고, 이내 신명 좋을시고! 이렇게 살다

보면 늙지도 않고 죽지도 않을 것이 아닌가? 만승의 천자인 진시황도(일승에 말 4마리가 붙고 한 수레 위에 3명의 갑사甲土, 수레 아래는 72명의 보졸이 따른다. 그리고 또 후속인원이 25명이 있다. 그러니까 수레 하나에 말 4마리, 병사 100명이 붙는다. 천승지국이면 말 4천 마리, 병사 10만을 항상 동원할 수 있어야 한다. 큰 제후국이다. 만승의 천자라는 표현은 막강한 권세를 나타낸다) **여산驪山**(진시황의 지하릉묘가 있는 곳)**에 누워있고, 한무제의 승로반**(하늘에서 내리는 이슬을 받아 옥가루를 타서 마시면 장생할 수 있다는 말을 믿고 구리로 만든 소반. 이 소반은 높은 대 위의 선인이 받쳐들고 있다)**도 결국 웃음거리가 되었을 뿐이다.**

좋을시고 좋을시고, 이내 신명 좋을시고, 나는 오히려 종이재 탄복으로 영세무궁 한단 말인가? 좋을시고 좋을시고, 금을 준들 바꿀소냐, 은을 준들 바꿀소냐!

진시황, 한무제가 무엇이 부족하여 그렇게 덧없이 죽었단 말인가? 내가 만약 그때 났었더라면 이 불사약을 손에 들고 세상의 다양한 꼴들을 놀려먹었을 것이다. 늦게 난 것이 한일 뿐이다. 좋을시고 좋을시고 이내 신명 좋을시고.

보충 설명 철학만으로 사회운동을 일으킬 수는 없다. 신학이론만으로 종교운동을 일으킬 수 없다. 대중을 움직이는 데는 신명을 불러일으킬 수 있는 대중어필의 어떤 매개가 필요하다. 수운이 선택한 물형부탄복은 무성무취한 대자연의 진리와의 소통인 동시에 주술적인 요소를 지니고 있다. 물형부탄복의 효과로써 진시황이나 한무제의 미신을 우습게 보는 수운의 깡다구는 고조선의 기백이 아니면 설명키 어렵다. 수운은 중화와 같은 대국의 위세에 주눅들지 않는다. 조선왕조의 유자들에게서는 찾아보기 힘든 주체적 사유이다.

2-5.

그모르는	세상스룸 世上	혼댱두고 一張	두댱두고 二張
비틀비틀	ᄒᄂᆞᆫ말이	져리되면	신션인가 神仙
칙칙훈	세상스람	승긔ᄌᆞ 勝己者	시려홀쥴
엇지그리	아라썬고	답답히도	홀셀업두
ᄂᆞ도쏘훈	ᄒᆞ놀님게	분부바다 吩咐	그린부를 符
금수가튼 禽獸	너의몸의	불ᄉᆞ약이 不死藥	미츨소나
가소롭다 可笑	가소롭다 可笑	너의음히 陰害	가소롭다
신무소범 身無所犯	ᄂᆞ쑨이다	면무참식 面無慚色	네가알가

이달ᄒᆞ다 　　이달ᄒᆞ다 　　너의음히 　　이달ᄒᆞ다
　　　　　　　　　　　　　陰害

우리야 　　　저럴딘딘 　　머ᄌᆞ는 　　　세월의도
　　　　　　　　　　　　　　　　　　　歲月

괴딜발일 　　졍이업다 　　쮜고보고 　　죽고보세
怪疾 　　　　情

요악훈 　　　고인물이 　　할말이 　　　바이업셔
妖惡 　　　　　人物

서훅이라 　　이름ᄒᆞ고 　　웬동늬 　　　웨눈말이
西學

ᄉᆞ망년 　　　져인물이 　　셔학의ᄂᆞ 　　ᄲᆞᄌᆞ필가
邪妄然 　　　　人物 　　　西學

그모르ᄂᆞᆫ 　세상ᄉᆞ람 　　그거로ᄉᆞ 　　말이라고
　　　　　　世上

취켜들고 　　ᄒᆞᄂᆞᆫ말이 　용담의눈 　　명인ᄂᆞ셔
　　　　　　　　　　　　　龍潭 　　　名人

범도되고 　　용도되고 　　셔훅의눈 　　용터라고
　　　　　　龍 　　　　　西學

죵죵거름 　　치ᄂᆞᆫ말을 　력력히 　　　못홀노다
　　　　　　　　　　　　　歷歷

거록훈 　　　ᄂᆡ집부녀 　　이글보고 　　안심ᄒᆞ소

소위셔훅 　　ᄒᆞᄂᆞᆫᄉᆞ람 　암만봐도 　　명인업디
西學 　　　　　　　　　　　　　　　　　名人

셔흑이라 西學	이름ᄒᆞ고	ᄂᆡ몸발쳔 發闡	ᄒᆞ렷던ᄀ
초야의 草野	무친ᄉᆞ람	ᄂᆞ도쏘혼	원이로다 願
ᄒᆞ놀님게	바든지주	만병회춘 萬病回春	되지마는
이ᄂᆡ몸	발쳔되면 發闡	ᄒᆞ놀님이	듀실눈가
듀시기만	줄싹시면	편작이 扁鵲	다시와도
이ᄂᆡ션약 仙藥	당훌소냐	만세명인 萬歲名人	ᄂᆞ뿐이다

풀 이 　세상 진리를 모르는 멍청한 사람들이 나에게 와서 "부적 한 장 주게, 두 장 주게"라고 비틀비틀거리며(※비꼰다, 빈정거린다는 뜻) 이와같이 말하곤 한다: "저 인간처럼 되면 신선이 되는 것이냐?"

　칙칙한 세상사람들은 자기보다 나은 경지를 개척한 인격자들을 무조건 싫어하고 헐뜯는 성향이 있다. 가르쳐주지도 않았는데 어찌 그리 승기자(자기보다 나은 사람)를 배척하는 법은 잘 알고 있는 것일까? 답답하기 그지없으나 그 자들은 훈도할 방법도 없다. 나로 말할 것 같으면, 나는 하느님으로부터 분부를 받아 형부를 그린 것이다. 그런데 그런 고귀한 형부를 금수만도 못한 너희놈들 몸에 베푼다 한들, 불사약의 효과가 과연 미칠 것이냐?

아~ 진실로 가소롭고, 또 가소롭다! 너희 음해(※"陰害"는 "드러내지 아니한 채 음흉한 방법으로 남에게 해를 가하는 것"인데 수운의 인생에 있어서 키워드 중의 하나이다. 수운의 공생애는 음해에 시달린 세월이었다. 음해는 영남유생들이 수운을 서학으로 몰아 죽이는 응큼한 모략과 관련 있다. 서원을 중심으로 한 영남유생들의 자태는 예수의 생애에 있어서 바리새인을 비롯한 유대인의 역할과도 같다) 가소롭도다! 생각해보아라! 죄를 범한 적이 없는 깨끗한 몸을 지니고 있는 자는 나뿐이로다. 내 얼굴을 보라! 과연 내 얼굴에 부끄러운 빛이 있는가? 그것을 너희들이 식별할 수 있는 능력이나 있느뇨?

애달프다, 애달프다!("애달"은 순우리말이다. "哀悼"이라는 한자를 쓸 필요가 없다). 너희들의 음해가 애달프다. 나를 따르는 사람들은 깨끗하고 부끄러움이 없으니 가까운 세월에 괴질이 휩쓴다 해도, 괴질에 걸릴 정황이 도무지 없다. 죽도록 즐거웁게 뛰면서 살아보세!

요악한 인물들이 우리를 트집잡자 해도 할 말이 도무지 없으니, 우리를 서학이라 규정짓고, 왼동네를 싸다니며 이와같이 외쳐댄다:

"사망한 저 수운이라는 인물이 도시 서학에나 싸잡힐 그런 인물이로다!"

뭘 모르는 세상사람들 그걸 말이라고 추켜들고 허풍을 떤다:

"저 경주 용담에서 명인이 났다더라. 그 사람은 도술을 부리면 범도 되고 용도 된다더라. 그리고 특히 서학에 용한 사람이래("용하다"는 "재주가 뛰어나고 특이하다"는 우리말)."

이와같이 유언비어 종종걸음 치는 말들은 내가 일일이 다 밝힐 수가 없다.

거룩한 내집 부녀 이 글 보고 안심하소. 소위 서학한다 하는 사람치고 참된 명인은 아무리 뒤집어 보아도 없소이다. 나를 서학쟁이로 몰아붙이다니, 내가 무극대도를 서학이라고 규정하여 유명해지기라도 하려 했단 말이오?(여기 "발천"이라는 말이 나오는데 "발천"은 한문어휘로서는 發薦이라 써야 한다. "천거되어 출세하다"는 뜻. 송宋 곽단郭彖 『규거지睽車志』 권1. 그러나 우리말 용례로서는 보통 "發闡"으로 쓰는 것이 옳다. 가려져 있던 것이 열리어 드러난다는 뜻이며, 앞길이 열려 세상에 나선다는 뜻이다. 우리나라 근세문학작품에도 용례가 많다).

아~ 나도 초야에 묻힌 일개 서생인데 올바르게 발천된다면야(출세한다) 나도 좋지요. 하느님으로부터 받은 재주만으로도 이미 만병회춘시킬 수 있지마는, 이 내몸 발천된다면 하느님께서 새로운 선약을 다시 주실런가? 만약 주시기만 한다면 편작(춘추말기의 명의. 생몰년 미상. 성은 진秦, 이름은 월인越人. 죽은 괵태자虢太子를 살려낸 사건으로 유명.『사기』에 열전이 있다)이 다시 온다 해도 나의 선약을 당할 길은 없을 것이다. 만고의 명인은 나 하나뿐이로다.

보충 설명 음해의 심각한 상황이 매우 여실하게, 매우 인간적인 필치로 자세히 그려지고 있다. "안심"은 결국 "음해"에 대한 안심이다. 이러한 음해로 억울한 죽음을 당하게 되는 수운이지만, 자기로 인해 주변의 사람들이 피해를 입게 되는 상황에 대한 우려가 아주 절절하게 표현되고 있다.

그 음해를 뚫고 나갈 수 있는 길은 무엇일까? 이때는 민법제도가 오늘과 같이 확립되어 있질 않았기 때문에 고소를 걸 수도 없고, 자기 존재의 정당성을 법적으로 입증할 수도 없다. 그런 짓을 하면 곧 형법에 저촉될 뿐이다. 이 난감한 상황을 뚫고 나갈 수 있는 길은 무엇인가? 그것은 오로지 주변사람들을 안심시키고, 나의 도덕적 정당성을 민중들의 정신세계를 통하여 아필하는 무형의 방법밖에는 없다.

제일 마지막에 수운이 하는 말, "만세명인 나뿐이다"는 싸구려 자기자랑이 아니라 다시개벽의 포문을 여는 우리민족 전체의 자긍심을 대변하고 있는 것이다. 수운의 이러한 자긍심으로 우리는 20세기를 견디어냈고, 21세기를 열고 있다.

2-6.

가련ᄒ다 可憐	가련ᄒ다 可憐	아국운수 我國運數	ᄀᆞ련ᄒ다 可憐
뎐세임진 前世壬辰	멧힐년고	이빅ᄉᆞ십 二百四十	안일년가
십이제국 十二諸國	괴질운수 怪疾運數	다시ᄀᆡ벽 開闢	안일년가
요순셩세 堯舜聖世	다시와셔	국ᄐᆡ민안 國泰民安	되지마ᄂᆞᆫ
긔험ᄒ다 崎險	긔험ᄒ다 崎險	아국운수 我國運數	긔험ᄒ다 崎險
ᄀᆡ갓튼	왜젹놈아 倭賊	너의신명 身命	도라보라
너의역시 亦是	ᄒᆞ륙히셔 下陸	무ᄉᆞᆫ은덕 恩德	잇셧던고
젼세임진 前世壬辰	그ᄶᅵ라도	오셩ᄒᆞᆫ음 鰲城漢陰	업셧시면
옥시보젼 玉璽保全	뉘ᄀᆞ홀고	아국명현 我國名賢	다시업다
ᄂᆞ도ᄯᅩᄒᆞ	ᄒᆞ늘님게	옥시보젼 玉璽保全	봉명ᄒᆞ니 奉命
무병지ᄂᆞᆫ 無兵之亂	지닌후의 後	ᄉᆞ라ᄂᆞᆫ	인싱드른 人生
ᄒᆞᄂᆞᆯ님게	복녹졍히 福祿	수명을ᄂᆞᆫ 壽命	ᄂᆡ게비니

늬ᄂ라	무슨운수	그다지	긔험홀고
	運 數		崎 險

거록호	늬집부녀	즈세보고	안심ᄒ소
	婦 女	仔 細	安 心

풀이 아~ 가련하도다, 가련하도다! 우리나라 돌아가는 형국이 진실로 가련한 운세로다. 앞 세상 임진년은 몇 해 전이었던가? 240년 전 아니었드냐?(옛 사람들은 갑자로써 연대를 생각했기 때문에 60년 단위의 순환으로써 역사를 기억했다. 수운시대의 임진년은 1832년이었다. 그러니 1592년으로부터 4갑자를 돌아야 하니 240년이라는 수치가 생겨난다. "전세"는 "前歲"가 아니라 "前世"로 쓰는 것이 옳다). **그런데 4갑자가 돈 이 시대에도 온 세상이 제국주의의 침공으로 들끓고 콜레라와 같은 괴질이 전 세계를 강타하고 있다. 이러한 혼란한 운세야말로 세상이 다시개벽 되는 징조가 아니겠는가?**(※ 수운은 선천개벽이니 후천개벽이니 하는 단계적 역사관을 표방한 적이 없다. 여기 「안심가」에 처음으로 "다시개벽"이라는 용어가 등장하는데, 이 "다시개벽"은 "개벽"에 대한 말이지, "선천-후천"을 일컫는 말이 아니다. 개벽된 세상을 다시 개벽한다는 뜻이다. 이 다시개벽의 계기가 십이제국의 난동이요 괴질의 발호이다. 즉 카오스의 현실에서 새로운 코스모스가 등장한다는 뜻이며 이것은 냉철한 현실인식에 기초하고 있는 것이다).

시세순환의 이치가 요순시대와 같은 성스러운 시대가 다시 오게 된다면, 나라가 태평하고 국민이 안심하고 살 수 있는 분위기가 조성될 수도 있는 것이겠지만 지금 우리나라의 운세는 그렇지 아니하다.

아~ 기험하다, 기험하다! 우리나라 운세가 위태롭고 험난하기 짝이 없다. 일본도 지금 또다시 우리나라를 넘실넘실 탐욕스럽게 바라보고 있지 아니한가! 개같은 왜적놈아!(일본을 쓸 때, "왜적"이라 썼고, "왜적" 앞에 반드시 "개같은"이라는 형용사를 썼다. 이 수운의 용법 때문에 『동경대전』과 『용담유사』는 구한말과 일제강점기를 통해 수난을 겪지 않을 수 없었다. 그러나 수운은 자신의 언어구성의 오리지날리티를 위해 해월에게 출판, 즉 인출印出을 부탁했던 것이다. 일본이 우리에게 한 짓은 영원히 "개같은" 짓이다. "개같은 왜적놈"이라는 표현은 인류의 역사에 영원히 남을 수밖에 없는 일본의 실상이다. 일본은 아직도 개같은 왜적놈의 짓을 반성하고 있지 않다. 그래서 동아시아대륙의 정치질서를 끊임없이 퇴보시키고 있다). 너의 신명 되돌아보라! 네놈들이 강도질하러 이 땅을 밟았다만, 과연 너희들의 하륙(섬나라이기 때문에 조선대륙을 밟았다는 사실을 "下陸"이라 표현했다)이 과연 너희 자신들에게 무슨 은덕을 가져다주었는가? 곰곰이 잘 생각해보라!

전세의 임진년 그때라도 오성과 한음과 같은 큰 정치가가 없었더라면, 국가정체政體의 근본인 옥새를 과연 누가 보전했을 것인가?(※ 오성은 이항복李恒福, 1556~1618, 한음은 이덕형李德馨, 1561~1613. 오성이 한음보다 5살 위이지만, 이들은 같은 해에 문과에 급제하고 임진왜란이 발발하자 교대로 병조판서를 역임하면서 군사정책을 수행하였고, 임란이 끝난 후에는 둘 다 영의정이 되었다. 그러나 수운이 이 두 사람을 높게 평가하는 것은 민담에 의한 인상에 불과하다. 오성과 한음은 모두 선조를 잘 보필하여 자신들의 지위를 보존하였지, 국난을 근원적으로 해결하는 데 희생적인 역량을 발휘한 위대한 정치가는 아니었다. 호종공신으로서 어느 정도 합리적 감각이 있었다고 말할 수는 있겠으나 뛰어난 호종공신이라는 것 자체가 부끄러운 타이틀일 수도 있다. 단지 오성 이항복의 후손으로서 우당 이회영이 있다는 것이 그 가계를 빛내주고 있다 할 것이다). **우리나라의 역대 명현들은 다시없는 위대한 인물들이라고 평가해야 할 것이다.**

나 또한 하느님으로부터 옥새를 보전하라는 명령을 받은 사람이다. 전쟁은 없었다 해도, 천재·경제적 궁핍·정치의 혼란 등으로 무수한 난리를 겪으면서도 살아남은 인생들은, 그 복록은 하느님으로부터 정하여진 것이지만, 수명에 관해서는 무극대도를 밝히는 나에게 의지하려 한다. 가련한 모습이 아닐 수 없다. 내 나라 조선의 운수, 무슨 액이 끼었길래 이다지도 기험할꼬! 거룩한 내집 부녀! 전후 사정을 자세히 살펴보고 안심하소.

보충 설명 짧은 단락이지만 "다시개벽," "개같은 왜적놈" 등 수운 사상의 키워드를 이루는 말들이 들어있다. 임진왜란이라는 우리 민족 최대의 수난사태와 "십이제국 괴질운수"라는 현시점의 위국危局 상황을 한 축으로 꿰어서, 우리민족이 임진왜란을 승전으로

이끌었듯이 오늘의 위기상황도 결국 극복하게 되리라는 희망을
노래하고 있는 것이다.

2-7.

긔가튼	왜젹놈이 倭賊	젼세임진 前世壬辰	왓다가셔
술싼일	못힛다고	쇠슐노	안먹눈줄
세상ᄉ람 世上	뉘가알꼬	그역시 亦是	원수로다 怨讐
만고충신 萬古忠臣	김덕냥이 金德齡	그씨발셔	ᄉ라스면
이런일이	웨잇슬고	소인참소 小人讒訴	긔험ᄒ다 崎險
불과ᄉ삭 不過三朔	마칠거로	팔년지체 八年遲滯	무ᄉ일고
ᄂ도쏘ᄒ	신션으로 神仙	이런풍진 風塵	무ᄉ일고
ᄂ도쏘ᄒ	ᄒ놀님게	신션이라 神仙	봉명히도 奉命
이런고싱 苦生	다시업다	세상음히 世上陰害	다ᄒ더라
긔장ᄒ다 奇壯	긔장ᄒ다 奇壯	니집부녀 婦女	긔장ᄒ다 奇壯

니ᄀᆞ또ᄒᆞᆫ	신션도야 神仙	비상텬 飛上天	ᄒᆞ두히도
기가튼	왜젹놈을 倭賊	ᄒᆞᄂᆞᆯ님게	조화바다 造化
일야의 一夜	멸ᄒᆞ고셔 滅	젼지무궁 傳之無窮	ᄒᆞ여노코
디보단의 大報壇	밍세ᄒᆞ고 盟誓	ᄒᆞᆫ의원수 汗　怨讐	갑ᄒᆞ보세
듕수ᄒᆞ 重修	한의비각 汗　碑閣	헐고ᄂᆞ니	초기갓고 草芥
붓고ᄂᆞ니	박순일세 撲散	일언걱졍	모로고셔
요악ᄒᆞᆫ 妖惡	세상사람	눌노디히	이말ᄒᆞ노
우리션묘 先祖	험쳔ᄯᅳ의 險川	공덕비를 功德碑	노피세워
만고유젼 萬古流傳	ᄒᆞ여보세	숑빅가튼 松栢	이니졀기 節介
금셕으로 金石	세울주를	세상사룸 世上	뉘가알꼬
이달다	져인물이 人物	눌로디히	음히ᄒᆞ노 陰害
요악ᄒᆞᆫ 妖惡	져인물이 人物	눌로디히	져말ᄒᆞ노

ᄒᆞᄂᆞᆯ님이	ᄂᆡ몸ᄂᆡ셔	아국운수 我 國 運 數	보젼ᄒᆞ니 保 全
그말겨말	듯지말고	거룩ᄒᆞᆫ	ᄂᆡ집부녀 婦 女
근심말고	안심ᄒᆞ소 安 心	이가ᄉᆞ 歌 詞	외와ᄂᆡ셔
춘삼월 春 三 月	호시졀의 好 時 節	티평ᄀᆞ 太 平 歌	불너보세

풀 이 　개같은 왜적놈들이 앞 세상 임진년에 강도질하러 왔다 돌아갔다 한들, 숟갈로 밥 한 그릇 먹을 짓도 못했다고 하여 그 뒤로는 쇠숟가락도 쓰지 못하고 나무젓가락으로만 밥을 먹게 되었다는 이 사정을 세상사람 그 누가 알 것이냐? 나무젓가락으로만 밥 먹는 그 놈들이야말로 우리의 철천지원수로다!(※정창원 유물을 보면 일본인도 우리처럼 숟갈을 썼다는 것을 알 수 있다. 그러나 그 숟갈은 조선대륙에서 넘어간 귀족들이 쓰던 것이다. 6~7세기에 숟갈을 쓰는 식사작법이 중국에서 헤이안조정으로 전래되었다고 일본학자들은 보고 있다. 그러나 무로마찌시대, 1336~1573 이후로는 사원 이외에서는 숟갈을 쓰지 않았고, 서민들은 그냥 나무사발에 입을 직접 대고 국을 들이키는 식사작법으로 일관했다.

　그러니까 정확히 말하자면 수운이 일본사람들이 임진왜란 이후에 숟갈을 쓰지 않게 되었다는 것은 정확한 입론立論은 아니다. 그러나 이미 왜란시기에 왜놈들이 젓가락으로만 경박하게 밥 먹는 꼴을 보고, 이러한 얘기가 조선 민중 사이에서 퍼졌다는 것을 알 수가 있다. 토요토미 히데요시가 임진의 패배에 분노하여 숟가락을 모두 거두어 천신탑을 세우고 조선정벌을 다시 기도했다는 소문도 조선 민중 사이에 퍼졌다. 그러나 여기서 중요한 것은 수운의 역사인식에 있어서 임진왜란은 조선이 승리한 전쟁이며, 왜놈들이 이 땅에서 한 짓이라고는 숟갈로 밥 한 그릇 떠먹을 가치도 없는 짓밖에는 하지 못했다는 극도의 폄하이며, 또 그것은 엄연한 사실이다. 남의 나라에서 웬수짓만 하고 간 것이다).

만고의 충신 김덕령이 그때 살아있었더라면 이런 일이 왜 있을 것이냐? 소인들의 참소야말로 참으로 역사를 망치는 위태로운 짓거리로다!

(※ 김덕령金德齡, 1568~1596은 아기장수설화의 주인공으로 곧잘 등장하듯이, 어려서부터 무인의 기질과 뛰어난 용맹과 신체적 강건함을 타고난 거물이었다. 신체는 크지는 않았으나 맨손으로 호랑이를 때려잡고 거친 말을 길들이고 백근의 철퇴를 양허리에 차고 다녔으며 왜장이 김덕령의 화상을 보기만 해도 무서워 군대를 철수했다는 민중설화적 얘기만 보아도 그가 탁월한 의병리더였음에는 의심의 여지가 없다.

그는 전라도 광주에서 태어나 문무를 겸비한 인물로서 왜란이 일어나자 1593년 담양에서 자신이 모은 의병 3천여 명을 이끌고 출정한다. 당시 전주에 내려와있던 광해군으로부터 익호장의 군호를 받았고, 이듬해 1월에는 선조로부터 충용장忠勇將의 군호를 받는다. 1594년 4월에는 팔도의병총사령관이 되는데 그때 그의 나이가 28세, 만 나이로는 26세에 불과했다. 이토록 의병장으로 활약하고 선조로부터 지원을 받은 그가, 어떻게 해서 이몽학의 반란수괴들과 내통했다는 죄목으로 처참하게 고문을 받고 옥사하는[1596. 8. 21] 지경에 이르게 되었을까 하는 문제는 석연히 해결되지 않는다.

김덕령은 이몽학의 난을 평정하기 위해 출병한 장수였고 이몽학과 만난 적도 없다. 김덕령의 활약시기는 임란전투가 소강상태였던 시기였기 때문에, 김덕령은 지위와 명성이 높은 만큼 실제 전투에서 전공을 기록할 만한 대첩의 기회를 얻지 못했다. 그리고 그가 장수로서 나이가 어렸기 때문에 휘하의 장병들을 혹독한 군율로 다스렸다는 소문도 있다. 하여튼 개인적인 원한을 품은 소인배들이 그를 죽음으로 휘몬 것은 확실하고, 당시 조정에는 김덕령을 옹호할 만한 객관적인 자료도 없었고, 그를 살려야겠다는 의협심을 가진 대인 정치가도 없었다. 그러나 민중은 그 누구도 그의 억울한 죽음을 애석해하지 않는 자가 없었다. 수운이 여기 "소인참소 기험하다"라고 말한 것은 짧은 멘트이지만 매우 정확하게 김덕령사건의 전말을 파악하고 있는 것이다.

그 다음에, "김덕령이 살아있었더라면 이런 일이 왜 있을꼬"라는 수운의 말에 있어서 "이런 일"이라는 구절은 주의 깊은 통찰을 필요로 한다. 김덕령이 옥사한 것은 바로 정유재란丁酉再亂이 일어나기 전 해의 사건이다. "이런 일"은 김덕령이 죽고 난 이후의 사건이며 그것은 "정유재란"을 지칭한다. 정유재란을 우리는 임진왜란의 연장선상에서만 이해하는데 그것은 매우 부적절한 역사인식이다. 정유재란은 재란이 아니라, 성격이 다른 또하나의 "왜란"이다. 임진왜란에서 패배한 토요토미 히데요시군의 지도부는 조선에 대한 인식이 부족

했음을 자각하고 "정명가도"가 아닌 "호남집중공략"의 새로운 전략을 세웠고, 그 목표를 위해 이순신궤멸의 음험한 음모를 짰다. 어리석게도 그 흉계에 조선의 조정이 휘말려 들었고, 삼도수군통제사였던 이순신을 사형에 처할 죄인으로 휘몰아 파직하고 고문을 가한다. 그리고 칠천량해전이라는 치욕의 역사를 기록한다.

조선민중이 처참하게 당한 것은 임진왜란이라기보다는 바로 이 "정유재란"의 비극이다. 모든 군량과 인적 물적 자원의 보고였던 호남이 일본 수중으로 들어갔고, "약무호남, 시무국가"라는 말이 허언虛言이 되어버렸다. 칠천량해전의 낭패 이후 이순신의 백의종군, 그리고 명량대첩, 그리고 순천왜교성전투, 관음포해전[노량해전은 관음포해전 속의 개념이다]에 이르는 역사야말로 우리가 그냥 막연하게 "임진왜란"이라고 알고있는 승전사의 백미라 할 수 있다.

수운은 바로 김덕령과 같은 민중의 영웅, 용맹의 상징적인 인물이 왜교성전투에서 활약을 했더라면 코니시 유키나가가 무사히 빠져나가는 그런 일은 있을 수 없었다는 것이다. 이순신은 왜교성전투에서 전혀 지상군의 협조를 얻지 못했다. 김덕령과 같은 호남의 영웅이 이순신과 더불어 왜교성을 공략했더라면 그 철옹의 왜놈요새도 박살나 버렸을 것이요, 코니시 유키나가小西行長도 가루가 되어버렸을 것이다. 그러나 명나라 장군 유정劉綎은 우리나라 권율 휘하의 육군이 왜교성을 공략하려는 전략까지도 봉쇄시켜 버렸다. 결국 이순신은 외롭게 광양만 노량을 빠져나가는 시마즈 군대를 관음포로 유도하여 아작을 내버리고, 자신도 명예로운 최후를 맞이한다).

임진왜란을 전체적으로 조망해볼 때 우리 조선이 정신을 차려 체계적으로 대처했더라면 불과 석 달이면 끝내버릴 수 있는 전쟁이었다. 그런데 8년을 질질 끌다니 그 무슨 창피한 꼴인가!(※여기 또 수운의 역사인식의 무장武將적인 기발한 측면이 토로되어 있다. 오늘날 우리가 보통 생각치 못하는 발랄하고도 전관적全觀的인 예지가 수운에게 있음을 본다. 임란은 1592년 4월 13일에 개시되어 1598년 11월 19일까지 지속되었으므로 햇수로 7년이다. 그런데 수운이 "팔년지체"라는 말을 쓴 것을 보면, 항우와 유방의 싸움이 8년 걸린 고사에서 그냥 관용구적으로 쓴 말일 수도 있다.

임란이 발발하기 전부터 이미 시대축의 변화에 따라 국제관계의 판도변화가 예상되고 있었다. 센코쿠戰國시대의 군웅들을 통합하여 새로운 시대를 연 토요토미 히데요시가 조선을 칠 것이냐 아니냐에 관한 논쟁은 계속되어왔다. 토요토미는 천하통일 후 휘하의 장수나 다이묘오大名들의 세력·지역분배에 관해 새로운 장場이 필요했고, 자신의 절대적인 위세를 과시하는, 전 일본이 동원되는 전쟁을 필요로 했다. 그리고 중국의 황제가 되겠다는 그의 야심은 조총이라는 신무기가 있었고 30만의 프로펫셔날한 무사가 일본 전역에서 동원될 수 있는 당시의 상황에서는 결코 허황된 환영이 아니었다. 일본의 흉계를 정확히 파악한 것은 단지 이순신 한 사람이었다고 해도 과언이 아니다. 이순신은 개전 전날 4월 12일 거북선에서 지자포·현자포를 발사하는 시험포격을 성공리에 끝냈다. 그야말로 그것은 신의 한 수였다. 이순신만이 방치된 국가에서 완벽한 전쟁준비를 마무리하고 있었던 것이다.

4월 13일 오후 4시경 부산 앞바다에는 코니시 유키나가가 이끄는 제1진

1만 8천 명의 병사가 700여 척에 분승하여 도착하였다[일설에는 500여 척]. 그러나 이들은 부산진 해상에서 아무런 저항도 받지 않은 채 배에서 하룻밤을 편히 쉰다. 이들은 대마도에 집결하여 이날 아침 8시경에 대마도를 출발하여 줄곧 10시간을 항해하였고, 전후 집결시간을 합치면 최소한 20시간을 거친 물결 속에서 보내야했기에 완전히 파김치가 되어있었고 전함의 대열도 갖추지 못한 채 무질서하게 정박하고 있었다. 더구나 배가 모두 얄팍한 해적선 세키부네였고, 이 배들은 대포를 선적하지 못했다. 이날 밤 우리 수군과 육군이 합세하여 700척의 배를 향해 화공을 했더라면 일본 배들이 적벽대전의 조조의 배들처럼 전소되고 말았을 것이다. 이것은 7년 걸릴 왜란이 하루에 끝나버릴 수도 있었다는 얘기다! 그러나 부산진을 맡고 있었던 수군첨절제사 정발鄭撥은 4월 13일 절영도絶影島에서 사냥을 하고 있었고 일본의 대거함대의 모습을 목격하고 해전을 포기해버렸다(부산진성에서 전사). 그의 상관 경상좌수사 박홍도 조정에 보고만 하고 계속 서울방향으로 도망만 쳤다.

경상우수사 원균도 아무 대책이 없었기에 함대를 결성하는 데 실패했다. 일본군이 파죽지세로 북상하여 불과 17일만인 4월 30일경 코니시군 제1진이 한강을 건너는데, 그때도 상황은 마찬가지였다. 한성에는 화약이 2만 7천 근이나 저장되어 있었고, 조선조정이 한강·임진강·예성강을 오르락거리던 상선이나 대형 수송선으로 함대를 구성하고 방패를 세우고 대포를 실어 대처했더라면 일본군은 한강을 건널 수 없었을 것이다. 그러나 일본군은 빈집 쳐들어가듯이 뗏목을 만들어 한가롭게 한강을 건넜다. 일체의 저항이 없었다. 실제 전황을 살펴보면 허술한 구멍이 너무도 많았다는 것이다. "불과 석 달이면 끝낼 수 있는 전쟁을 8년이나 지체하다니 거 무삼일고?"라는 수운의 멘트는 그가 임진왜란의 실상에 관해 꽤 구체적이고도 깊은 지식을 가지고 있었다는 사실을 방증하고 있다).

　나도 또한 신선이요 무극대도를 받은 도인이다. 그런데 이런 음해의 풍진에 휩싸이다니. 도대체 이게 뭔 일이냐? 김덕령 장군의 처지와 비슷하지 아니하뇨. 나는 하느님께 신선이라고 명命을 받은 사람인데도 이 세상살이 불우한 처지는 계속되고만 있다. 세상의 음해는 너무도 심해 극에 달하였다.

　기장하다, 기장하다! 내집 부녀 기장하다! 내가 신선이 되어 하늘로 올라간다 한들, 내가 할 것이 무엇이뇨? 하느님께 조화 받아("기적을 행하는 능력을 받는다"는 뜻) 개같은 왜적놈들을 하룻밤 사이에 모두 불화살로 진멸해버리는 일밖에 더 있겠느뇨? 그리하여 그 통쾌한 승리의 역사를 무궁한 우리 후손들에게 전하리라! 대보단(임란 때 우리를 도와준 명나라에게 감사한다는 뜻으로 제단을 쌓았는데, 이 제단은 숙종 30년[1704년]에 창덕궁 후원에 건립된 것으로, 병자호란 이후에 대명절의大明節義를 부르짖으며 청나라에 불복한다는 뜻으로 지은 것이다)에 **맹세하고 병자호란의 원수까지 모두 갚아보자꾸나!**("한"은 "汗"이며 *khan*의 음역어이다. 몽골, 터키, 타타르, 위구르에서 군주를 일컫던 말. "汗夷"는 어색하다).

　중수한 여진황제의 비각(이것은 세칭 "삼전도비三田渡碑"를 가리킨다. 원명은 "대청황제공덕비大淸皇帝功德碑"이다. 대청황제란 청태종淸太宗, 즉

홍타이지皇太極. 남한산성에서 인조의 삼배구고두三拜九叩頭[한 번 무릎꿇고 세 번 이마가 땅에 닿도록 절하는 것을 3회 반복] 예를 받은 인물이다. 이 비는 당대의 석학이며 도승지였던 백헌白軒 이경석李景奭, 1595~1671이 지었다. 여기 "중수한"이라고 수운이 말한 것은 이경석의 초고가 청나라에서 퇴짜를 놓아 빠꾸당했고, 하는 수 없이 다시 써서 통과가 되었기 때문에 중수라 한 것이다.

이 비문은 한문, 몽골문자, 여진문자, 3종 문자로 새겨진 무게 32t에 달하는 거비巨碑이다. 송시열은 백헌의 비문작성에 관해 송나라 사람 손적孫覿이 금나라 황제에게 항복문을 지은 고사에 빗대어 "수이강壽而康"[저 혼자 오래 살며 해피하다]이라고 비꼬았는데 이것은 실로 야비한 비난이다. 이경석은 조선왕조의 모든 수치를 한 몸에 뒤집어쓰면서 어쩔 수 없이 쓴 것이다. 이 비문을 쓰려는 자는 그 누구도 없었다. 그리고 이경석은 매우 건강한 상식을 지닌 온후한 대석학이었고 송시열을 발탁한 대선배이기도 하다. 서계 박세당은 송시열의 이러한 비판을 야비한 짓이라고 비난한다. 서계는 결국 사문난적으로 몰리고 만다.

그러나 이 문제는 이경석-박세당 라인의 판단이 역사의 실상을 꿰뚫은 정론이라고 말할 수 있다. 이경석-이경직의 핏줄에서 원교 이광사, 연려실 이긍익, 신재 이영익, 초원 이충익 등의 양심적이고 천재적인 인물들이 배출되었다. 그러나 물론 수운에게는 자기의 7대조 할아버지가 인조가 남한산성에 갇혀있을 때 인조를 해방시키기 위해 싸우다가 전사한 구국의 영웅이었기 때문에 인조의 무능한 정치를 부정적으로 보는 시각은 없다. 수운에게는 일본[왜놈], 만청, 서구열강[십이제국]이 모두 경계의 대상일 뿐이다). 그 웅장한 거비

일지라도 헐어버리고 나니 초개에 불과한 것이요, 부셔버리고나니 조각나버릴 뿐!

(※ 이 삼전도비는 계속 건재하다가 고종이 1895년에 영은문과 함께 무너뜨린다. 일제강점기 조선총독부는 "조선의 고적 및 유물 보존규칙"에 따라 이 비를 조사하고 1917년 9월에 다시 세운다. 이승만정부는 6 · 25전쟁 이후 국보 지정을 해제하고 비신을 뽑아 땅속에 묻었다. 그 뒤 장면내각이 석천동으로 옮겨 세웠다. 수운이 "헐어버린다"라든가 "부셔버린다"라는 표현을 쓴 것은 이러한 미래의 사태를 예언했다기보다는 그의 문학적 상상력에 의하여 이 비에 실려있는 민중의 한을 대변하여 말한 것이다. 그러나 수운이 삼전도비의 기묘한 운명에 관해 조선민중의 한을 얘기했다는 것은 그의 역사인식이 얼마나 통찰력 있는 날카로움을 지닌 것인가를 말해준다. 수운은 항상 문 · 사 · 철을 하나로 융합시킨다).

나 수운이 우리 역사에 대해 이런 깊은 우환이 있다는 것도 알아차리지 못하고 요약한 세상사람들이 나를 음해하려고 한다. 이 놈들아! 나는 저 만청의 칸과 맞서 싸운 사람의 자손이다! 감히 누굴 대놓고 참소를 하느냐!

그런 치사한 짓거리들 하지 말고 나와 함께 우리 선조 정무공의 공덕비를, 그가 싸우다 돌아가신 험천땅에 높이 세워, 그 분의 뜻이 만고에 유전하도록 하여보세!

(※ 정무공 최진립, 1568~1636[음]은 임진왜란이 일어나자마자 의병활동에 나서 경상도 지역을 방어하는 데 맹활약을 했다. 27세에 무과에 급제하여 군자감

부정副正이 되었고, 정유왜란 때 왜병의 총탄을 맞으면서까지 울산·경주 지역에서 엄청난 활약을 했다. 왜란이 끝나자 한 10년간 나라가 평온했다. 정무공은 벼슬길에 나가지 않았다. 나이 40세가 되던 1607년 12월에 오위도총부도사로 제수되어 다시 벼슬길에 올랐다. 그는 63세 7월에 공조참판에 제수되었고, 12월에는 경기수군절도사 겸 교동도호부사가 되었다. 그후 66세 1월에 경기, 충청, 황해 수군통어사에 임명된다. 병으로 사임했으나 그가 병석에서 일어나자 1634년 6월, 67세에 전라우도 수군절도사로 제수되었고, 1636년 69세 가을에는 공주영장으로 임명되었다.

인조가 남한산성에 갇혔을 때 그는 공주영장이었는데, 연로한 그에게 모두 후방으로 물러나 지킬 것을 권유하였으나, "임금이 위태로운데 장수가 늙었다고 처질 수 있겠느냐?" 하고 선바람고개에 진을 쳤다. 수천 기의 청군이 몰려오는데 조선군은 밀리기 시작했으나 정무공은 부하장졸들을 후퇴시키고 자기 홀로 고개를 지켰다. 온몸에 엄청난 화살을 맞으면서도 그 모습이 고슴도치처럼 되도록 끝까지 버텨 서있었다. 무사로서는 가장 장렬한 최후였다.

수원 가기 전 죽전휴게소가 있는데 그 근방, 수지면 머우내遠迂川가 바로 험천, 정무공이 전사한 곳이다. 우리나라에서 양란에 다 공을 세운 장수는 찾아보기 어렵다. 수운이 노래한 공덕비는 1740년 용산서원 앞에 신도비로서 건립되었다).

생각하여 보아라! 정무공의 피를 받은 송백 같은 이 내 푸른 절개도 또다시 금석문으로 우뚝 서서 후세에 남게 되리라는 것을

세상사람 그 누가 알리오?

애달프다! 애달프다! 내가 누구인데 나를 음해하려 드느뇨? 요악한 저 인물이 눌로 대해 저 말 하노! 하느님께서 내 몸을 이 세상에 내어놓아 우리나라의 운수를 보전하고 있도다!

음해하는 이 말 저 말 일체 귀 기울이지 말고, 거룩한 우리 도내의 부녀들이여! 근심 말고 안심하소.

이 가사 외어내어, 다시개벽 되는 춘삼월 호시절에 평화의 이 노래를 마음껏 불러봅시다!

보충 설명 수운의 가사는 실로 중층적인 외연, 내포를 가지고 있어서 그 모든 숨은 맥락을 표면화시키지 않으면 명료한 뜻을 밝히기 어렵다. 나는 진실로 최선을 다하였다. 정말 「안심가」 주석이 이렇게 어려울 줄 몰랐다. 수운의 문·사·철을 통관한 지식이 이토록 심오하고 해박한 출전에 기초하고 있다는 것을 미처 몰랐다. 『용담유사』는 결코 국문학자들의 손에서 회롱될 물건이 아니다. 모든 통재通才들이 힘을 합하여 끊임없이 정해正解를 향해 나아가야 할 것이다. 수운을 이해한다는 것은 백과사전적인 지식을 요구한다. 그것은 어휘에 대한 사전적 지식으로는 해결될 수 없다.

제3장
교훈가

전체 개요 1861년 6월 경주 용담에서 포덕을 개시한 후, 수운에게는 곧바로 많은 사람들이 몰려들었다. 수운은 어떤 제도적 장치를 마련하고 포덕을 시작한 것이 아니라, 그냥 자연스럽게 자기의 거처를 개방한 것이다. 그가 그렇게 포덕을 시작하게 되는 속사정에는 그의 삶의 변화들이 포덕을 불가피한 것으로 만들었다고 말할 수 있다. 그러나 민중과의 해후, 그리고 교감의 환희의 배면에는, 질시와 질투, 그리고 지방특성적인 배타, 권세를 탐하는 자들의 모함, 그리고 이념적 왜곡 등이 곧 자리잡았다.

그래서 수운은 한 달 후에 곧 포덕의 정당성을 논하는 문장을 한문으로 짓는다. 그러나 그것도 미흡하다 생각되어 다시 한 달 후, 그러니까 1861년 8월 하순경에 한글로 된 가사를 짓는다. 그것이 「안심가」였다. 「안심가」를 쓸 때가 포덕 2개월 남짓 지난 후였는데도 그 내용을 보면 그가 얼마나 많은 음해에 시달렸는가를

알 수가 있다. "음해"라는 것은 결국 아웃사이더로부터의 탄압
이라기보다는 인사이더로부터의 해꼬지인 것이다. 여기 인사이
더라는 것은 경주향중의 문중이나 친구, 그리고 서원을 중심으로
한 텃세 세력, 그리고 정당한 비판 아닌 비난만을 일삼는 일그러
진 지식인들을 포괄적으로 일컫는 것이다. "안심"이라는 것은 결
국 음해에 대하여 안심하라는 것이다. 음해는 실체가 없는 것이
므로 음해에 짓눌려 무극대도를 포기하는 그런 어리석은 짓은 있
을 수 없다고 강변하는 것이다.

 그러나 겨울에 이르렀을 때 사태는 점점 심각해졌다. 음해로 인
하여 경주관아까지 나서서 탄압의 손길을 뻗치는 것이다. 이러한
상황에서 수운은 결단을 내린다. 아무리 무죄를 주장하고 결백을
항변해도, 음해로 인한 주변사람들의 피해는 확대될 수밖에 없다.
최상의 길은 소란의 진원인 본인이 사라지는 것이다. 앙꼬 없는
찐빵이 되고 보면 용담에 대한 탄압은 수그러들 수밖에 없다. 수
운은 11월 초순 장기에 사는 제자 최중희崔仲羲 한 명을 대동하고
청려를 벗삼아 울울한 심정으로 전라도 남원 지역을 향해 긴 노
정을 떠난다.

 이「교훈가」는 남원에 도착하기 전에 구례에 머무는 동안에 쓴
것으로 추정되고 있다. 전라도에서 수운은 좋은 친구들을 많이
만났고, 특히 재정이 탄탄한 사람들을 만나 편하게 거할 수 있었
다. 전라도 지역은 경상도와 풍광도 다르고 사람들의 기질도 달

라 수운에게는 참신하고도 도전적인 환경이었다. 수운의 전라도 체류라는 이 엄청난 사건이 없었더라면 오늘 우리가 생각하는 동학운동의 모습은 없었을지도 모른다. 수운은 고향에서 쫓겨난 신세였다. 그리고 객지에서의 가장 큰 정신적 질환은 고독loneliness이었다. 수운은 전라도에서 오히려 매우 쾌적한 물질적 환경을 제공받았지만 그에게 해결될 수 없는 것은 "버려진 느낌"과 "실존적 고독"이었다. 이 고독이야말로 그가 전라도에서 엄청난 저술을 감행할 수 있었던 영감의 원천이요, 필력의 바탕이었다.

「교훈가」는 문자 그대로 경주에 남기고 온 제자들을 향해 무극대도에 관한 바른 교훈을 일깨우기 위하여 쓴 것이다. 그런데 이 「교훈가」는 8개의 가사 중에서 가장 길다(227구). 아직 남원에 안착하기 전, 중도에 머문 곳에서 고독을 잊기 위해 쓴 문장이다. 「교훈가」는 「안심가」의 내용이 압축적인데 반해 산문적이고 유장悠長하다. 그리고 어떤 이론적 결구를 강요하기보다는 자기 삶의 여정과 그 느낌을 평이하게 서술함으로써 궁극의 심오한 명제들이 독자들에게 쉽게 다가가게 만든다. 그리고 수운의 하느님관념이 한글가사 중에서는 가장 선명하게 드러나 있다.

전통적으로 『용담유사』를 간행한 사람들이 8개의 가사 중에서 이 가사가 가장 포괄적이고 교리의 핵심을 전한다고 생각하였기 때문에 제일 앞에 배열하였다는 것도 주목할 만한 가치가 있다.

교 훈 가
教 訓 歌
(이빅이십칠구)

3-1.

왈이즈딜 日爾子姪	아희들아	경슈츠셔 敬受此書	ᄒ여스라
너희도	이세상의 世上	오힝으로 五行	싱겨ᄂ셔
삼강을 三綱	법을습고 法	오륜의 五倫	참예히셔 參預
이십살 二十	ᄌ라ᄂ니	셩문고족 盛門高族	이ᄂᆡ집안
병슈업는 病祟	너의거동 舉動	보고ᄂ니	경ᄉ로다 慶事
소업업시 所業	길워ᄂ니	일희일비 一喜一悲	안일넌가
ᄂᆡ역시 亦是	이세상의 世上	ᄌ아시 自兒時	지닌일을
력력히 歷歷	싱각ᄒ니	디져인간 大抵人間	빅쳔만ᄉ 百千萬事
힝코ᄂ니 行	그ᄲᅮᆫ이오	격고ᄂ니	고싱일세 苦生

그듕의(中)   흔가지도   소업셩공(所業成功)   바이업셔

흉듕의(胸中)   품은회포(懷抱)   일쇼일파(一笑一罷)   ᄒᆞ온후의

이ᄂᆡ신명(身命)   도라보니   ㄴㅣ이임의   ᄉᆞ십이오(四十)

세상풍속(世上風俗)   도라보니   여ᄎᆞ여ᄎᆞ(如此如此)   우여ᄎᆞ라(又如此)

아셔라   이ᄂᆡ신명(身命)   이밧게   다시업다

귀미용담(龜尾龍潭)   ᄎᆞᄌᆞ드러   듕훈밍셰(重盟誓)   두시ᄒᆞ고

부쳐가(夫妻)   ᄆᆞ조안ᄌᆞ   탄식ᄒᆞ고(歎息)   ᄒᆞᄂᆞᆫ말이

딕쟝부(大丈夫)   ᄉᆞ십평싱(四十平生)   히음업시   지ᄂᆡᄂᆞ니

이제야   할길업ᄂᆡ   ᄌᆞ호이름(字號)   다시지여

불출산외(不出山外)   밍셰ᄒᆞ니(盟誓)   기의심쟝(其意深長)   안일년가

풀 이   자식들아 조카들아, 내 너희에게 이르노니, 내가 쓴 이 글을 공경되히 받아들여 가슴에 깊게 새기거라! 너희들도 이 세

상의 구성원리인 오행五行의 법칙으로 생겨나서(※여기 "오행"은 보통 천지의 구성요소인 목木·화火·토土·금金·수水라는 물질적 단위로 생각하기 쉬우나, 이미 『상서』「감서甘誓」에 나오은 "오행五行"이 우리가 생각하는 물질단위가 아니라, 도덕적 우주론에 기초한 색다른 덕성을 가리키는 개념이라는 제설이 분분하였다. "오행"을 목적어로 받는 동사가 "능멸한다" "모욕한다"를 뜻하는 도덕적 내용을 담고있기 때문이었다. 전통적 유가학설에서도 오행을 오상五常과 상응하는 것으로 보아 인仁·의義·예禮·지智·신信으로 규정하기도 하고, 인·의·예·지·성聖, 혹은 인·의·예·지·성誠으로 규정하는 오행의 이론이 많았다. 『순자』의 「비십이자非十二子」편에 보면 자사子思와 맹자孟子계열의 이론을 총괄하여 "오행五行"이라 이름하고 그것을 비판했는데, 순자가 비판한 사맹思孟의 오행이 과연 무엇인가에 관하여 이론이 많았다. 그런데 최근 마왕퇴에서 『백서주역』 문헌들이 나오면서 "오행"을 "천天·지地·민民·신神·시時"라고 규정하고 있는 사실이 밝혀졌고, 이 오행이야말로 사맹 계열의 "오행"의 본의本義임이 증명되었다. 하늘과 땅, 사람과 하느님, 그리고 모든 것을 관장하는 "때," 이것이 오행이라는 것이다. 우리가 알고있는 오행보다 훨씬 더 포괄적인 우주론을 지칭하고 있는 것이다. 백서자료를 통해 『주역』의 시중사상이 사맹의 시중사상에서 왔다는 것이 입증되었다고는 하나, 그 관계는 역일 수도 있다. 결론적으로 말해서 하늘과 땅, 사람과 하느님, 그리고 "때"라는 사상은 수운사상의 본질과도 상통하는 바가 있다. 하느님은 천지의 시공간 속에서 살아움직이는 하느님이며 인간과도 분리될 수 없는 혼융한 일체라고 하는 사상이 이미 이러한 오행사상 속에 배태되어 있기 때문이다. 그러나 물론 수운이 오행을 『백서주역』의 방식으로 이해했다고 볼 수는 없다 해도, 단순히 오행을 엠페도클레스의 4원소설과 같은 방식으로 이해했다고 볼 수는 없다. 수운의 우주는 항상 도덕적 기저를 떠나지 않는다), **삼강**(군신, 부자, 부부간에 지켜야 할 도덕원리)을 원칙으로 삼고 **오륜**(5종의 인륜관계)에 참여하여 의젓한 스무살 성인으로 자라났으니, 성문고족의 이 내 집안에서 특별한 병치레나 재앙이 없는 너희들의 씩씩한 거동을 보고 있으면 경사라 아니 말할 수 없는 것이로다. 너희들이 이 시점에 이르기까지 별탈 없이 또한 내가 별로 한 일도 없이 무럭무럭 잘 자라났으니 한편으로는 기쁘기 그지없고, 또 한편으로는 슬픈 심사에 사로잡힌다(※ "성문고족"이라 한 것은 최부자댁을 포함하여 최진립 장군의 후손 대가족 전체를 가리켜 말한 것이다).

나 수운 역시 이 세상에 태어나서, 어려서부터 겪은 일을 하나하나 또렷이 생각해낼 수 있으나, 대저 인간과 인간 사이에서 생겨나는 백 가지 천 가지 모든 일이 어렵사리 마무리 짓고 나면 그것으로 그냥 끝나버릴 뿐이요, 겪은 역정이 다 고생스러울 뿐이로다.

그 중에 한 가지라도 가치있는 무엇을 이루었다면 좋겠는데, 성공한 바 아무것도 없고, 흉중에 품은 낭만적 꿈조차 북풍한설에 휘날릴 뿐이라, 한번 웃음짓고 과거로 다 흘려보내버릴 뿐이라오.

이 나의 신명을 되돌아보니 내 나이 이미 40이오, 세상 풍진 겪은 내 생애를 회고하니 이렇고 이렇고 또 이러하다. 스스로 그러한 것이니 내 운명에 대해 내가 뭔 말을 할까보냐? 아서라! 이 내 신명은 용담으로 되돌아오는 것밖에는 달리할 방도가 없었다.

구미 용담을 찾아들고 나서는 내 자신에게 엄중한 맹세를 다짐할 수밖에 없었다. 우선 부부간에 마주앉아 손 붙잡고 탄식하며 하는 말이 다음과 같았다:

　　"이보시오, 여보! 대장부 사십평생 하염없이 지냈으니 부끄럽기 그지없소. 이제 와서 내가 특별히 할 일도 없으니 자호 이름이라도 다시 짓고 특별한 각오로 새 인생을 살아보리라. 이제 큰 도를 깨우치기까지는 산 밖으로 나가지 않을 것을 맹서하오."(※이때 제선濟宣이라는 이름을 제우濟愚로 고쳤고, 도언道彦이라는 자字를 성묵性黙으로 고쳤다. 그리고 수운水雲이라는 호도 이때 처음 사용한 것이다. 명名·자字·호號를 고친다는 것은 새 길을 찾기 위한 수행을 철저히 한다는 의미가 있다. 우[어리석음], 묵[침묵], 구름의 글자를 보면 유·불·도에 통달한 자의 무게가 느껴진다).

　　이렇게 내가 맹서한 것은 그 뜻이 깊고도 먼 것이 아니겠는가?

　　보충 설명　과거에는 이 가사가 제일 먼저 앞에 나와있기 때문에 이 「교훈가」의 특징을 비교론적으로 느낄 수 있는 의식의 흐름이 없었다. 그러나 이 「교훈가」는 「용담가」와 「안심가」 다음에 쓰여진 것이며 「용담가」와 「안심가」에 나타나고 있는 격정적 체험의 느낌이 매우 순화되어 있다는 것을 알 수 있다. "귀룡"의 체험이나 "득도"의 체험이 그 자체로서 자세히 다루어지질 않고 그 주변의 상황이 장중하게 서술된다. 이미 기술된 체험을 반복하지 않는다는 것을 알 수 있다.

3-2. 슬푸다　이니신명　이리될줄　아라쓰면
　　　　　　身命

　　　윤산은　고ᄉᆞ하고　부모님게　바든세업
　　　潤産　　姑捨　　　父母　　　　世業

　　　근력기중　하여쓰면　악의악식　면치마는
　　　勤力其中　　　　　　惡衣惡食　免

　　　경눈이ᄂᆞ　잇ᄂᆞᆫ다시　효박한　이세상의
　　　經綸　　　　　　　　　　淆薄　　世上

　　　혼ᄌᆞ안져　탄식하고　그럭져럭　하다가셔
　　　　　　　　嘆息

　　　탕픠산업　도야쓰니　원망도　쓸듸업고
　　　蕩敗産業　　　　　　怨望

　　　혼탄도　쓸듸업니　여필종부　안일넌ᄀᆞ
　　　恨歎　　　　　　　女必從夫

　　　ᄌᆞ니역시　ᄌᆞ아시로　호의호식　하던말을
　　　　　　　　自兒時　　好衣好食

　　　일시도　아니말면　부화부슌　무어시며
　　　一時　　　　　　　夫和婦順

　　　강보의　어린ᄌᆞ식　불인지ᄉᆞ　안일넌ᄀᆞ
　　　襁褓　　　　子息　　不忍之事

　　　그말져말　다던지고　ᄎᆞᄎᆞᄎᆞᄎᆞ　지니보세
　　　　　　　　　　　　　次次次次

　　　쳔싱만민　하여쓰니　필슈지직　할거시오
　　　天生萬民　　　　　　必授之職

명니진텬 命乃在天　하여시니　죽을염녀 念慮　웨잇시며

하놀님이　ᄉ룸닐씨　녹업시ᄂ 祿　아니니네

우리라　무슨팔ᄌ 八字　그다지　긔험홀쏘 崎險

부하고 富　귀하ᄉ람 貴　이젼시졀 以前時節　빈쳔이오 貧賤

빈하고 貧　쳔하ᄉ람 賤　오ᄂ시졀 時節　부귀로세 富貴

텬운이 天運　순환하ᄉ 循環　무왕불복 無往不復　하시ᄂ니

그러ᄂ　이니집은　젹션젹덕 積善積德　하ᄂ공은 功

ᄌ전ᄌ시 自前自是　고연이라 固然　여경인들 餘慶　업슬소냐

세세유젼 世世遺傳　착한ᄆ음　일치말고　직켜니셔

안빈낙도 安貧樂道　하온후의　수신제가 修身齊家　하여보세

아무리　세상ᄉ룸 世上　비방하고 誹謗　원망말을 怨望

쳥이불문 聽而不聞　하여두고　불의지ᄉ 不義之事　흉한빗츨 凶

시지불견 흐여두고　어린ᄌ식 효유히셔
視之不見　　　　　　子息　曉諭

미미ᄉᄉ 교훈흐여　어진일을 본을바다
每每事事 敎訓　　　　　　　本

가졍지업 직혀니면　그아니 낙일넌ᄀ
家庭之業　　　　　　　　　樂

풀이　슬프도다! 이 내 신세! 이렇게 될 줄 알았더라면 재산 불릴 생각은 아예 접어버리고 부모님께 물려받은 세업(“세업”은 아무래도 농삿일을 가리킬 것이다. “재산 불린다”는 것은 상업을 기획했다는 것을 의미한다)이라도 착실히 그 한도 내에서 열심히 노력하였더라면 악의악식(빈곤을 의미)은 면했을 것이다.

그런데 이 못난 놈이 무슨 큰 재주라도 있는 것처럼, 각박하기 그지없는 이 세상살이 속에서 홀로 날뛰며 돈벌이 안된다고 탄식할 뿐! 무엇 하나에 집중하지도 못하고 그럭저럭 지내다가 있는 재산조차 모두 날려버리고 말았으니, 원망도 할 수 없는 일이요, 한탄해봐야 쓸데없는 일이로다!

이보게, 부인이시여! 모름지기 여자는 남편을 따라 살 수밖에 없다는 말이 있소. 당신도 또한 유복한 가정에 태어나 어려서부터 잘 입고 잘 먹었다는 이야기를 잠시도 아니한 적이 없었소. 그리

되면 남편과 부인이 서로 화합하고 따라야 좋은 가정이 이룩될 수 있다는 옛말이 무슨 의미가 있겠으며, 강보에 싸인 어린 자식 앞에 두고 어찌 차마 할 말이겠소? 결국 이말 저말 다 쓸데없는 말이니 다 내던지고 차차차차 긍정적으로 살아봅시다.

하느님이 천하만민을 내실 적에는 당연히 모두에게 각기 마땅한 직분을 주셨을 것이요, 또 그 수명은 하느님의 소관일 뿐이라, 인간이 죽음에 관해 미리 염려한다는 것은 진실로 어리석은 일이외다(※ 종교적 귀의의 내면적 동기를 매우 적확하게 파악하고 그런 의타적 종교의 가능성을 배제시키고 있다. "필수지직"의 "지之"는 지시형용사).

하느님께서 사람을 이 세상에 낼 때는 먹고사는 녹祿 없이는 아니 낸다네. 내 인생 무슨 팔자라고 그다지도 기험하기만 할 것인가? 지금 부富하고 귀貴한 사람일지라도 이전 시절에는 빈천했던 사람들이요, 지금 빈貧하고 천賤한 사람일지라도 앞으로 오는 시절에는 부귀한 사람이 될 것이라네!(※ 이 논리는 「안심가」에서도 충분히 설파되었다. 이 논의는 노자의 "반자도지동反者道之動"의 논리를 따른 것이다. 불교의 윤회사상과는 다르다. 『실천이성비판』에서 말하는 칸트의 선행善行보상논리도 "영혼불멸"을 전제로 한 것이며 내세가 전제되어 있다. 수운의 논리는 어디까지나 현세적이며, 역사의 시공간 속에서만 그 운세의 전환을 논한 것이다. 이러한 수운의 논리는 "개벽"의 논리를 뒷받침하였고 결국 현세의 혁명사상으로 발전하였다).

천운天運이란 본래 순환하는 음양의 이치이다. 그래서 천운은 일단 지나갔다 할지라도 되돌아오지 아니하는 법이 없다(※ 지뢰 복䷗괘의 단전에 이런 말이 있다. 복괘의 초효에서 이미 우리는 천지의 마음을 볼 수가 있다.復其見天地之心乎!『노자』16장에도 "만물이 더불어 함께 자라나는데 나는 돌아감을 볼 뿐이다.萬物竝作, 吾以觀復。"라는 말이 있다. 수운은 『역』『노자』를 꿰뚫고 있다).

더구나 나의 집안은 7대조 할아버지대로부터 대대로 선행을 쌓아왔고 주변 사람들에게 덕을 베풀어왔다. 그 공덕은 옛부터 스스로 그러한 것이니 아무도 부정할 수 없는 확고한 것이다. 그러니 어찌 여경餘慶(음덕이 내리는 경복)인들 없을소냐?

세세유전 착한 마음, 이 전통가문에 내려오는 덕성을 잃지 말고 지켜내어, 가난도 편한 마음으로 대하고, 진리를 벗삼아 즐기면서, 수신제가의 이상을 실천하여보세!

아무리 세상사람들이 우리를 비방하고 시기하는 말을 한다 해도, 들어도 못들은 척 하여두고, 아무리 세상사람들이 불의不義한 일을 꾸며 흉측한 낯빛을 드러내어도, 봐도 못본 척 하여두고, 오히려 그 억울한 마음을 돌려 어린 자식들을 깨우치고, 매매사사를 바르게 교훈하는 것이 정도이라네(※『대학』에 "수신은 그 마음을 바르게 하는 데 있다修身在正其心"라고 하였는데 수운은 이 수신의 바른 길을 제시하고 있다. 여기 "효유曉諭"라는 말이 나오는데 이 단어는 『용담유사』에 계속

나온다. 『용담유사』가 "유사諭詞"인 이유가 여기에도 있다. 그리고 "교훈"이라
는 말이 나오는데, "교훈가"라는 제목도 여기서 딴 것이다).

이렇게 어진 일(※공자가 말하는 "인仁"의 이상이기도 하다)**을 본받
아 가정의 업을 지켜내면 그 아니 경복이 아닐손가!**

보충 설명 이 단락도 역시 무극대도를 얻기 이전의 자신의 평범
했던 삶의 여로를 담담하게 그려내고 있다. "탕패산업蕩敗産業"
이라는 말은 결정적으로 철점운영의 낭패를 지칭하고 있다. 그
뒤에 나오는 말은 낭패한 자신에 대한 부인의 "바가지 긁는 말,"
그리고 부인과 가족을 달래는 자신의 심정을 가감 없이 드러내
고 있다. 이러한 삶의 낭패와 고뇌로부터 "득도"의 기회가 주어
졌으니 그 낭패와 고뇌의 깊이가 얼마나 심했던 것인가를 우리는
추체험해야 할 것이다.

3-3. 이러그러　안심히셔　　칠팔삭　　지니느니
　　　　　　　　安心　　　　七八朔

　　　쑴일넌ᄀ　잠일넌ᄀ　무극디도　바다니야
　　　　　　　　　　　　　無極大道

　　　졍심수신　ᄒ온후의　다시안ᄌ　싱각ᄒ니
　　　正心修身

우리집안	여경인ㄱ 餘慶	순환지리 循環之理	회복인가 回復
엇지이리	망극ᄒ고 罔極	젼만고 前萬古	후만고를 後萬古
력력히 歷歷	싱각히도	글도업고	말도업늬
디져싱령 大抵生靈	만은ᄉ람	ᄉ람업셔	이러ᄒㄱ
유도불도 儒道佛道	누쳔련의 累千年	운이역시 運	ᄃ히쩐가
윤회가치 輪廻	둘닌운수 運數	늬가엇지	바다스며
억조창싱 億兆蒼生	만은ᄉ람	늬가엇지	놉ᄒ스며
일세상 一世上	업논ᄉ람	늬가엇지	잇셧던고
아마도	이늬일은	잠즈다ㄱ	어더쩐ㄱ
쑴쑤다가	바다쩐가	측냥치 測量	못ᄒᆯ너라
ᄉ람을	가려스면	ㄴ만못ᄒ	ᄉ람이며
지질을 才質	가려스면	ㄴ만못ᄒ	지질이며 才質

만단의아 萬端疑訝	두지마는	호놀님이	졍호시니 定
무가닉라 無可奈	홀길업닉	亽양지심 辭讓之心	잇지마는
어딕가셔	亽양호며 辭讓	문의지심 問疑之心	잇지마는
어딕ㄱ셔	문의호며 問疑	편언쳑亽 片言隻字	업눈법을 法
어딕ㄱ셔	본을볼쇼 本	묵묵부답 默默不答	싱각호니
고친亽호 字號	방불호고 彷彿	어린두시	안亽스니
고친이름	분명호다 分明		

풀이 이럭저럭 가족들의 마음이 편안함을 얻어 일고여덟 달을 용담에서 보내게 되었다. 그러던 어느날 꿈결인지 잠결인지 나는 무극한 대도를 받아내게 되었다(※그 하느님과 해후하는 과정에 관해서는 다시 언급치 않는다. 그것은 이미 「안심가」에서 설진說盡하였기 때문이다. 그의 문학적 기법의 세련미를 여기서도 느낄 수 있다). 그러나 무극대도를 받았다고 떠벌일 일도 아니고, 그 체험을 재삼숙고 하기 위하여 마음을 바르게 하고 몸을 닦은 후에 다시 앉아 생각해보니 진실로 천지를 개벽하고도 남을 엄청난 사건임이 분명했다. 이것은

우리 집안에 쌓인 덕의 여경일까? 대우주의 순환의 이치의 회복일까?(※복괘☳☷를 생각하라). 어찌 이리도 망극한 은혜가 나에게 일어났단 말인가! 전만고 후만고를(※만고萬古의 긴 시간을 나타내는 말일 뿐 특별한 뜻은 없다. 4·4조에 맞추기 위해 전·후를 집어넣은 것이다) 역력히 생각해보아도 내가 받은 무극대도는 누가 글로 써놓은 것도 없고, 누가 말로 해놓은 것도 없는 새롭고도 유니크한 것이다.

대저 이 우주에 태어난 생령들을 보라! 그토록 많은 사람이 있건만, 사람이 없어서 나에게 내렸을까? 왜 하필 나인가!

이미 누천년 동안 이 지구상에서 도를 펼쳐온 유교나 불교의 운세가 다 끝나버렸단 말인가? 윤회처럼 돌고도는 대전환의 운수라 해도, 그 운수를 나 수운이 어찌 받을 수 있었으며, 억조창생 사람은 그토록 많고 또 많은데 내가 어찌 그 대도를 받을 수 있는 가장 고귀한 인물이란 말인가?(※수운의 이러한 에두른 화법은 단순한 겸손지사가 아니라 진실로 대도의 황홀한 체험과 자신의 초라한 처지의 괴리에서 오는 당혹감을 솔직하게 표현한 것이다. 이런 표현을 통해 수운의 통찰이 얼마나 거대한 우주적 통찰이었는지를 알 수 있다).

이 대명천지 한 세상을 뒤집고 찾아봐도 없는 그 사람! 그 사람이 어찌 너란 말이냐? 어찌 네가 그 자리에 있을 수 있었던고!

아마도 이 내 일은 잠결에 얻었는지, 꿈결에 받았는지 도무지

나의 상식으로는 측량할 길이 없다. 사람을 가렸다면 나처럼 못난 인물이 선택되었을 리 만무하다. 재질을 가렸다면 나처럼 지지리도 못난 재질을 가진 인물을 선택했을 리가 없다(※여기 윌리암 제임스William James, 1842~1910가 말하는 "수동성Passivity"의 문제가 토로되고 있다. 진정한 신비체험은 내가 얻고자 하여 얻어지는 것이 아니라 일방적으로 주어지는 것, 즉 수동적 상태일 뿐이라는 것이다. 미국대학에 심리학을 최초로 도입한 심리철학의 개조, 제임스의 논의를 여실하게 말하고 있다).

나는 만단萬端(온갖 사유의 측면)으로 의심을 해보지마는 나의 대도체험은 하느님이 일방적으로 정하신 것이니 무가내라 내 어찌 임의적으로 할 수 있는 문제가 아니다. 나는 이 나의 무극대도 경지를 사양할 수만 있다면 사양하고 싶다. 그러나 어떻게 누구에게 사양할 수 있을 것인가?(※ "사양지심"은 본시 『맹자』에서 왔다).

도대체 이게 무슨 일인지, 내가 어찌해야 할지 진지하게 문의하고 싶은 마음도 있지마는 과연 어디로 누굴 찾아가서 묻는단 말인가? 간단한 한마디, 짧은 한 글자로써도 표현된 적이 없는 이 법法을 과연 내가 어디로 가서 그 본本을 찾아볼 수 있단 말인가?(※논리를 초월하는 그 자신만의 체험).

아무리 생각해도 묵묵부답, 그 해답은 없었다. 내가 용담에 들어왔을 때 새로운 각오로써 고친 자字와 호號 속에 그 해답이 있는 듯도 했다(※자는 도언道彦에서 성묵性黙으로 바꾸었고, 이름은 제선濟

宣에서 제우濟愚로 바꾸었다. 호는 수운이다. 여기 "묵"은 침묵이니 언어를 초월한다는 뜻이다. "제우"는 "어리석음을 구한다"는 뜻이니, 그 어리석음이 자신의 어리석음일 수도 있고 우민愚民의 어리석음일 수도 있다. 아마도 자신을 어리석음에서 구해내어 우중愚衆을 제도한다는 양면의 뜻을 구비하고 있었을 것이다. "묵묵부답"이라 했으니 그것은 성묵의 침묵과 제우의 어리석음을 나타내는 말이기도 하다).

나는 어리석은 듯이 그냥 묵묵히 앉아있었으니 나의 고친 이름의 그 모습이 분명했다(※자호와 이름을 대비시켜 말했으나 특별한 의미부여는 없어 보인다).

보충 설명 무극대도를 받는 그 장면을 자세히 기술치 아니하고 무극대도를 받았다는 그 실존적 체험의 의미를 다각도에서 드러내고 있다. 수운은 여기서 종교체험의 본질을 말하고 있으며 득도의 필연성을 설파하고 있다. 마지막에 "묵묵부답"을 자기의 자호와 관련지어 암시하는 기법은 수운이 대문호의 경지에 달했음을 말해준다. 이 단락에서 감동적인 것은 역시 수운이 자기 자신의 삶을 대하는 진실성, 그 담박한 태도이다. 이 세상에 수운만큼 사기성이 없는 각자覺者는 드물 것 같다.

득도장면에 대한 「안심가」의 기술은 그 장면을 마치 제삼자가 들여다보고 있듯이 객관적으로 묘사하고 있다. 그리고 그 장에서 일어나고 있는 사건들의 디테일한 묘사가 두드러진다. 그러나

「교훈가」에서는 본인의 내면의 의식의 흐름을 드러낸다. 그러니까 객관적 묘사라기보다는 주관적 탐색의 여정이라 해야 할 것 같다. 그만큼 수운이 정신적으로 성숙했고 또 타관객지에서 자신의 체험을 반추하는 여유가 엿보인다고도 말할 수 있을 것이다.

3-4.

그럭져럭	홀길업셔	업는졍신 精神	가다드머
ᄒᄂᆞᆯ님쎄	알외오니	ᄒᄂᆞᆯ님	ᄒᆞ신말ᄉᆞᆷ
너도역시	ᄉᆞ람이라	무어슬	알아스며
억조창싱 億兆蒼生	마는ᄉᆞᆷ	동귀일체 同歸一體	ᄒᆞᄂᆞᆫ줄을
ᄉᆞ십평싱 四十平生	아라쪄냐	우숩다	ᄌᆞ늬ᄉᆞ람
빅쳔만ᄉᆞ 百千萬事	힝홀찌ᄂᆞᆫ 行	무슨쑷을	그러ᄒᆞ며
입산ᄒᆞᆫ 入山	그달부텀	ᄌᆞ호일음 字號	고칠찌ᄂᆞᆫ
무슨쑷을	그러ᄒᆞ고	소위입춘 所謂立春	비ᄂᆞᆫ말은
복녹은 福祿	아니빌고	무슨경뉸 經綸	포부잇셔 抱負

세간듕인 世間衆人　부동귀라 不同歸　　의심업시 疑心　　지어니아

완연이 宛然　　부쳐두니　　세상스룸 世上　　귀경홀찌

즈니마음　　엇더턴고　　그런비위 脾胃　　어디두고

만고업는 萬古　　무극디도 無極大道　　바다노코　　즈랑흐니

그아니　　기즈흔가　　세상스람　　도라보고

만코만은　　그스룸의　　인지진질 人之才質　　ㄱ려니여

총명노둔 聰明魯鈍　　무어시며　　세상스룸 世上　　져러흐야

의아탄식 疑訝歎息　　무어신고　　남만못흔　　스람인줄

네가엇지　　알앗스며　　남만못흔　　진질인쥴 才質

네가엇지　　아잔말고　　그런쇼리　　마라셔라

낙지이후 落地以後　　첨이로다　　착흔운수 運數　　둘너노코

포틴지수 胞胎之數　　정흐니야 定　　즈아시 自兒時　　즈라놀찌

어ᄂ일을	니모르며	젹세만물 積世萬物	ᄒᄂ법과 法
빅쳔만ᄉ 百千萬事	힝ᄒ기를 行	됴화즁의 造化中	시겨시니
츌등인물 出衆人物	ᄒᄂ이는	비비유지 比比有之	안일넌가
지각업ᄂ 知覺	세상ᄉᄅ 世上	원ᄒᄃ시 願	ᄒᄂ말이
아무ᄂ	이세상의 世上	ᄌ승박덕 才勝薄德	안일넌ᄀ
세젼산업 世傳産業	탕픿ᄒ고 蕩敗	귀미용담 龜尾龍潭	일졍각의 一亭閣
불출산외 不出山外	ᄒᄂ쓰즌	아다가도	모를너라
ᄀᄂ흔	져세졍의 世情	세상ᄉᄅ 世上	흔틱셕겨
아유구용 阿諛苟容	흔다히도	쳐ᄌ보명 妻子保命	모로고셔
ᄀ졍지업 家庭之業	지켜ᄂ야	안빈낙도 安貧樂道	흔단말은
가소졀창 可笑絶唱	안일넌ᄀ	이말져말	붕등히도 崩騰
ᄂ가아지	네ᄀ알가	그런싱각	두지말고

정심수도 正心修道	ᄒ엿시라	시긴디로	시힝히셔 施行
ᄎᄎᄎᄎ 次次次次	가라치면	무궁됴화 無窮造化	다던지고
포덕텬ᄒ 布德天下	홀거시니	ᄎ제도법 次第道法	그ᄲᅵᆫ일세
법을졍코 法 定	글을지어	입도ᄒᆫ 入道	세상ᄉ롬 世上
그날부텀	군ᄌ도야 君子	무위이화 無爲而化	될거시니
디상신션 地上神仙	네아니냐	이말ᄉᆷ	드른후의
심독희 心獨喜	ᄌ부로다 自負		

풀 이   무극대도를 받았다고는 하나 그럭저럭 별다르게 할 일도 없었다. 없는 정신을 가다듬어 하느님께 아뢰는 길밖에는 다른 길이 없었다. 그랬더니 하느님께서 나에게 다음과 같이 말씀해 주시는 것이었다(※이하의 말씀 내용은 하느님의 일장연설이요, 수운의 득도과정의 의식의 흐름이기도 하다. 윌리암 제임스는 신비체험mystical states of consciousness의 한 특성으로 "노에틱 퀄리티Noetic quality"라는 것을 드는데, 이것은 초월적 권능과의 만남이 반드시 우리의 지성으로 통용가능한 언어로 표현된다는 것이다. 신비체험이 보통 말로 표현하기 어렵다Ineffability는 특징

을 가진다고 하지만, 언설을 초월한다는 문제와 언설로 표현된다는 문제는 혼재한다는 것이 그 진정한 특성이라는 것이다. 여기 이「교훈가」의 하느님 말씀은 대언설이며『카라마죠프가의 형제들』에서「대심문관」이라는 제목이 붙은 이반의 서사시를 연상케도 한다):

"수운아! 너도 또한 알고보면 사람일 뿐인데, 네가 알았다고 해봐야 뭘 그리 대단한 것을 알았겠느냐? 억조창생 그 많은 사람이 지구상에 현존하고 있어도, 결국 이들의 개별성이 한 몸의 보편성으로 같이 귀속된다는 이런 궁극적 진리를 네가 나이 사십에 이르도록 깨달은 적이 있단 말인가? 수운아! 네 인생을 되돌아보아라! 우스꽝스럽지 아니하뇨? 주유천하를 한다고 사방팔방 쏴다니며 백천만사(온갖 짓)를 행할 때는 과연 네가 무슨 뜻이 있어 그런 짓을 했는지나 알았느뇨?

그리고 귀룡한답시고 구미산에 입산한 그 달에 네 자호와 이름을 고칠 때는, 과연 무슨 뜻으로 그런 짓을 했는지나 알았느뇨?

게다가 입춘을 맞이해서 기둥에 입춘방立春榜을 써붙인 것을 보면, 조촐하게 남들이 하는 대로 복록福祿이나 빌 것이지, 네가 무슨 큰 경륜이나 포부가 있다고 '도기장존사불입道氣長存邪不入, 세간중인부동귀世間衆人不同歸'라고 써붙였느냐?

그것도 의심 없이 지어내어 완연히 드러나게 붙여두고 세상사람 보란 듯이 해놓았는데, 세상사람들이 오다가다 자네 글귀를 구경할 때, 과연 네 마음이 어떠했느냐? 마음에 찔리는 구석 없이 편하더냐?(※여기 하느님은 "동귀일체"와 "부동귀"라는 두 개의 논리의 어긋남을 지적하고 있는 것이다. 수운이 "부동귀"의 각오에서 "동귀일체"의 경지로 비상했다는 것을 알 수 있다).

그런 미묘한 상황은 비위 좋게 넘겨버리고, 만고에 없는 무극대도를 받았다고 자랑만 해대니, 너 이놈 수운아! 너무 바보스럽지 아니하뇨?

(※여기 "개자하다"는 표현은 한자가 없는 순우리말이다. 경상도·함경남도 방언으로 "똑똑치 못하다"는 뜻이다. 표영삼 설).

내가 이 세상사람들을 두루두루 찾아보았는데, 많고도 또 많은 뭇 사람 중에서 과연 그 재질을 가려낸다는 것이 무슨 소용이 있겠느냐? 총명한 인간이라고, 또 노둔한(=총명의 반대: 거칠고 둔함) 인간이라고 분별 지어본들 그게 과연 뭔 소용이 있겠느냐? 세상 사람 결국 다 그렇고 그러한데 인간에 대하여 의아탄식한들 무슨 소용이 있단 말인가?(※하느님의 보편주의가 여기 드러나고 있다. 동귀일체의 입장에서 보는 인간관을 피력하고 있다).

수운아! 네가 남만 못한 사람이라고 너 스스로 규정하였다만, 과연 네가 남만 못하다는 것을 네가 어떻게 알았단 말이냐? 너의 재질이 남의 재질만 못한 줄을 네가 어찌 알았단 말이냐!

그런 소리는 하지도 말아라! 너 수운이야말로 인간이 이 대지 위에 태어난 이후로 내가 처음 만난 인격이다. 너의 탄생을 위하여 내가 좋은 운수를 네 존재 주변으로 둘러놓고, 포태(임신)의 운수까지 다 정해놓았느니라. 아기인 수운 네가 자라날 때부터 한 일은 내가 모르는 것이 없다. 네가 커나가면서 만물을 노련하게 터득하는 법(※ 여기 "적세만물"은 정확한 출전이 있는 말인데, 이것을 모르고서 "격치만물格致萬物"이라고 없는 말을 만드는 것은 원전에도 어긋나고 의미론적으로도 전혀 엉뚱하다. "적세만물"의 "적세"는 발음 그대로 "적세積世"인데, 이는 "누대累代," "세세로"의 뜻도 있지만, 대를 걸쳐 축적된 지혜라는 뜻이 있다. "노어세고老於世故"[세상물정을 알아간다]라는 뜻이며 금나라 동해원董解元의『서상기제궁조西廂記諸宮調』권3, 이할인李劼人의『천마무天魔舞』제12장 등에 그 출전이 있다. 이는 백화적 어법인데, 수운은 백화도 숙지한 사람이다)과 백천만사 행하는 것을 내가 천지의 조화造化(스스로 그러한 생성의 오묘한 법칙) 속에서 하도록 시켜놓은 것이다.

보통 출중("出等"이 아니라 "出衆"이 맞다)하다고 하는 사람들이 하는 일이란, 그리 드문 일이 아니요, 항용 있는 일이다(※ 하느님의 폭넓은 인식체계, 반주지주의적 성향이 드러나고 있다).

지각없는 세상사람들이 그렇게 되기라도 바란 듯이 하는 말이 이와같다: '아~ 이 세상에 저 최뭐시는 재주만 승하고 덕이 박한 놈이 아닐런가? 집안 세세로 전해내려오는 재산도 다 말아먹고 구미용담 일정각으로 돌아와 쑤셔박혀 산외山外로는 나가지 않겠다고 하는 꼬라지는 알다가도 모르겠네. 이 가난하고 어려운 세파에(※ "가난한"은 원문 그대로 맞다. "간난艱難"이 아니다. "가난"이 "간난"에서 유래한 말이기는 하나 이미 우리말화 된 것이다. 수운은 상용 우리말 그대로 쓴 것이다) 범인들은 세상사람들과 한통속이 되어 아첨하고 구차스럽게 굽신거리며 산다고 비판을 해대고 있지만, 막상 저 자신은 처자를 보명保命하지도 못하면서, 가정지업을 지켜낸답시고 안빈낙도한 삶을 혼자 즐기고 있다는 말은 진실로 가소롭고 또 웃기는 얘기가 아니겠는가?'(※ "가소절창"을 모두 "절장絶腸"으로 쓰는데, 그러면 "절장"이 되어야 하고, 또 가소와 절장을 붙여쓰는 용례는 없다. "절창"은 문자 그대로 "절창絶唱"이다. 잘 부르는 노래소리라는 뜻이다. "웃긴다"는 것을 반어적으로 코믹하게 표현하여 "가소절창"이라 한다. 상응한자는 반드시 한학의 기본상식을 따라야 한다).

이런 저런 말들이 네 주변으로 들끓어 오른다 해도 그 말들의 진실은 하느님인 내가 알지, 네가 알아야 할 바가 아니다. 수운아! 그 따위 쓸잘데없는 세인들의 소리에 마음을 쓰지 말고 오로지 마음을 바르게 하여 수도해야 할 것이다. 내가 시킨 대로 실천하여 차차차차 주변의 사람들을 가르치고 감화를 시켜 나가거라!

도통했다 하는 자들이 무궁한 조화를 행한다고 요술을 부리곤 하는데, 그 따위 조화라는 것은 다 던져버리고, 무극대도로써 온 천하에 포덕해야 할 것이니라!(여기서 "조화造化"는 『대선생주문집』에서 말하고 있는 "조화"이며 부정적인 의미맥락을 지니고 있다. 수운은 이미 미신적인 하느님의 때깔을 싹 벗겨버린 것이다).

차제의 도법이란 천하에 포덕하는 길 외로는 없다. 법法을 정하고, 글을 지어라!(※여기 벌써 "글을 짓는다"는 것에 대한 수운의 특별한 의식이 드러나고 있다). 입도한 세상사람들 그날부터 군자가 되어, 인위적인 조작이 없이도 스스로 변화되어 갈 것이니 이 지상의 신선이 너 말고 누가 있을 것이냐!"

이 장쾌한 하느님의 말씀을 듣고나서 나는 홀로 마음에 기쁨이 넘쳤고 득도자로서의 자부심이 생겼다.

보충 설명 수운은 1860년 4월 5일 득도를 했다. 그러나 사실 이날 모든 것을 통달하는 돈오頓悟가 이루어진 것이 아니고, 그냥 이날 신비체험의 한 현상이 있었을 뿐이다. 기실 수운의 득도는 한 사건이 아니라 기나긴 사건들의 과정Process이었다. 여기 이 단락의 하느님 말씀은 1860년 4월부터 1861년 6월까지 1년 2개월 동안, 즉 하느님의 신비체험으로부터 포덕의 결심에 이르는 기나긴 정신적 방황의 과정을 요약한 것이다.

이 하느님 말씀에서 우리가 감동을 받는 것은 역시 수운의 의식의 정직함이다. 불우한 자신의 처지, 경제적 뒷받침이 없는 사회활동에 대한 당혹감, 객관적으로 평가될 수 있는 지적 성과가 없는 상태의 초라함, 엉망인 가정살림 등등의 현실現實과 무극대도라는 엄청난 깨달음이 부과하는 이상理想 사이에 존재하는 괴리야말로 실존적으로 극복키 어려운 과제상황이라는 것을 고백하고 있는 것이다. 이에 대한 하느님의 격려 또한 매우 리얼하고 자

상하다. 그리고 세파의 세론에 타협하지 않을 것을 강력히 주문
한다. 동학은 이러한 "비타협"의 정신으로 태어난 것이다.

3-5.

그계야	이날부텀	부쳐가 夫妻	마됴안져
이말져말	다호후의	희희낙담 喜喜樂談	그쐰일세
이제는	조니듯쇼	이니몸이	이리되니
조소시 自少時	호던작는	여광여취 如狂如醉	안일넌?
니역시	호던말이	헷말이	올케되니
남아역시 男兒	츌셰후의 出世後	작는도	홀거시오
헷말인들	아니홀가	조니마음	엇더헌고
노쳐의 老妻	거동보소 舉動	문는말은	디답잔코 對答
무릅안고	입다시며	세상소리 世上	셔너마듸
근근이 僅僅	쓰러니여	쳔쟝만	살피면셔

꿈일넌ᄀ　잠일넌ᄀ　허허세샹　허허세샹
　　　　　　　　　　　世上　　　世上

다가치　세샹ᄉᆞ룸　우리복이　이러ᄒᆞᆯ가
　　　　世上　　　福

ᄒᆞ날님도　ᄒᆞ놀님도　이리될　우리신명
　　　　　　　　　　　　　　　身命

엇디압날　지닌고ᄉᆡᆼ　그다지　시기신고
　　　　　苦生

오날ᄉᆞ　참말인지　여광여ᄎᆔ　져양반을
　　　　　　　　如狂如醉　兩班

간곳마다　ᄯᅡ라가셔　지딜혼　그고ᄉᆡᆼ을
　　　　　　　　　　　　　　苦生

눌로ᄃᆡ히　그말이며　그즁의　집에들면

장담가치　ᄒᆞᆫ눈말이　그ᄉᆞ룸도　그ᄉᆞ룸도
壯談

고ᄉᆡᆼ이　무어신고　이니팔ᄌᆞ　됴흘진딘
苦生　　　　　　　八字

희락은　벗을삼고　고ᄉᆡᆼ은　희락이라
喜樂　　　　　　苦生　　　喜樂

잔말말고　짜라가세　공노ᄒᆞᆯ　ᄂᆡ아니라
　　　　　　　　　空老

ᄂᆡ역시　어척업셔　얼굴을　ᄽᅢᆫ이보며

듕심의 中 心	호슘지여	이젹지	지닌일은
다름이	아니로다	인물딕졉 人 物 待 接	ᄒᆞ눈거동
세상ᄉᆞ룸 世 上	아니듯고	쳐ᄌᆞ의게 妻 子	ᄒᆞ눈거동 擧 動
이닉진졍 眞 情	지극ᄒᆞ니 至 極	텬은이 天 恩	잇게드면
됴흔운수 運 數	회복할줄 回 復	ᄂᆞ도쏘흔	알아심닉
일소일파 一 笑 一 罷	ᄒᆞ온후의	불승기양 不 勝 氣 揚	되얏더라

풀 이 하느님의 이 말씀을 들은 그날로부터 마음에 여유가 생겼는지 부부간에 마주앉아 이말 저말 하다보니, 참으로 기쁨에서 우러나오는 즐거운 담론 그뿐일세. 나는 부인에게 이렇게 말하였다:

"이제 부인이시여! 내 말 좀 들어보소. 이 내 몸이 득도하여 이렇게 새로운 경지를 얻고보니, 어린 시절부터 도닦겠다고 장난스럽게 날뛰던 행동들이 광적인 상태인 듯도 하고 술취한 상태인 듯도 하지마는, 그런 특별한 체험 속에서, 장난이 아닌 것이 되고 말았소. 내가 평소에 하던 말이 진실한 말이 되었고, 과거에 헛말처럼 들렸던 것이 옳은 말이 되었소. 사내 대장부가 이 세상에 태어난 마당에는 장난도 쳐볼 만한 것이고, 헛말도 해봄즉한 일이라오. 부인이시여! 어떻게 생각하시오?”

이 말을 들은 늙은 아내의 거동을 살펴보자꾸나! 내가 묻는 말에는 대답하지 않고 무릎을 끌어안아 입만 쩍쩍 다시더니, “원 세상에, 원 세상에!” 하고 서너 마디 겨우겨우 끌어내어 천장만을 살피는 것이었다(※ “천장”이라 했으니 “天井”보다는 “天障”이 옳다. 그러나 천장은 이미 우리말화된 표현이다). 그러더니 마침내 나의 부인이 입을 열었다:

“꿈일런가 잠일런가, 허허세상 허허세상! 다같은 세상사람인데 왜 우리 복은 이다지도 각박할꼬! 하느님께서도, 하느님께서도 이리 될 우리 신명이었다면, 왜 지난날 하고많은 고생을 그다지도 시키셨나? 오늘에야 참말이지 내 진심을 토로컨대, 미친 듯도 하고 취한 듯도 한 저 양반을 가는 곳마다 따라다니느라고 지질하게 한 그 많은 고생을 누구에게 호소할 수 있으랴!

그런 와중에도 저 양반 집에 돌아오기만 하면 호언장담하는 말이 이러하오: ‘여보게! 이 사람두 이 사람두 고생이 무엇이뇨! 이내 팔자는 틀림없이 좋은 팔자이오! 우리 삶의 즐거운 일들일랑 벗을 삼고, 또 고생 또한 즐거운 일이라고 생각합시다. 군말 말고 운명을 따라갑시다. 내 결코 헛되게 늙어갈 인물이 아니오!’

아니, 이 말 듣는 내(부인)가 어처구니없지 않겠소? 남편 얼굴을 빤히 쳐다보고 있자니 내 가슴 한가운데 한이 서릴 뿐이라오.

이제까지 내가 참고 지낸 것은 별다른 이유가 있는 게 아니라오. 요사이 남편이 사람 대접하는 거동을 볼작시면 이 세상사람이 아닌 듯이 거룩하고. 처자에게 하는 거동 또한 당신의 진정(전통적으로 이 구절은 "仁愛之情"으로 해석되었다. 인자하고 아끼는 감정이 지극하다는 뜻이다. 그러나 목천판에서 "진정眞情"이 확실히 표기되어 있으므로 그 앞의 "이니"는 "이 나의"라고 해석하는 것이 『유사』 언어의 통례에 맞다고 주석가들은 말한다. 그러나 이것은 부인의 말이므로 맥락상 어색하다. 경상도 부인들이 남편을 지칭할 때 보통 "이녁"이라고 하는데, 따라서 이 말은 "당신의 진정"으로 해석하는 것이 가장 자연스러울 것이다.)이 지극하다오. 그러니 하느님 은덕이 있게 되면 좋은 우리 운수가 회복될 것이라는 것을 나도 알게 되었습네!"

이렇게 대화하며 일소일파 하고나니 벅차오르는 가슴 감당키 어려웠다.

보충 설명 대각 후의 벅차오르는 감격을 부부간에 나누는 모습이 너무도 소박하고 진실하게 그려져 있다. 수운은 가까운 사람, 일례를 들면 가족, 그들과의 관계의 진실이야말로 가장 보편적인 진리라고 믿고 있다.

『용담유사』는 옛 우리말이다. 옛말은 따옴표, 즉 직접화법·간접화법의 구분이 명확하지 않다. 수운의 가사는 누구의 말이 어디까지인지를 명확히 가리지 못해 오독된 사례가 허다하다. 그 따옴표의 갈래를 나는 명확하게 하였다.

3-6. 그럭져럭 지니다ㄱ

오논ㅅ람 ㄱ라치니

현인군ㅈ 모아드러
賢人君子

성운성덕 분명ㅎ다
盛運盛德 分明

승긔ㅈ 시려홀쑐
勝己者

듯지못ㅎ 그말이며

엇지그리 ㅈ아니셔

슬푸다 세상ㅅ람
世上

네운수 가련홀쥴
運數 可憐

가련ㅎ다 경쥬향즁
可憐 慶州鄕中

어진ㅅ람 잇게드면

향듕풍속 다던지고
鄕中風俗

통긔듕문 ㅎ여두고
通開中門

불승감당 되얏더라
不勝堪當

명명기덕 ㅎ여니니
明明其德

그모르논 세상ㅅ람
世上

무근셜화 지어니야
無根說話

보지못ㅎ 그소리를

향안셜화 분분ㅎ고
鄕案說話 紛紛

니운수 조ㅊㅎ니
運數

네ㄱ엇지 아잔말고

무인지경 분명ㅎ다
無人之境 分明

이런말이 웨잇스며

이니문운 ㄱ련ㅎ다
門運 可憐

아도못훈 흉언괴셜 남보다가 비ᄂᆞᄒ며
凶言怪說 倍

육친이 무삼일고 원슈가치 디졉ᄒ며
肉親 怨讐 待接

솔부지수 잇셔던ㄱ 엇지그리 원슈런고
殺父之讐 怨讐

은원업시 디닌ᄉᆞ름 그즁의 뽀잡펴셔
恩怨

쏘역시 원수되니 조걸위학 이안인가
亦是 怨讐 助桀爲虐

풀이   아내와 더불어 일소일파한 후에 그럭저럭 지내다가 나는 포덕을 결심하게 되었다. 우선 용담의 내가 사는 곳 안채로 들어오는 중문中門을 활짝 열어제끼고(※ 수운은 포덕을 위해 프라이버시도 희생하였다는 뜻이다. 기실 장소가 넓지 않았던 탓도 있었다) 오는 사람을 가르치기 시작하였다(※ 여기에서도 "가르치다"라는 동사를 썼고 종교의 냄새를 피우지 않았다). 그런데 사람들이 어찌 많이 찾아오는지 곧 감당키 어려운 수준이 되었다. 현인군자들이 모여들어 인간 본성에 이미 내재하는 밝은 덕을 밝게 하는 일이란 나쁠 것이 하나도 없다(※『대학』첫 장의 언어). 융성한 운세와 융성한 덕성이 분명하다.

그러나 한편 상황은 그릇되게 흘러가고 있었다. 진실을 받아들이기를 거부하는 무지한 세상사람들이 어찌도 그렇게 자기보다 뛰어난 자에게 배울 생각을 하지 않고, 자기보다 뛰어난 자를 싫어하고 모함하는지 딱하기 그지없었다. 이들은 무근설화(=가짜뉴스)를 지어내어, 들어보지도 못한 말, 눈으로 목격한 적이 없는 그런 소리를 마구 퍼뜨리었다. 이런 풍설은 향유들의 탁상공론으로 분분하게 확대되어만 갔다(※ "향안설화"는 "鄕案說話"로 쓰는 것이 맞다. 향유들이 서안에 팔을 괴고 떠드는 탁상공론이라는 뜻이다. "香案"이니 "向人"이니 "向顔"이니 하는 식의 상응자는 모두 부적절하다).

슬프도다! 세상사람, 내 운수 좋다 해서 네 운수 나빠진다는 법이 도대체 어디에 있단 말인가? 내 운수 좋다 해서 네 운수 기울 까닭이 어디 있겠느뇨? 가련하다! 우리 경주 향중이 타락하여 사람 같은 사람이 없는 지경에 이르렀구나! 무인지경 분명하도다!

제대로 된 어진 사람 몇 사람이라도 있게 되면, 이런 음해의 흉측한 말들이 왜 있을까보냐? 향중풍속은 말할 건덕지도 없거니와 이 내 집안의 운수가 가련하도다.

알 수 없는 흉언괴설을 남보다 배나 하니, 피를 나눈 혈육의 친척이라 한들 뭔 소용이 있으리오! 나를 원수같이 대접하다니, 도대체 우리 사이에 살부(아버지를 죽임)의 원수라도 끼어있었단 말이냐? 어찌 그리 쌩으로 아무 근거 없이 원수가 된단 말이냐? 은혜나 원한이 없이 지내던 사람까지도 그 흉악한 놈들에게 싸잡

혀서 또다시 원수가 되다니! 이것이야말로 포악한 걸임금을 도와 (※하夏나라의 마지막 임금. 유명한 폭군) 더 포악한 짓을 한다는 고사의 이야기가 아닌가? 바로 우리 향중의 꼴이 아니겠는가?

보충 설명   수운의 언어는 이곳에서 매우 격정적이다. 자신의 순결한 선행에 대한 예기치 못했던 반응에 수운은 너무도 큰 쇼크를 받은 것 같다. 영남은 이념적으로 고립될 수밖에 없는 지리적 환경을 가지고 있다. 뿐만 아니라 서학의 전파에 대하여, 면역성이 강한 자신들의 유교전통이 강고하게 지역의 순결성을 지키고 있다는 자부심이 매우 강했다. 그런데 자기들 내부로부터 서학과 유사한 상제관을 펼치는 수운의 운동이 일어나고 있다는 사실에 대해 그들 나름대로 충격을 받았다. 그리기에 영남의 유림은 수운을 극심하게 경계하고 사문斯文에 대한 이단으로 휘몰 수밖에 없었던 것이다.

3-7. 아무리   그리히도   죄罪업시면   그쑨일세

아무리   그리ㅎ느   느도세상世上   ㅅ롬으로

무단이無端   ㅅ죄업시死罪   모홈중의謀陷中   드단말가

이운수 運數	안일너면	무죄훈들 無罪	면홀소냐 免
ᄒᆞ물며	이늬집은	과문지취 科門之聚	안일넌ᄀᆞ
아셔라	이늬신명 身命	운수도 運數	밋지마는
감당도 堪當	어려오되	남의이목 耳目	살펴두고
이가치	아니말면	세상을 世上	능멸훈듯 凌蔑
관장을 官長	능멸훈듯 凌蔑	무가니라 無可奈	홀씰업늬
무극훈 無極	이늬도는 道	늬아니	갈으쳐도
운수잇눈 運數	그ᄉᆞ롬은	ᄎᆞᄎᆞᄎᆞᄎᆞ	바다다가
ᄎᆞᄎᆞᄎᆞᄎᆞ	가르치니	늬업셔도	당힝일세 當行
힝장을 行裝	ᄎᆞ려늬여	수쳔리를 數千里	경영ᄒᆞ니 經營
수도ᄒᆞᄂᆞ 修道	ᄉᆞ람마다	셩지우셩 誠之又誠	ᄒᆞ디마는
모의미셩 毛羽未成	너의드를	엇지ᄒᆞ고	가진말고

이길도리 道理	젼혀업셔 全	만단효유 萬端曉諭	ᄒᆞ지마ᄂᆞᆫ
츠마못ᄒᆞ	이ᄂᆡ회포 懷抱	역지ᄉᆞ지 易地思之	ᄒᆞ여쓰라
그러ᄂᆞ	홀씰업셔	일됴분리 一朝分離	도얏더라

풀 이 아무리 향중사람들이 나에게 조걸위학과 같은 짓을 한다
해도, 내가 죄라 할 수 있는 짓을 하지 않았으면 그것으로 그냥
끝나버릴 일일세. 그러나 아무리 그렇다손 치더라도, 나 또한 이
세상사람인지라, 아무런 까닭(=단서) 없이 죽을 죄를 지은 일 없
건마는, 모함에 빠질 수도 있는 일일세. 내가 무극대도를 받은 이
운명이 아니라 해도, 내가 무죄라 한들 과연 저 흉언괴설을 일삼는
무리들의 모함을 면할 수 있을까?

　하물며 이 내 집은 과거급제자를 많이 배출한 명문가문이 아
니더냐?(※시기와 부러움, 또 질시의 눈빛이 많이 모여드는 곳이라는 뜻).
아서라! 이 내 신명, 무극대도를 받은 자로서의 확신과 신념이 있
지마는, 또 동시에 주변의 모함을 감당하기도 어렵도다! 나를 비
방하는 자들의 눈치를 안 볼 수도 없다! 이같이 조심하지 아니하
면 세상을 능멸했다고 할 것이요, 관장(=지방고급관리들)을 능멸했
다고 정치적 문제로서 확대시킬 것이다. 그러니 정말 무가내라,

어쩔 수 없이 좀 후퇴하는 것밖에는 다른 방도가 없었다.

왜냐? 무극한 이 내 도는 반드시 내가 직접 가르치지 않는다 해도, 운이 닿는 사람들은 차차차차 받아다가, 또한 깨닫는 대로 차차차차 사람들을 가르칠 것이니(자연스럽게 맨투맨으로 전파되어 나갈 것이다), 내가 없다 해도 이 무극대도는 당연히 이 시대의 가치관으로서 행하여질 것이다(※ "당행"을 "다행多幸"으로 왜곡하여 읽는 것은 옹졸한 소치이다. "당행"은 "當行"이다. 여타의 가능성이 없다).

드디어 나는 결심했다. 용담을 떠나기로! 여행보따리를 잘 챙겨서 수천 리나 되는 여행길을 기획하게 되었다. 그러나 한편 정든 고향을 떠난다는 것은 가슴아픈 일이었다. 내 주변에서 수도하는 대부분의 사람들은 천지의 성실함 못지않게 성의를 다하고 또 성의를 다하는 독학지사들이다. 그러나 아직 깃털이 다 자라지 않은 병아리 같은 그대들을 어찌 방치하고 떠나갈 수 있겠는가?("모우미성毛羽未成"은 "모우미풍毛羽未豐"이라고도 한다. 역량부족, 조건미성숙을 의미한다. 용담을 찾아온 선량한 도인들에 대한 깊은 애착을 표시하고 있다).

잊을 도리 전혀 없어, 내가 떠나기 전에 만단萬端으로(여러 측면에서) 효유를 해두기는 했다마는, 차마 어쩔 수 없는 쓰라린 이 나의 회포를 역지사지 하여다오.

(※ "역지사지"는 많은 사람이 고전의 출전이 있는 것으로 생각하는데 "역지사지"라는 말은 중국고전에 나오지 않는다. 그러니 순 우리말이라 볼 수 있다.

단지『맹자』「이루」편 하31에 "역지즉개연易地則皆然"이라는 말이 있는데 우리말 관용구적 의미와 약간 맥락이 다르다. 우리말은 그냥 임의의 두 당사자 사이에서 "입장 바꾸어 생각해보라"는 뜻인데 맹자의 의미는 조금 더 복잡하다. 노무현 대통령이 이 말을 즐겨 썼는데 수운의 용례를 계승한 것이라고 볼 수도 있겠다. 나의 책,『맹자, 사람의 길』下 p.501 참조)

그러나 결국 떠나지 않을 수 없었다. 하루아침에 훌쩍 나는 용담을 떠날 수밖에 없었으니, 나의 발길은 그들로부터 멀어져만 갔다.

보충 설명 수운의 일생은 거룡去龍과 귀룡歸龍의 반복이다. 전라도로 떠나는 이 거룡이야말로 수운에게는 반만년의 하중이 실린 무거운 발걸음이었다. 그가 용담을 떠나지 않을 수 없었던 미묘한 상황을 아주 디테일하고 격조 높게, 그리고 아주 리얼하게 묘사하고 있다. 이 단의 언어는 단순하지만 의미의 복선이 매우 중층적 구조를 이룬다. 옛사람들의 언어사용방법에 대한 새로운 통찰을 가질 수 있게 해준다.

3-8. 멀고먼　　긴눈길의　　싱각눈이　너의로다

긱디의　　외로안즈　　엇던찌눈　싱각ᄂ셔
客　地

너의수도 修道	ᄒᄂ거동 舉動	귀에도	징징ᄒ며 琤琤
눈의도	숨숨ᄒ며	어던찌ᄂ	싱각ᄂ셔
일ᄉ위법 日事違法	ᄒᄂ빗치	눈의도	거살치며
귀의도	들니ᄂ듯	아마도	너의거동 舉動
일ᄉ위법 日事違法	분명ᄒ다 分明	명명흔 明明	이운수는 運數
원흔다고 願	이러ᄒ며	바란ᄃ고	이러홀가
아셔라	너의거동 舉動	아니봐도	보ᄂ듯다
부ᄌ유친 父子有親	잇지마ᄂ	운수조ᄎ 運數	유친이며 有親
형제일신 兄弟一身	잇지마ᄂ	운수조ᄎ 運數	일신인가 一身
너의역시	ᄉ룸이면	남의수도 修道	ᄒᄂ법을 法
응당이 應當	보지마ᄂ	엇지그리	ᄆᆞᆯ몰흔고
지각읍ᄂ 知覺	이것드라	놈의수도 修道	본을바다 本

셩디우셩(誠之又誠) 공경히셔(恭敬) 졍심수신(正心修身) ᄒᆞᆼ엿시라

아무리 그러히도 이니몸이 일이되니

은덕이야(恩德) 잇지마는 도셩입덕(道成立德) ᄒᆞᆫ법은(法)

한가지ᄂᆞᆫ 졍셩이오(精誠) 혼가지ᄂᆞᆫ ᄉᆞ룸이라

부모의(父母) 가라치믈 아니듯고 낭유ᄒᆞ면(浪遊)

금수의(禽獸) ᄀᆞ직ᄒᆞ고 ᄌᆞ힝ᄌᆞ지(自行自止) 안일년ᄀᆞ

우숩다 너의ᄉᆞ룸 ᄂᆞ는도시(都是) 모를너라

부ᄌᆞ형제(父子兄弟) 그가운디 도셩입덕(道成立德) 각각이라(各各)

디져세상(大抵世上) ᄉᆞ룸즁의 졍셩잇ᄂᆞᆫ(精誠) 그ᄉᆞ람은

어진ᄉᆞ룸 분명ᄒᆞ니(分明) 작심으로(作心) 본을보고(本)

졍셩공경(精誠恭敬) 업단말가 이달ᄒᆞ다 너의들은

츌듕ᄒᆞᆫ(出衆) 현인들은(賢人) 바릴쥴 아니로되

스룸의	아릭되고	도덕의 道 德	못미츠면
주작지얼 自 作 之 孼	이라도	느눈쏘흔	흔이로다 恨
운수야 運 數	조커니와	닥가야	도덕이라 道 德
너의라	무슨팔주 八 字	불노주득 不 勞 自 得	되단말가

풀 이 　멀고 먼 객리길을 가면서도 생각나는 것이라곤 두고 온 너희들 생각밖에는 없구나! 객지에 외로이 앉아있노라니 때때로 너희들에 대한 그리움이 사무친다. 너희들이 용담에서 수도하는 거동들이 귀에 옥구슬이 굴러가듯 쟁쟁하게 들리고, 눈에도 그 모습이 삼삼하다! 어떤 때는 또 너희 모습이 생각나는데, 일상적 거동이 법도에 어긋나 그 모습의 빛이 내 눈에 거슬리고 귀에까지 들리는 듯하다. 그렇게 나의 이목을 자극하는 것을 보면 너희들의 거동이 일상적인 작법에 어긋나는 것이 분명하구나!

　하느님과 내가 해후한 이 밝고도 또 밝은 운수는 누가 함부로 원한다고 해서 그렇게 될 수 있는 것이 아니고, 또 바란다고 그렇게 성취되는 것이 아니다. 아서라! 너희 거동을 내 두 눈으로 직접 볼 수는 없지만, 아니 봐도 보는 듯하다. 수도의 정도를 걷는다는 것은 정말 어려운 일이다. 부자유친이라는 말이 있지만, 득도의 운마저 유전되는 것은 아니다. 형과 동생이 한 몸이라는 말이 있지만, 득도의 운마저 한 몸일 수는 없는 것이다. 그것은 오직 나 자신의 성실한 노력에 의하여 이룩되는 것이다.

너희 역시 사람다운 사람이라면 훌륭한 타인이 수도하는 법을 응당 보게 될 것이다. 그러나 너희들은 가슴을 닫고 배우려 하지 않는다. 어찌 그리도 매몰차고 쌀쌀하냐?(※ "매몰하다"는 우리말이다. 한자를 댈 필요없다).

모자라는 이것들아! 훌륭한 타인의 수도하는 것을 겸허히 받아들이고 본을 받아 정성을 다하고 또 정성을 다하여 공경된 자세로 마음을 바르게 하고 몸을 닦아라!

아무리 정심수신의 바른 자세를 너희들에게 권유하고 있으나, 나 수운은 너희들을 떠나 객지로 가고 있으니, 참으로 딱하기 그지없다. 내가 이미 가르쳐놓은 은덕이 너희들에게 남아있겠지마는, 도를 이루고 덕을 세우는 법은 그 핵심이 다음 두 가지에 달려있다. 그 한 가지는 천지대자연의 성실함을 본받는 정성이요, 또 한 가지는 사람 그 자체의 인품이다.

인간이 태어나서 부모님의 가르침을 아니 듣고, 제멋대로 인생을 낭비하고 놀기만 한다면 금수와 다를 바가 없다. 사람이 자기

멋대로 행동하고 자기 멋대로 그만두고 한다면, 그것은 인간으로서 기본자세가 글러먹은 것이다.

우습도다! 나 수운이 너희들 인간됨됨이를 다 알 수는 없는 것이다. 가까운 부자형제를 예를 들어 보더라도 그들이 도성입덕하는 방식은 모두 제각기 다르다.

대저 세상사람 중에 가장 중요한 것은 성실함이다. 정성 있는 그 사람은 어진 사람(인仁을 실천하는 사람)이 분명하니 작심하여 본을 받아라! 어찌 그런 사람을 정성과 공경으로 대하지 않을 수 있단 말이냐!

애달프다! 너희들은 출중한 현자가 되는 것을 꿈꾸지는 않는다 해도, 인간 이하의 말종이 되고, 도덕이 없는 인간이 된다는 것은 스스로 지어낸 재앙(※『서경』「태갑」에 하늘이 지은 재앙은 피할 수 있지만天作孼, 猶可違; 인간이 스스로 지은 재앙은 피할 길이 없다自作孼, 不可逭。라는 말이 있다. 『맹자』「공손추」상4에도 나온다. 나의 책『맹자, 사람의 길』상上, pp.248-9를 볼 것)이라 할지라도 나의 가슴에는 한이 맺히는 일이로다. 운세를 아무리 좋게 타고 태어난다 할지라도, 실존의 노력으로 닦지 아니하면 도덕이 될 수 없다. 너희들이 무슨 팔자가 그렇게 좋다고 노력하지 않고 거저 먹으려 한단 말인가?

보충 설명　용담에 두고 온 도인들의 긍정적인 측면과 부정적인 측면을 함께 지적하면서 참된 교훈을 전하려고 노력하고 있다. 이 가사의 이름이 왜 "교훈가"인지도 명확하게 알 수 있다. 수운이 말하는 모든 신비로운 경지는 오로지 인간의 실존적 성실한 노력에 의하여 달성되는 것임을 알 수 있다. 수운은 진정한 교육자였다. 그래서 만인의 "선생님"이 된 것이다.

3-9.

힘음업는	이것들아	날노밋고	그러호냐
느눈도시 都是	밋디말고	호눌님을	미덧셔라
네몸의	모셔시니	슨근췸원 捨近取遠	호단말가
늬역시	바라기눈	호눌님만	젼여밋고 專
히몽못호 解蒙	너의들은	셔칙은 書冊	아죠폐코 廢
수도호기 修道	힘쓰기눈	그도쏘호	도덕이라 道德
문쟝이고 文章	도덕이고 道德	귀어허슨 歸於虛事	될가보다
열세ᄌ 十三字	지극호면 至極	만권시셔 萬卷詩書	무엇호며

심학이라 ㅎ여스니 불망기의 ㅎ엿셔라
心學 　　　　　不忘其意

현인군ㅈ 될거시니 도셩입덕 못미칠가
賢人君子 　　　　道成立德

이가치 쉬운도를 ㅈ포ㅈ기 ㅎ단말가
　　　道 　　　自暴自棄

이달다 너의ㅅ롬 엇지그리 미몰ㅎ고

탄식ㅎ기 괴롭도다 요순가튼 셩현들도
嘆息 　　　　　堯舜 　　聖賢

불초ㅈ식 두엇시니 혼홀거시 업다마는
不肖子息 　　　　恨

우션의 보눈도리 울울혼 이니회포
　　　道理 　　　鬱鬱 　　懷抱

금ㅊㅎ니 눈감이오 두ㅈㅎ니 이달히셔
禁 　　　　難堪

강작히 지은문ㅈ 귀귀ㅈㅈ 살펴니야
強作 　　　　文字 　　句句字字

방탕지심 두지말고 이니경계 바다니야
放蕩之心 　　　　　警戒

셔로만눌 그시졀의 괄목상디 되게드면
　　　　時節 　　刮目相對

질겁기눈 고ㅅㅎ고 이니집안 큰운수라
　　　　姑捨 　　　　　運數

이글보고　긔과ᄒ야　　눌본다시　수도ᄒ라
　　　　　改過　　　　　　　　　修道

부디부디　이글보고　　놈과가치　ᄒ엿스라

너의역시　그러타가　　말ᄂᆡ지ᄉ　불민ᄒ면
亦是　　　　　　　　末來之事　不憫

눌노보고　원망홀가　　ᄂᆡ역시　　이글젼ᄒᆡ
　　　　　怨望　　　　　亦是　　　　傳

효험업시　되게드면　　네신슈　　ᄀ련ᄒ고
效驗　　　　　　　　　身數　　　可憐

이니말　　헷말되면　　그역시　　수치로다
　　　　　　　　　　　　　　　　羞恥

너의역시　ᄉ람이면　　싱각고　　싱각홀가
亦是

풀이　하염없는 나의 제자들아! 너희들이 불로자득하려 하는 것은 나 수운을 믿고 그러한 것이냐? 아서라! 제자들아! 나 수운은 도시 믿지 말고 하느님만 믿었어라!(※여기 "믿는다"는 동사는 기독교에서 말하는 신앙, 즉 "to believe in"의 뜻이 아니다. 우리말의 "믿는다"는 "신뢰한다" "의지한다"는 뜻이다. "나 사람을 믿지 말고 하느님을 믿어라"라는 명제는 수운사상의 핵심적 테마이다. "하느님"은 개체적 존재자일 수 없다는 것이다).

네 몸Mom이 하느님을 모시고 있는데, 그토록 가까운 하느님을
버리고 먼 곳에서 하느님을 찾으려 한단 말인가!

(※ 여기 "사근취원捨近取遠"은 『주자어류』에는 "사근구원捨近求遠"이라
는 표현으로 나오고, 『근사록』의 주요테마이기도 하다. 수운의 아버지 "근
암공"이 1808년 호를 "謹庵"에서 "近庵"으로 바꾼 것도, 쓸데없이 과거
볼 생각 말고 가까운 현실 속에서 진실하게 살아야겠다는 뜻으로 고친 것
인데, "근사近思"의 정신에서 따온 것이다. 공자는 "하학이상달下學而上
達"「헌문」이라는 말을 하였고 맹자는 "구인막근언求仁莫近焉"「진심」上이
라 하였다. 『역』「계사하」에는 "근취저신近取諸身"이라는 말이 있다. 정이
천은 "근사"가 무엇이냐라고 묻는 제자의 말에 "이류이추以類而推"라 하
였다. 비근하고 닮은 것들을 통해 추론해나간다는 뜻이다.

하학이상달의 정신은 수운의 정신세계를 이해하는 데 필수적이다. 하
느님은 하학의 세계를 상달의 세계로 이끌어가는 현실적이면서도 이상적
인 존재[존재자가 아님]인 것이다. 이러한 사유의 근본정신은 노자의 "거피
취차去彼取此"[저것을 버리고 이것을 취한다. 12장, 38장, 72장]에서 왔다고도 볼
수 있다. 저것은 먼 것이요, 이것은 가까운 것이다. 하느님을 저것이라고
만 생각하는 당대의 모든 사람들에게 수운은 하느님은 이것이라고 선포하
고 있는 것이다. "사근취원"을 비판하는 수운의 사유는 수운신관의 핵을
이루는 것이다).

내가 정말 너희들에게 바라는 것은 오로지 정신을 집중하여
하느님만을 생각하라는 것이다. 몽매에서 아직 벗어나지 못한 너

희들은(※ "해몽"은 "解夢"이 아니라 "解蒙"이다. "解蒙"은 장횡거의 "正蒙"에서 왔다) 아예 어설픈 서책들은 안 읽어도 좋다고 생각한다. 오직 수도하는 데만 전념하여도 도덕을 이룰 수 있다고 나는 생각한다. 인간의 고귀함은 도덕에 있는 것이지 지식에 있지 아니하다. 괜히 서책이나 뒤적거리며 자의식이 생기면, 문장이고 도덕이고 모두 허사虛事로 돌아가버릴 가능성이 크다.

내가 말한 본주문 13자라도 지극히 외우고 그 뜻을 상고하면 만권시서를 읽은 것보다 더 나을 수가 있다. 학문의 궁극이 무엇이뇨? 결국 수천년 유학의 결론인즉 마음을 다스리는 공부, 즉 심학心學이라 하였으니, 그 뜻을 잊어버려서는 아니 될 것이다(※ 여기 "심학"은 육상산의 심학이나 양명의 심학을 가리키는 것이 아니라, 송명유학 그 전체를 가리키는 키워드이다). 마음만 잘 다스려 천리天理를 존存하게 되면 너희들은 현인군자가 될 것이니, 도성입덕하는데 뒤떨어질 이유가 무엇이뇨? 내가 선포하는 무극대도는 이같은 쉽고 가까운 도인데 너희들이 딴짓을 일삼으며 자포자기한다는 것이 도대체 말이 되느냐?

애달프다 너희 사람 어찌하여 그리도 매몰차게 마음이 닫혀있느냐? 탄식하기조차 괴롭구나! 요임금, 순임금 같은 성현들도 자식들이 아주 불초한 놈들이고 보면(요堯의 큰아들은 단주丹朱, 순舜의 큰아들은 상균商均인데 모두 못난 인물이라서 제위를 받지 못했다. 사마천의 기술. 그래서 요순시대의 선양제도가 중국정치사의 이상이 되었다. 제위帝位

는 핏줄과 상관없는 능력으로 전해졌다), 나 또한 너희들을 바라보며 한 탄만 할 것도 아니겠다마는, 우선 내 눈에 보이는 이치가 답답하 구나! 울적하고 답답한 이 내 회포는 금禁차 하니 감당키 어렵고, 그대로 두자 하니 애달픈 심사가 사무치는 것이다.

그래서 억지로 기운을 내어 이 문장을 지은 것이니, 너희들은 한 구절 한 구절, 한 글자 한 글자 모두 자세히 살펴 내 속뜻을 짚 어내야 한다. 제발 방탕한 마음으로 이 글을 대하지 말기를 원하 노라.

너희들이 내가 경계하는 것을 잘 알아듣고 실천하기만 한다 면, 우리가 서로 다시 만나는 그 시절에, 너희들의 모습에 괄목할 만한 변화가 일어났다고 하자! 그것이 얼마나 기쁜 일일까? 즐거 운 것임은 더 말할 나위도 없고 이것은 우리 집안(도문道門)의 큰 운수이니라!

이 글을 보고 자신들의 잘못을 고치고, 나를 직접 보는 듯이, 기존의 타성에서 벗어나 새롭게 수도하라! 부디부디 이 글을 읽고 어진 사람들과 함께 도를 지키라!

너희들이 그렇게 열심히 수도하다가 말래지사(앞으로 다가오는 종말, 미래의 결과)가 딱하고 가엽게 되면 나를 원망하겠구나!

(※ 여기서 갑자기 수운의 톤은 낙관에서 비관으로 바뀐다. 수운은 뭔가

자기인생의 종말에 대한 비감을 항상 떨쳐버리고 있질 못하다. 자신의 격려에도 불구하고 비극적 결실이 찾아올 수도 있다는 것이다. 희·비를 초월하는 경지에 수도의 궁극적 의미가 있으나 범인은 그러한 경지에 미치지 못한다).

나 역시도 이 글을 너희에게 전한다마는 아무런 효험(이것이 곧 "신험"이다)**이 없게 되면 너희들 신수가 가련할 뿐이요, 이 나의 간곡한 언어들이 다 헛말이 되어버린다면 그 또한 나의 수치로다. 아~ 너희가 진실로 사람다운 사람이라고 한다면 이러한 비극적 종말까지도 생각 아니할 수는 없는 것이다.**

<u>보충 설명</u> 마지막의 "생각고 생각할가"는 진실로 많은 의미를 함축한 심오한 엔딩이다. 옛말의 어미는 심오하고 또 심오해서 그 뜻을 다 헤아리기 어렵다. 비극적 종말이 다가온다 할지라도 수도修道의 본질은 그러한 현세적 희·비에 구애되지 않는다는 것을 암시하고 있다. 「용담가」도 "평지되기 애달하다"로 끝난 것을 생각하면 수운의 사유는 상반적 가치를 동시에 융합하는 복잡계적 구조를 가지고 있다고 말할 수 있다.

이 단에서 드러나고 있는 수운의 절절한 마음은, 오늘을 사는 모든 교육자들의 심정이 되어야 할 것이다.

제4장
도수사

전체개요 수운의 여로는 계속되었다. 구례에서 「교훈가」라는 장편 대작을 쓴 보름 후에는 남원으로 갔다. 남원에서 그는 광한루 아랫길에서 제법 큰 약종상을 운영하고 있던 서형칠을 만난다. 서형칠은 인물을 알아보는 견식이 높은 대인이었다. 서형칠은 단숨에 수운이 단지 물리적 교역의 수준이 아닌, 사상의 교류가 이루어질 수 있는 자이언트라는 것을 알아차린다. 그리고 교룡산성에 암자 하나를 마련하기까지 읍내에 있는 자기집에서 우선 머물기를 권한다. 서형칠은 지식인(한의사에 해당)으로서 수운이 필요로 하는 모든 생활기반을 제공했다. 솜이불이라든가, 좋은 솜으로 누빈 겨울옷이라든가, 저술에 필요한 지필묵 등등의 모든 편의를 제공했다.

수운은 역시 또 고독했다. 그 새로운 풍요로운 조건 속에서도, 이색적인 풍광의 참신한 기운을 쐬어가며 수운은 또다시 붓을 든다.

「교훈가」가 완성된 보름 후에 다시 남원 광한루 아랫동네에서 쓴 글이 바로 이 「도수사」이다.

「도수사」는 문자 그대로, 도道를 어떻게 닦아야 하나에 관한 담론이다. 그러니까 제목만 바뀌었지 「교훈가」의 테마가 연속되고 있음을 알 수 있다. 수운은 용담에서 도를 닦고 있는 도인들의 수도자세에 관하여 애타는 돌봄의 심사가 끊임없이 끓어오르고 있는 것이다.

그러나 이 「도수사」는 일반민중을 향한 글이라기보다는 중견 지도자들을 효유하여 용담연원의 도통을 지키려는 목적을 지닌 글이라 말할 수 있다. 자세한 내용은 본문에 즉하여 설설設說하기로 한다.

도 수 사
道 修 詞
(일빅구)

4-1. 광디훈 　　이턴디에 　　졍쳐업시 　　발졍ᄒ니
　　　廣 大 　　　天 地 　　　　定 處 　　　發 程

　　　울울훈 　　이닌회포 　　붓칠곳 　　바이업셔
　　　鬱 鬱 　　　懷 抱

　　　쳥녀를 　　벗슬삼아 　　여창의 　　몸을비겨
　　　靑 藜 　　　　　　　　　旅 窓

　　　뎐젼반측 　　ᄒ다가셔 　　홀연이 　　싱각ᄒ니
　　　輾 轉 反 側 　　　　　　忽 然

　　　ᄂᆞ도쏘훈 　　이세상의 　　텬은이 　　망극ᄒ야
　　　　　　　　　　世 上 　　　天 恩 　　　罔 極

　　　만고업논 　　무극디도 　　여몽여각 　　바다니야
　　　萬 古 　　　無 極 大 道 　　如 夢 如 覺

　　　귀미용담 　　됴흔풍경 　　안빈낙도 　　ᄒ다가셔
　　　龜 尾 龍 潭 　　　風 景 　　安 貧 樂 道

　　　불과일년 　　지닌후에 　　원쳐근쳐 　　어딘션비
　　　不 過 一 年 　　　　　　遠 處 近 處

　　　풍운가치 　　모아드니 　　낙듕우락 　　안일넌가
　　　風 雲 　　　　　　　　　樂 中 又 樂

이니됴분	소견으로 所見	교법교도 敎法敎道	ᄒ다가셔
불과일년 不過一年	디닌후에	망챵혼 茫蒼	이니거름
불일발졍 不日發程	ᄒᄌᄒ니	각처의 各處	모든버즌
편언쳑ᄌ 片言隻字	바이업고	세쇄ᄉ졍 細瑣事情	못미치니
양협혼 量狹	이니소견 所見	수쳔리 數千里	밧게안ᄌ
이제야	ᄺᆡᆻ닷고셔	말을ᄒ며	글을지여
쳔리고향 千里故鄉	젼ᄒᆡ주니	어질고	어딘버즌
민몰혼	이니ᄉ람	부딘부딘	갈디말고
셩경이쓰 誠敬二字	디켜니야	ᄎᄎᄎᄎ	닥가니면
무극디도 無極大道	안일넌가	시호시호 時乎時乎	굿디오면
도셩입덕 道成立德	안일넌가		

풀 이　하늘아래 이 광대하고도 막막한 대지 위에 나는 정해진

곳도 없이 울적한 여로를 시작하였다. 울울한 이 내 회포, 붙일 곳 바이없어 청려를 벗삼아 여창旅窓(여인숙의 창가)에 몸을 비겨("비기다"는 기대다, 의지하다, 빗대서다는 뜻) 이리 딩굴 저리 딩굴 잠 못이루는 달밤에(※ "전전반측"은 『시경』의 첫 수 「관저」에서 왔다) 홀연히 생각하노라!

(※ "청려"는 1년생 명아주풀이지만 가볍고 단단한 지팡이가 될 수 있다. 「정선아리랑」 가사에 이런 말이 있다: "세파에 시달린 몸 만사에 뜻이 없어 홀연히 다 떨치고 청려를 의지하여 지향없이 가노라니 풍광은 예와 달라 만물이 소연한데 해저무는 저녁노을 무심히 바라보며 옛일을 추억하고 시름없이 있노라니 눈앞에 왼갖 것이 모두 시름뿐이라." 「정선아리랑」은 수운시대에도 부른 노래였다. 수운의 가사와 「정선아리랑」의 가사 사이에는 놀라운 디프 스트럭쳐의 소통이 있다).

나도 또한 이 세상에 태어나서 망극한 하느님의 은혜를 입어, 만고에 없는 무극대도를 꿈결인지 생시인지 신비롭게 받아내어, 구미용담의 수려한 풍경 속에서 안빈낙도의 삶을 즐기게 되었다. 한 일년 동안 자신을 갈고 닦은 후에 포덕의 문을 열었는데, 먼 곳 가까운 곳 할 것 없이 어진 선비들이 비구름처럼 몰려드니, 이것이야말로 인생의 낙 중에서 가장 고귀한 낙이 아니겠는가!

내가 무슨 대가도 아니고 좁은 소견의 서생일 뿐이지만, 소신대로 법法(원리적 측면)을 가르치고 도道(방법론적 측면)를 가르쳤다. 몇 개월 동안 열심히 가르쳤으나 내가 제어할 수 없는 오해와 음해가 일어나 불현듯 갑자기 망창한 걸음으로 여행을 떠나지 않을 수 없었다(※"망창茫蒼"은 갑자기 큰일을 당하여 앞이 아득한 모양).

각처 많은 벗들이 있지마는 그들에게 편언척자(한마디의 말)도 남길 수 없었고, 내가 떠나야만 했던 자질구레한 사정을 전하지도 못했으니, 이는 나의 소견과 역량이 좁은 까닭이리라. 수천리 밖으로 떠나와서 이제야 좀 마음의 여유가 생기니 내 소견이 좁았다는 것을 깨닫게 된다. 좁은 소견에 대한 보상으로 읊어가며 글을 지어(※그가 한글가사를 실제로 읊어가며 글로 옮겼다는 것을 알 수 있다) 천리밖 고향에 있는 벗들에게 전해주노니, 어질고 어진 벗들이여! 매정한 이내 사람 탓하지 말아주오. 부디부디 그대들의 마음속에서 나를 지우지 말아주오(※"갈디말고"는 "갈다"에서 왔다. "체대替代," "대신하다"의 뜻이다).

나를 잊지말고, 내가 간곡히 부탁한 성誠(천지대자연의 모습)과 경敬(성을 대하는 인간의 자세), 두 글자의 뜻을 지켜내어 차차차차 닦아내면 그대들도 무극대도에 도달할 수 있을 것이오. 때다! 때다! 바로 그 개벽의 때가 오면 우리는 모두 도성입덕의 대장부가 되어있을 것이라오.

보충 설명   같은 사태를 기술하는 수운의 태도가 가사마다 다르다. 여기는 득도에 대한 이야기는 없고, 급히 편언척자도 남기지 못하고 용담을 떠날 수밖에 없었던 처지에 대한 후회나 안타까

움, 그런 인간적 감정이 매우 애절하게 표현되어 있다. 나의 제자들이 나를 잊어버릴 수도 있다는 소외감이 불안으로 노출되어 있다. 실존철학이 대체적으로 "불안Angst, Sorge"에서 출발한다는 것도 상기할 필요가 있다.

문장의 질감에 겸손함이 표현되어 있는데, 이것으로도 이 글의 대상이 대중이라기보다는 중견지도자라는 사실을 알 수 있다. 선포의 글이라기보다는 설득의 글이라는 것을 알 수 있는 것이다.

4-2.

어디두	모든버즌	우미훈 愚 昧	이니ᄉ람
잇디말고	싱각ᄒ소	성경현젼 聖 經 賢 傳	살펴시니
연원도통 淵 源 道 統	아지마ᄂ	ᄉ댱ᄉ댱 師 長 師 長	셔로젼ᄒ 傳
반ᄂ거시	연원이오 淵 源	그듕의	가장놉ᄒ
신통뉵예 身 通 六 藝	도통일세 道 統	공부ᄌ 孔 夫 子	어딘도덕 道 德
일관으로 一 貫	일음히도	삼텬제ᄌ 三 千 弟 子	그가운디
신통뉵예 身 通 六 藝	몃몃친고	칠십이인 七 十 二 人	도통히셔 道 通

견쳔추 前千秋	후쳔추의 後千秋	일관으로 一貫	견ᄎᆞ히도 傳
일쳔년 一千年	못디니셔	견ᄌᆞ방 田子方	단간목이 段干木
눈법눈도 亂法亂道	ᄒᆞ엿시니	그안이	슬플소냐
어디ᄃᆞ	이니버즌	ᄌᆞ고급금 自古及今	본을바다 本
순리순수 順理順受	ᄒᆞ엿스라		

풀 이   어질도다! 나의 벗들이여! 나 수운은 비록 우매한 사람일지라도 잊지말고 기억하소. 그대들이 성현의 경전을 두루 살폈다면, 연원이 무엇인지, 도통道統이 무엇인지 당연히 알고 있을 것이요(※ "성경현전聖經賢傳"은 정확한 출전이 있다. 당나라 한유韓愈의 「답은시어서答殷侍御書」에 나온다. 성인이 지은 경經과 현인의 저작이라는 뜻인데 "전傳"은 "경經"의 의미를 풀어 후세에 전한다는 뜻이 있다. 『주역』의 경과 전의 용례에서 이런 말이 생겨난 것이다).

   사장師長과 사장師長 사이에서 서로 전해받은 것이 연원을 형성하는 것이요(※ "사장"은 師丈이 아니라 師長이다. 師長은 중관衆官의 장長이며, 스승, 교사, 대부大夫의 뜻이 있다. "사장師丈"은 노승老僧의 존칭이다. 여기에 적합지 않다), 그 중에서도 지고한 경지에 도달하여 몸으로

육예를 통하는 자가 도통을 형성하는 것이다(※여기 "도통"은 "道通"이 아니라 "道統"이다. 명사화된 용법이며 송유들의 관념이다).

공부자孔夫子(※영어로 "Confucius"라고 하는 것도 "공부자"에서 왔다)는 자신이 말하는 인仁의 도덕체계를 "일이관지一以貫之"(일관된 관점으로 변치 않는다)라고 표현하여 그 일관성을 강조하였소(※『논어』「이인」15를 참고할 것. 그에 대한 자세한 설명은 나의 『논어한글역주』 제2권 pp.175~188을 볼 것). 공자가 기른 제자가 3천 명에 이른다 하였으나 그 중에 신통육예한 자가 과연 몇 명이나 될 것 같소?

사마천이 「공자세가」 속에서 신통육예한 자가 72명이라 하였고, 그들이 도통道通하여 천년만년 영구히 일관으로 후세에 그 도통道統을 전하리라고 생각했소. 그러나 긴 시간도 지나지 못하여 전자방과 단간목 같은 인물이 공자가 말한 인仁의 법을 어지럽히고 유도를 망쳐놓고 말았으니, 그 아니 슬픈 일이 아니겠소?

(※전자방과 단간목은 중국역사에서 결코 부정적으로 언급되는 인물이 아니다. 전자방은 공자의 수제자인 자공子貢의 제자이고, 단간목은 공자의 제자 자하子夏의 제자이다. 전자방과 단간목은 친구였는데 이 두 사람은 위문후魏文侯를 도와 전국戰國의 패도시대를 열었다. 이 위문후의 손자가 바로 맹자가 토론을 즐겼던 양혜왕이다. 수운은 전자방과 단간목이 왕도가 아닌 패도의 시대를 열었으므로 공자의 인의 사상의 일관성을 좌절시킨 난법난도의 인간들이라고 부정적인 평가를 하고 있는 것이다.

전자방과 단간목은 모두 공자의 손제자인데 손제자 정도만 내려와도 벌써 사상의 정통성은 왜곡되고 만다는 것이었다. 수운은 자기 사상의 일관성이 왜곡되는 것을 우려하고 있는 것이다. 그래서 제자들에게 전자방과 단간목과 같은 우를 범하지 말고, 용담연원을 바로 세우라고 당부하고 있는 것이다. 고전의 전체적 맥락을 모르고 국부적이고 피상적인 말의 뜻만 조합하면 도무지 수운이 무엇을 말하고 있는지 알 길이 없다. 수운의 고전이해의 깊이에 경탄을 금치 않을 수 없다).

어진 나의 벗들이여! 예로부터 지금까지 내려오는 역사적 지혜를 통찰하여 본을 받아 순리순수順理順受 참된 도통을 이어나가도록 하시오.

보충 설명 짧은 단락이지만, 수운의 역사이해의 심도와 용담연원에 대한 고집을 잘 나타내고 있다. 수운의 도통의식은 결코 불가선종이나 송유들에게서 정형화된 폐쇄적 정통의식을 가리키지는 않는다. 수운의 깨달음이 워낙 새로운 것이기 때문에 바르게 전수되어야 한다는 것을 강조하고 있는 것이다.

4-3. 십년을　　공부ᄒᆡ셔　　도셩입덕　　되게더면
　　　十 年　　　工 夫　　　道成立德

　　　속셩이라　　ᄒᆞ디마ᄂᆞᆫ　　무극ᄒᆞᆫ　　이ᄂᆡ도는
　　　速 成　　　　　　　　　無 極　　　　　　道

　　　삼년불셩　　되게더면　　그아니　　헛말인가
　　　三 年 不 成

급급호 急急 　제군드른 諸君 　인ᄉ논 人事 　아니닥고

텬명을 天命 　바라오니 　졸부귀 猝富貴 　불상이라 不祥

만고유젼 萬古流傳 　안일넌가 　수인ᄉ 遂人事 　디텬명은 待天命

ᄌ세이도 仔細 　아디마는 　엇디그리 　급급호고 急急

인지지딜 人之才質 　가려니야 　상듕ᄒ지 上中下才 　잇디마는

양협호 量狹 　이니소견 所見 　활달호 豁達 　현인군ᄌ 賢人君子

세상을 世上 　탄식히셔 歎息 　심망의촉 心忙意促 　ᄒ눈비츨

의심업시 疑心 　ᄂ타니니 　입도호 入道 　그가온디

몰몰호 沒沒 　디각ᄌ는 知覺者 　말노듯고 　입도히셔 入道

입을비와 　듀문일너 呪文 　도셩입덕 道成立德 　무어신디

나도득도 得道 　너도득도 得道 　효박호 淆薄 　이세상의 世上

불ᄉ호 不似 　져ᄉ름은 　엇디져리 　불ᄉ호고 不似

어디다 모든버즌

위가미덥디 못ᄒ면

위가공경치 못ᄒ면
恭敬

이런일을 본다히도

이ᄂ역시 그러히도
亦是

도셩입덕 무어시며
道成立德

현인군ᄌ 무어시며
賢人君子

부인의게 관계ᄒ니
婦人   關係

이런비치 왜잇으며

져도역시 고이ᄒ니
怪異

유시부 유시쳐라
有是夫 有是妻

현슉ᄒ 모든버즌
賢淑

ᄌ세보고 안심ᄒ소
仔細   安心

아리가 의심ᄒ며
疑心

아리가 거만ᄒ니
倨慢

칙진원수 안일넌가
責在元首

수신제가 아니ᄒ고
修身齊家

삼강오륜 다바리고
三綱五倫

가도화순 ᄒᄂ법은
家道和順   法

가쟝이 엄슉ᄒ면
家長   嚴肅

부인경계 다바리고
婦人警戒

졀통코 이달ᄒ다
切痛

ᄒᄂ도리 업다마는
道理

ᄎᄎᄎᄎ 경계히셔
警戒

안심안도　　후여주소　　　니가역시　　수치후면
安心安道　　　　　　　　　　　　亦是　　　　羞恥

지방훈　　　즈니드른　　　불미디스　　안일넌フ
在傍　　　　　　　　　　　　不美之事

관기동졍　　후디말고　　　딘션딘미　　효유히셔
觀其動靜　　　　　　　　　　盡善盡美　　曉諭

이니수치　　씨셔주면　　　그아니　　　셩덕인가
　　羞恥　　　　　　　　　　　　　　　　盛德

풀 이 　보통 세상에서는 십 년을 죽으라고 공부해서 도성입덕
하였다고 한다면 그것도 매우 빨리 성취된 것이라고 말할 것이다
(※ “도성입덕”은 수운에게 내면화된 말이며 수운 스타일로 관용구화 된 표현
이다. 대체적으로 본다면 “인격의 완성” 정도에 해당되는 뜻으로 쓰고 있다.
그러나 여기서는 현실적인 공부를 말하는 것이므로 과거를 볼 실력이 된다는
뜻으로 해석해야 할 것이다). 그러나 그러한 세속적 공부와는 달리 내가
깨달은 무극대도에 도달한다는 것은 죽으라 공부했는데 삼 년에도
이루어지지 않는다면 그것은 헛말이라 해야 할 것이다(※ 삼 년이면
충분하다는 뜻과 최소한 삼 년은 공부해야 한다는 뜻을 동시에 내포한다).

　　그런데 마음이 조급한 그대들은 인사人事는 아니 닦고 천명天
命에 곧바로 도달하는 생각을 가지고 있는 듯하다. 다시 말해서
하학下學의 공부가 없이 상달上達만을 바란다는 것이다. 무엇이든

지 급히 달성되는 것, 갑자기 부자가 되었다든가, 갑자기 고관高官이 되었다든가 하는 것은 모두 상서롭지 못한 것이다. 오히려 액운을 몰고 온다. 이것은 만고에 전해내려오는 진리가 아니겠느냐?

사람으로서의 도리를 다할 때만이 천명을 바라볼 수 있다는 이치는 이 세상에 자세히 알려진 이야기인데, 그대들은 어찌하여 그다지도 조급한 삶의 자세를 가지고 있는가?(※ "수인사대천명"의 "수"를 "修"로 쓰는데 그것은 위에 있는 "아니닥고"의 맥락을 이은 것이다. 그러나 그것은 "不修"라는 부정의 맥락이다. 여기서는 독자적인 관용구의 표현이며, "진인사대천명"의 다른 말이다. "수"는 "진盡"의 뜻과 상통하는 "遂"로 보는 것이 더 자연스럽다).

사람의 재질을 가려, 흔히 상재上才다, 중재中才다, 하재下才다라고 고착적으로 분별하고 있지만, 소견이 좁은 내 의견일지는 모르겠으나, 아주 경망스럽게 설치는 현인군자라 하는 자들이 세상을 냉소적으로 바라보며 탄식하고 심망의촉(※ "심망의촉"은 "심망의급心忙意急"이라고도 한다. 경망스럽게 판단하는 것)하는 낯빛을 의심없이 드러내는데, 이런 자들을 현인군자라고 평가할 수는 없는 것이다(※ 세속적 상재가 꼭 상재일 수 없다는 뜻. 도인들 중에서도 지식인임을 자처하는 중견지도자들을 경계하는 의미를 담고 있다).

입도한 자들 중에서 몰지각한 사람들은 자신의 실존적 자각이 없이 남의 말만 듣고 덩달아 입도하여 입으로만 배우고 건성 주문만을 뇌까리고 있으니, 과연 이들에게서 도성입덕을 기대할 수 있겠는가!(※ "도성입덕"의 의미가 구체화되고 있다. 수운이 말하는 대도의 진의를 깨닫는 것이다).

이런 자들은 나도 득도, 너도 득도, 누구나 다 득도했다고 까발리고만 있으니 과연 득도의 깊은 뜻이 료해될 길이 있겠는가?(※ 자신의 가르침이 점점 천박하게 곡해되는 것을 개탄하고 있다).

효박한 이 세상에 같지않은 저 인간들은 어찌하여 저리도 같지않은고!(※ "같지않다"는 우리말은 "불사不似"라는 한문에서 왔다. "불초不肖"도 부모님과 같지 못하다는 뜻을 나타내는 겸어이다. 여기서는 정말 개똥 같은 녀석들이라는 뜻이다. 지식을 가장하여 분열과 음모를 일삼는 무리들을 비판하는 것이다).

어진 여러 벗들이여! 이런 문제들을 자세히 분별하여 생각해보고, 마음을 가라앉히시오. 위 지도부 사람들이 책임있는 행동을 하지 못하면(※ 믿음직한 행동을 하지 못하면의 뜻. "信" 자는 "미덥다"라는 뜻이다), 아랫사람들이 의심스러워하며, 위 지도부 사람들이 공경한 자세로 매사에 임하지 못하면 아랫사람들이 거만해지고 오만해지는 법이라오. 그렇게 되면 공동체에 균열이 가고 단합이 이루어지질 않소. 이런 일을 본다 해도 결국 책임은 항상 윗사람에게 있기 마련이오(※ "원수"는 "元帥"로 쓰는 것보다 "元首"로 써야 한다. 전자는 군대용어이다. 후자는 일반적으로 리더라는 뜻으로 쓰인다).

책임문제를 묻지 않는다 하더라도 도대체 몸을 닦고 집안을 다스리는 일을 소홀히 하면서 도성입덕을 바란다는 것이 말이나 되오? 삼강오륜의 일반적 윤리강령을 다 내던져버리고 현인군자라고 떠벌이는 것이 도무지 말이 되오? 집안의 도덕이 화평하고 순리적으로 돌아가는 것은 부인에게 달려있다고 나는 생각하오. 그러나 부인이 탈선하는 일은 가장인 남자가 엄숙한 삶의 자세를 유지한다면 일어날 까닭이 없소. 부인으로서 경계해야만 하는 일을 잊어버리는 것은 둘째치고(※ 용담에 모여드는 사람들 사이에서 도덕적으로 탈선하는 사례가 없지 않았던 모양이다. 수운은 공동체유지에 있어서 성모랄이 매우 중요하다고 생각했다), 모범이 되어야 할 남자들조차 괴이한 짓들을 일삼으니 절통하고 또 애달프오. 이 모든 것은 남편의 도덕적 엄숙성에 달려있다고 나는 생각하오. 그 남편에 그 부인일 뿐이오. 내가 어찌 다 그 속사정을 헤아릴 수 있겠소?

현숙한 모든 나의 벗이여(※ "벗"은 남편과 부인을 다 가리킨다. 부부가 아니더라도 결혼한 남자와 결혼한 여자를 개별적으로 지칭할 수도 있다)! 남녀의 문제를 차차차차 경계하며 마음을 가라앉히고 우리 도道를 깨끗하게 하여주오. 나 수운이 부끄러운 일을 당하게 되면 내 곁에 있는 그대들에게도 그것은 불미스러운 일이 아니겠소? 서로 눈치만 보면서 방관자로서 서있지만 말고, 도덕적 선의를 다하고 심미적 감각을 다 발휘해서 서로를 효유하시오. 그대들이 나의 수치를 씻어줄 수만 있다면, 그것이야말로 그대들의 융성한 덕성이 되는 것이 아니겠소?

보충 설명 이 단에서 보면 대상이 윗사람, 즉 중견지도자급을 대상으로 이야기하고 있는 것이 매우 명료해진다. 그리고 수운은 인간의 재질을 평가하는데 결코 세속적 지식을 기준으로 하지 않는다는 것을 알 수 있다. 수운의 인간관은 반주지주의적anti-intellectualistic이다. 그러기에 그만큼 본질적으로 평등주의적egalitarian이다.

　동학의 역사에서 이런 문제를 솔직히 다루고 있지 않지만, 용담의 공동체에 "성문란"의 주제는 매우 심각한 의제였던 것 같다. 그만큼 수운은 도덕적으로 결백했고, 또 초기공동체를 순결하게 이끌려고 노력했던 사람이었다는 것을 알 수 있다. 모든 것은 정직하게 논의되어야 한다. 수운은 모든 것을 숨기지 않고 말한다. 그래서 『용담유사』와 『동경대전』이 위대한 문헌인 것이다.

4-4.

놈의亽장 師長	되는법은 法	니즈불거 來者不拒	안일넌マ
가르치기	위듀ᄒ니 爲主	그밧게	무어시며
남의제즈 弟子	되는법은 法	빅년결의 百年結義	ᄒ온후의
공경이 恭敬	바든문즈 文字	호말인들 毫末	변홀소냐 變

츌듕훈 出衆
작디亽 作之師
亽고성현 自古聖賢
연원도통 淵源道統
가쟝더욱
그아니
무극디도 無極大道
삼칠亽 三七字
우미훈 愚昧
亽시디벽 自是之癖
혼亽안亽
어딕ㄱ셔

제군亽눈 諸君子
작디제라 作之弟
문도드른 門徒
직혀니셔
발켜니야
깃불소냐
닥가니야
젼히듀니 傳
세상亽룸 世上
무삼일고
지여니니
본을보며 本

비비유지 比比有之
亽문성덕 斯門聖德
빅가시셔 百家詩書
공부亽 孔夫子
쳔추의 千秋
니역시 亦是
오눈亽람
무위이화 無爲而化
亽돈지심 自尊之心
亽문의 斯門
쳔추의 千秋
입도훈 入道

훈다히도
안일넌가
외와니야
어진도덕 道德
젼히오니 傳
이세상의 世上
효유히셔 曉諭
안일넌가
다던지고
업눈법을 法
업눈법을 法
亽오삭의 四五朔

엇디그리 속셩인고
速成

풀이 남의 스승이 된다 하는 도리는 배움을 청하러 오는 사람들을 거절치 아니하는 데 있다(※공자도 이런 말을 한 적이 있다: "한 다발의 육포라도 가지고 와서 예를 갖추면 나는 누구라도 가르쳐주지 않은 적이 없었다.自行束脩以上, 吾未嘗無誨焉" 7-7). 스승이라 하는 것은 타인을 가르치는 것을 자기 삶의 중심으로 삼는 것이니, 그 밖으로 크게 신경쓸 일이 없는 것이다. 타인의 제자가 된다 하는 것도 법도가 있는 것이요, 그 법도라는 것은 백년결의(※오랫동안 변치 않겠다는 맹세를 하는 것)를 한 후에 공경스럽게 배운 문자를 호말도 변치 않고 그대로 실천해나가는 것이다. 즉 제자가 되는 것도 의리를 지킬 줄 알아야 하는 것이다.

머리가 좋고 재질이 뛰어난 인재는 곳곳에 있다. 그 중에서 누구는 선생이 되고, 누구는 학생이 되어 서로 사제의 인연을 맺는다는 것은 결코 쉬운 일이 아니니, 가르치는 실력이 있고 배우는 의리를 지킬 줄 아는 자세야말로 우리 용담도문의 성덕이 아닐 수 없다.

(※"작지사 작지제"는 「불연기연」에 같은 용례가 있다: "작지군作之君, 작지사作之師." 여기서 "지之"는 불특정인을 가리키는 지시대명사이다. "사문성

덕"은 "斯門聖德"이 되어야 한다. 수운이 「수덕문」에서 "聖德"으로 썼는데[경진초판], 목천판에서 "盛德"으로 오기하였고, 그 뒤로는 모두 목천판을 따랐다).

우리 도문의 상황뿐만 아니라, 예로부터 성현의 문도들은 제자백가의 이론서적과 그 이전의 『시경』이나 『서경』과 같은 문헌들을 외워내어 그 연원과 도통(the authentic line of transmission)을 지켜내었다. 그래서 공부자(※ 춘추시대 노나라의 사상가. 우리 조선의 유자들은 공부자가 고조선의 문화를 흠모했다고 믿었다)의 인仁을 중심으로 하는 도덕사상을 잘 밝혀내어 그 사상의 원형을 천추에 전하였다. 그 아니 기쁘고 장한 일이 아닐까보냐!

나도 또한 공자와 마찬가지로 이 세상에 태어나서 무극대도를 닦아내었다. 배우겠다고 나를 찾아오는 사람들을 효유하여(※ 이 "효유"라는 말이 "용담유사"가 "遺詞"가 아닌 "諭詞"라는 사실의 근거가 된다는 것을 상기할 것), 21자주문 속에 무극대도를 담아 그들에게 전해주었으니, 내가 인위적으로 조작하지 않아도 그 진리는 스스로 조화의 위력을 발휘해나갈 것이다.

그런데 우매한 세상사람들이 용담에 찾아와, 스스로 고귀한 가능성을 지닌 존재라고 하는 진정한 프라이드는 다 내던져버리고, 자기 생각만이 옳다고 하는 괴벽을 펼치니 참으로 딱한 일이로다.

(※ "자시지벽"은 "自恃"가 아니라 "自是"가 옳다. 『노자』22장에 "不自是

故彰," 24장에 "自是者不彰"이라는 용례가 있다. 같은 의미다)

　　이렇게 자기만이 옳다고 주장하는 경직된 인간들은 사문斯文 (여기서는 정통의 무극대도를 가리킴)에 전혀 없는 법을 혼자 앉아 환상적으로 지어낸다. 나의 무극대도는 천추에 그 유례가 없는 완전히 새로운 법인데, 도대체 그 자들이 어디에서 본을 떴단 말이냐! 입도한지 겨우 네다섯 달도 안 되었는데, 자기들이 득도하였다고 떠벌이고 다니며 남을 가르치곤 하다니, 어찌 그다지도 속성速成일 수가 있겠는가! 참으로 한심하다!

　　보충 설명　모든 종교의 초기교단 내에 공통된 문제가 여기 적나라하게 드러나있다. 바울이 개척한 초기 기독교공동체 내에도 "그노시스"(하느님으로부터 받은 영적인 지식)를 소유했다고 제멋대로 주장하는 그노시스파Gnosticism들의 교란작전 때문에 골머리를 앓았다(디모데전서 6:20, 고린도전서 13:8에 나오는 "지식"이 "그노시스 γνῶσις"이다). 후대에 드러난 그노시스 문헌들을 보면 그들은 그들 나름대로 심오한 철학이 있었던 것 같다.

　　그러나 여기 수운에게 닥친 문제는 아무런 심각한 근거도 없이 마구 도통했다고 떠드는 도문道門 교란파들의 헤게모니에 관한 것이다. 유치한 태극기부대들이 들어와서 난동을 부리며 순진한 도인들에게 속임수를 쓰는 것이다. 그만큼 수운의 가르침이 대중에게 큰 인기와 효용이 있었다는 것을 방증할 수 있다. 참된 사제

관계의 사승으로 이러한 혼란을 극복해야 한다는 것을 수운은 간곡히 효유하고 있다. 그러나 결국 이런 도통파들이 서원을 중심으로 한 영남유림과 결탁하여 수운을 죽음으로 휘몰아갔다.

4-5.

이달다	져ᄉ룸은	명명흔 明明	이운수는 運數
다가치	발지마ᄂ	엇던ᄉ람	군즈되고 君子
엇던ᄉ람	져러흔고	인의예지 仁義禮智	신인주를 信
망창흔 茫蒼	져소견의 所見	무어셜	아잔말고
력력히 歷歷	긔록히셔 記錄	거울가치	젼히쥬니 傳
즈세보고 仔細	안심히셔 安心	불ᄉ흔 不似	그른거동 擧動
남의이목 耳目	살펴니야	정심수신 正心修身	흐온후의
남과가치	수도흐소 修道	디져세상 大抵世上	인도듕의 人道中
미들신쓰 信	주쟝일세 主掌	디쟝부 大丈夫	의긔범졀 義氣凡節

신업시면 어디ᄂ며
信

레업시면 어디ᄂ며
禮

염치듕의 잇셔스니
廉恥中

ᄌ포ᄌ기 모로고셔
自抛自棄

이ᄂ역시 ᄂ도ᄌ오
亦是 亂道者

계혼ᄌ 아라스니

ᄂ법ᄂ도 ᄒᄂᄉ룸
亂法亂道

이가치 아니말면

이ᄂ도 더럽피니
道

이밧게 다시업다

ᄂ셩군ᄌ 안일넌가
乃成君子

졍심수도 ᄒ여두면
正心修道

삼강오륜 발근법은
三綱五倫 法

디장부 지혜범졀
大丈夫 智慧凡節

우숩다 져ᄉ람은

모몰염치 작ᄂᄒ니
冒沒廉恥 作亂

ᄉ장못ᄒ ᄎ졔도법
師長 次第道法

이ᄂ역시 ᄂ법ᄌ라
亂法者

날볼나치 무어신고

계신슈 가련ᄒ고
可憐

주소간 ᄒᄂ걱졍
晝宵間

작심으로 불변ᄒ면
作心 不變

귀귀ᄌᄌ 살펴ᄂ야
句句字字

춘삼월 호시졀의
春三月 好時節

쏘다시 만ᄂ볼가

풀이 아~ 애달프다! 무극대도를 날조하는 저 무리들이여! 내가 받은 밝고도 또 밝은 이 운수는 누구에게나 다 같이 밝은 것이다(※ 수운이 쓰는 이 "명명明明"이라는 글자는 『대학』의 제1장 "명명덕明明德"에서 왔다. 수운은 인간성의 보편적 가능성을 이 "밝다"라는 말로 표현하고 있다. 또 수운의 사상이나 성격, 삶의 자세가 모두 "밝다." 이 "밝다"라는 말은 우리민족에 고유한 특성을 나타낸다. 백두산이나 태백산이나 모두 "백"이라는 한자를 쓰고 있는데 그것은 "밝다"라는 우리말의 음사라고 보아야 한다. 백호, 흰 사슴, 백학, 백의 등 "흼"에 대한 존중도 우리 민족성과 관련이 있다. 단군, 동명, 조선, 박혁거세 등의 명칭도 이 "밝"과 관련이 있다).

그런데 같은 밝은 도에 접해도, 어떤 사람은 군자가 되고 어떤 사람은 사기꾼이 되는 것은 도대체 뭔 까닭일까? 나는 이렇게 생각한다. 인의예지라는 우리 삶의 가장 기본적 가치가 객관적으로 존재하는 것이 아니라, 그것이 오상五常의 마지막 덕목인 신信으로 표현되어야만 의미를 지니는 것이다. 인의예지가 신험하지 않으면, 즉 구체적인 삶의 실천과 변화로 표현되지 않으면, 모두 헛것이 되는 것이다. 저 흐리멍텅하고 천박한 소인배들은 과연 이러한 신험의 진리를 알고 있겠는가? 내가 이 신의 진리를 명료하고 또렷하게 기록하여 맑은 거울을 쳐다보는 것과도 같이 그대들과 후세에 전하노니, 자세히 살펴보고 마음을 가라앉히도록 하시오.

꼴 같지않은 그러한 거동에 관해서는, 훌륭한 타인의 거동을 허심탄회하게 본받아, 마음을 바르게 하고 몸을 닦은 후에 훌륭한 타인의 경지에 이르도록 수도하고 또 수도하시오. 대저 세상에서 인간이 살아가는 도리 중에 "미덥다"는 "신信" 자야말로 모든 여타 덕목을 주관하는 주덕목이라고 나는 생각하오(※수운은 이론theoria 보다 실천praxis을 중시하고, 신험의 결과를 중시한다. 그는 프라그마pragma 의 본질에 도달한 사상가라고 말할 수 있다).

대장부 의기(뜻과 기개)의 범절(법도에 맞는 질서나 절차)이 신信이 없다면 과연 어디서 나올 수가 있겠소? 삼강오륜의 밝은 법이 예禮가 없다면 과연 어디서 나올 수가 있겠소? 대장부의 지혜범절이 결국 알고보면 염치(청렴, 치욕을 아는 마음), 그 속에 있는 것이라오. 제발 뻔뻔한 인품으로 이 세상을 살아가지 마시오.

우습다! 저 뻔뻔한 인간들은 도중이라도 빨리 스스로의 결단에 의하여 자신의 행동이나 신념을 포기하면 구원을 얻을텐데(※여기 "자포자기"는 맹자가 말하는 "自暴自棄"가 아니라, "포기抛棄"라는 단어 앞에 자자를 붙인 것이다. 수운은 이들에게 빨리 사악한 짓들을 포기할 것을 권유하고 있는 것이다), 염치없음을 무릅쓰고 계속 난동을 부리고 있으니 이는 또한 도를 어지럽히는 자들일 뿐이라오. 선생님도 알지 못하는 차제도법을 저 혼자 알았다고 하여 퍼뜨리고 있으니 이 또한 법을 어지럽히는 자들일 뿐이라오.

이렇게 난법, 난도 하는 작자들은 다시 만날 때 날 볼 낯이 무엇이뇨? 무슨 염치가 있어 날 볼 것인가! 이 같은 짓들을 계속해 대면 너희들의 신수(※그냥 우리말로 해석하는 것이 좋다) 또한 가련할 뿐 아니라, 나의 무극대도를 더럽히는 것이다.

요즈음 내가 밤낮으로 하는 걱정이 너희들의 난법난도 외로 또다시 무엇이 있을 수 없다. 제발 더 이상 설치지 말라!

큰 결심을 내려 정도를 지키는 그 마음 변치 아니하면, 바로 군자가 되는 것이 아니겠는가? 그대들이 한 구절 한 구절, 한 글자, 한 글자 모두 정성스럽게 살펴내어 마음을 바르게 하고 도를 닦는다면, 우리는 다시개벽의 봄이 올 때 당당히 대면할 수 있을 것이다.

보충 설명　당시 "난법난도亂法亂道"의 문제가 얼마나 심각한 문제였는가, 그 절박한 수운의 심정을 헤아릴 수 있다. 그가 용담을 떠나 전라도에까지 오게 된 그 배경에는 말도 할 수 없는 인간적 고뇌가 쌓여있었다는 것을 알 수 있다.

"인의예지신"을 한데 묶는 해석방법은 4·4조의 흐름에 어긋날 뿐 아니라 의미내용의 맥락에도 어긋난다. "신"의 중요성을 강조하는 논의가 계속 이어지고 있다는 것을 파악해야 한다. 『백서주역』에서도 천지민신과 時가 떨어졌듯이, 여기서도 인의예지와 신信이 떨어진다. "신信"은 "Belief"의 뜻은 없다. "Trust," "Reliability," "Verifiability"의 뜻이다. 수운은 피어스Charles Sanders Peirce, 1839~1914(미국의 과학철학자)에 앞서 이미 프라그머티즘의 기본신조를 말하고 있다.

수운은 격정적으로 못난 적대자들을 성토하다가도, 마지막에는 "춘삼월 호시절"의 해후로 끝내고 있다. 수운의 포용성과 낙천성, 그리고 개벽에 대한 줄기찬 기대를 읽을 수 있다.

제5장
권학가

전체 개요　수운은 「도수사」를 완성한 후 곧 거처를 약종상 서형칠의 집으로부터 교룡산성의 은적암으로 옮긴다. 원래 그 암자는 "덕밀암德密庵"이라고 불렸던 암자인데 수운이 정착하면서 그곳을 자신이 한갓지게 자취를 숨기고 은거하는 암자라 하여 "은적암隱跡菴"이라고 개명하였다. 동학에서는 은적암이라는 명칭을 주로 쓴다. 은적암은 수운이 반년 이상을 머문, 동학의 산실이라고도 할 수 있는 위대한 곳이다. 약종상 조직으로부터 생활에 필요한 모든 물품과 자재를 공급받았기 때문에 수운은 그곳에서 쾌적한 생활을 누릴 수 있었다.

「도수사」가 완성된 것은 1861년 12월 25일경이었는데, 수운은 1861년 세모에, 그러니까 닷새 후에 은적암에 안착한다. 따스한 솜이불과 따뜻한 온돌방이 제공되었다. 사실 수운은 그곳에서 한 일년 푹 쉬고 싶어했다.

그러나 포덕한 지 불과 반년도 되지 않아 자신의 보금자리를 떠나야했고, 타지에서 1년을 보낸다면 무극대도의 운동은 단절되고 모든 집단은 해산되어버리고 말 위험성이 있다. 게다가 거룡의 분열을 일으킨 씨앗이 외부로부터라기보다는 내부로부터였다는 것을, 우리는 「도수사」에서 읽어낼 수 있다. 「도수사」를 지배하는 이단적 운동에 대한 경계는 매우 절박한 테제였다는 것을 알 수 있다. 그래서 수운은 타지에서 계속 집필을 해서 용담으로 서신을 보내지 않을 수 없었을 것이다. 물론 수운은 그 서신들의 사본을 남겨두었다. 그래서 오늘날 이 문헌들이 보존되어 우리에게까지 전달될 수 있었던 것이다.

수운은 신유년(1861) 12월 말경에 은적암에 도착하였고, 은적암 호롱불 밑에서 송구영신하였던 것이다. 그의 의식의 흐름 속에서는 「도수사」에서 논한 이단들의 난법난도에 대한 경계는 단숨에 해결될 문제가 아니었다. 은적암에 도착하자, 수운은 자신이 사회적으로 오히려 이단으로 몰리고 있는 난처한 상황에 대한 매우 근원적인 처방을 기획하게 된다. 그 기획은 천리길을 떨어져있는 마당에는 사상적 기획일 수밖에 없었다.

그것은 칼 맑스가 런던이라는 낯선 땅에서, 공산혁명을 위한 사회적 운동에 헌신하는 것보다 더 본질적인 현실사회의 경제적 조건에 대한 과학적 분석을 통하여, 발전단계가 다른 다양한 사회의 다양한 혁명을 일으킬 수 있는 모체가 될 수 있는 근본적 이론을 정립하고자 노력한 것과도 같은 상황이다. 칼 맑스는 영국박

물관의 도서관이 있었지만 수운에게는 그런 서재는 없었다. 맑스는 책이 있었지만 돈이 없었다. 수운에게는 책은 없었지만 충분한 생활여건이 제공되었다. 맑스에게는 사회과학자다운 환경이 주어졌고 수운에게는 순수철학자다운 환경이 주어졌다. 맑스는 800여 페이지에 달하는 노트자료를 브리티쉬 뮤지엄에서 복사할 수 있었다. 수운은 오직 붓 한 자루와 두뇌 속에 축적된 자료밖에는 없었다. 기실 이 두 사람이 분투한 시기는 대체로 같은 시기였다. 은적암과 브리티쉬 뮤지엄은 같은 시대정신 속에서 교류했다고도 말할 수 있다.

수운은 우선 자신이 "무극대도"라고 표현한 득도내용의 명칭을 보다 간략하고 서민들이 알아듣기 쉽게 고쳐야 할 필요를 느꼈다. 그리고 자기를 음해하는 난법난도자들에게 왜곡의 빌미를 제공하지 않기 위해서는 자신을 서학의 추종자로 낙인 찍는 가능성을 근원적으로 배제할 수 있는 명칭을 필요로 했다. 이에 대한 필연적이고도 명료한 대답은 "서학"에 대하여 "동학"이라는 새로운 아이덴티티의 옷을 입히는 것이었다.

기실 서학에 대한 "동학"이라는 명칭은 "무극대도"라는 본래적 성격을 너무 피상적으로 만들고, 대립적이고 국부적이고 상대적인 제한성을 가할 위험성이 있었다. 그러나 수운의 "동"은 해동의 동이요, 조선의 동이요, 고조선의 동이다. 그리고 "동학"은 간결하고 발음하기 편하며, 또 서학으로 오인될 소지를 없애버린다. 아마도 수운은 은적암에서 새해를 맞이하면서 이 동학의 구상을 했던 것 같다. 그리고 교룡산성 산등성이에서 달밤에 웅장한 지리산 능선을 바라보며「검결」을 읊었을 것이다.「검결」은 아마도 그가 청년시절에 시상을 얻어 계속 갈고닦았던 노래라고 생각된다. 그러나 그것이 완성된 것은 은적암에서 기운생동 하는 지리산과 교감하는 과정에서 오늘의 형태로 다듬어졌을 것이다. 맑스의 자본주의필망론을 뛰어넘는 칼날이요 기개였다.

"동학"이라는 새로운 명칭을 구상하면서 수운은 동학에 대한 총체적 정의를 다시 내려야 할 필요성을 절감한다. 이미 임술년 (1862) 새해 첫날에 수운은「동학론東學論」이라는 대작을 집필할 구상을 했다.「동학론」은 그의 모든 저작을 통틀어 가장 포괄적인 대작이다. 그러나 수운은「동학론」을 집필하기 직전에「동학론」의 내용을 암시하는 한글가사를 하나 더 집필할 것을 기획한다. 그것이 바로「권학가」이다.

「권학가」에는 "동학"이라는 말이 등장하지 않는다. 여전히 "무극대도"라는 말만 쓰고 있다. 그러나 제목이 "권학가"이다. 즉 "동학을 권하는 노래"라는 뜻이다. "권학"은 주자가 말하는 바 "배움을 권한다"는 뜻이 아니다. 이미 수운은「권학가」를 쓸 때에「동학론」을 구상하고 있었다. 내용이 겹치지는 않지만 양자 사이에는 기묘하게 착종되는 내용이 있다.「권학가」와「동학론」은 동시적 사건으로 간주되어야 할 것이다.「권학가」의 내용에 관해서는 본문에 즉하여 논의할 것이다.

권 학 가
勸 學 歌
(일빅십ᄉ구)

5-1.

노류ᄒ담 路柳閑談	무ᄉ긱이 無事客	팔도강산 八道江山	다발바셔
젼라도 全羅道	은젹암의 隱跡菴	환세ᄎ로 換歲次	소일ᄒ니 消日
무졍ᄒ 無情	이세월의 歲月	놀고보고	먹고보세
호호망망 浩浩茫茫	너른텬디 天地	쳥녀를 靑藜	버슬삼아
일신으로 一身	비겨셔셔	젹세만물 積世萬物	ᄒ여보니
무ᄉ한 無事	이니회포 懷抱	부칠곳	바이업셔
말노ᄒ며	글을지어	송구영신 送舊迎新	ᄒ여보세
무졍ᄒ 無情	이세월이 歲月	엇디이리	무졍ᄒ고 無情
어화세상 世上	ᄉ람들아	인간칠십 人間七十	고릭희논 古來稀

만고유젼 萬古流傳	안일넌ㄱ	무졍흔 無情	이세월을 歲月
력력히 歷歷	혜여보니	광음가튼 光陰	이세상의 世上
부유가튼 蜉蝣	져인싱을 人生	칠십평싱 七十平生	칭찬ㅎ야 稱讚
드물희ㅆ 稀字	젼탄말ㄱ 傳	어화세상 世上	ㅅ룸들아
만고풍상 萬古風霜	격근손이	노릭흔장	지어보세
만고풍상 萬古風霜	격근일을	산수만ㄴ 山水	소창ㅎ고 消暢
어린ㅈ식 子息	고향싱각 故鄕	노릭디여	소창ㅎ니 消暢
이글보고	웃지말고	숙독상미 熟讀嘗味	ㅎ엿스라
억조창싱 億兆蒼生	만은ㅅ람	ㅅ룸마ᄃ	이러ㅎ며
허다흔 許多	은문가ㅅ 諺文歌詞	노릭마ᄃ	이러홀ㄱ
귀귀ㅈㅈ 句句字字	살펴닉야	력력히 歷歷	외와닉셔
춘삼월 春三月	호시졀의 好時節	놀고보고	먹고보세

풀 이 　수양버들 늘어진 길가에서 한가롭게 담소하고 있는 별볼일없는 나그네가 되고 말았구나! 내 일찍이 팔도강산을 다 밟았다만(※20대의 주류팔로周流八路를 가리킨다.『동경대전』1, p.97), 이제 전라도 남원땅의 은적암으로 들어와 설을 쇠고, 하는 일 없이 앉아 있노라니 세월이 무정無情하구나! 한가롭게 놀면서 먹을거리를 즐길 수밖에!

호호망망 너른 천지, 청려 지팡이 하나를 벗삼아 이 한 몸을 의지하여 세상에 쌓인 지혜로써 만물이치를 깨달아간다(※ "적세만물"은「교훈가」에 기출). 객지에서 특별히 할 일도 없는 이 나의 회포, 마음 붙일 곳이 없구나! 세월을 허송하느니 말로 읊어가며 글을 지으면서 새해를 맞이하여보세(※ 여기까지가 "송구영신"의 인사말이라 할 수 있다. 이 글의 내용으로 정확하게 이 글이 쓰여진 시기와 장소와 정황을 추론할 수 있다)!

무정한 이 세월이여, 어찌 이리도 무정한고! 어화 세상사람들아! 두보가 "인생칠십고래희"라고 읊었는데, 세상사람 오래 못산다는 것은 만고에 전해내려오는 진리가 아니겠나? 이제 내가 살아온 무정한 이 세월을 주마등처럼 역력히 헤아려보니, 광음같이 지나가는(※ 요즈음 말로는 광속으로 지나가는) 이 세상에 하루살이 같은 것이 우리네 인생인데, 칠십평생 살았다고 자랑하며 드물 희 자를 전한단 말인가? 내 나이 벌써 사십인데 가치없이 칠십을 산다 한들 뭔 자랑할 거리가 있겠는가!

(※ "인생칠십고래희"는 두보의 시 「곡강曲江」2수의 제2수에 나온다. 두보가 당나라 숙종조에서 "좌습유左拾遺" 직책의 간관諫官 노릇을 할 때 쓴 시다. 758년, 건원乾元 원년 모춘暮春에 썼다. 두보는 이때 매우 울적했다. 간관으로서 바른 간언을 드려도 받아들여지지 않았고, 현종 때의 구신舊臣들을 모두 갈아치우는 분위기 속에서 좌천의 압박을 받고 있었다. 곡강변의 술집에는 관복을 저당잡혀 깔아놓은 외상값이 없는 집이 없었다. 가는 곳마다 들여다보아도 술집에 칠십 정도 되어 보이는 사람이 거의 없다. 그렇다면 어차피 곧 갈 인생인데 술잔을 기울이지 않을 이유가 없다는 뜻으로 쓴 구절이다.

제1수 첫머리에 이와 관련하여 대단히 아름다운 한 구절이 있다: "일편화비감각춘一片花飛減却春, 풍표만점정수인風飄萬點正愁人." 꽃잎 한 조각 휘날릴 적마다 그만큼 봄이 줄어 든다. 바람이 휘 불어 수없이 떨어지는 꽃잎이 봄을 날려버리니, 내 가슴 근심에 젖게 하네. 두보의 시도 70이라는 나이에 포인트가 있는 것이 아니라 빨리 지나가버리는 인생의 무상함에 강조점이 있다는 것을 알 수 있다. 그리고 봄날이 덧없이 사라지는 것에 대한 애처로움, 그리고 정치적으로 압박받는 두보의 처지와 수운 자신의 처지, 그리고 나이와 무관하게 뭔가 가치있는 일을 해야겠다는 결의, 그러한 논조와, 은적암에서 느끼는 고적감, 삶의 무상함이 뒤엉켜있는 구절들이다. 수운의 한시 이해는 매우 중층적이다. 함부로 상식적인 해석을 내려서는 아니 된다.)

어화 세상사람들아! 만고의 풍상을 다 겪은 이 나그네가 노래 (권학가) 한 장 지어보겠네! 만고풍상 겪은 그 기구한 사연들은 저 웅장한 지리산과 저 해맑은 섬진강의 풍광을 쳐다보면서 다 녹여

없애버리고(※"소창"을 "逍暢"으로 잘못 쓰는데, 반드시 녹일 소消 자가 되어야 한다). 어린 자식 고향생각일랑 이 노래 지으면서 모든 시름을 풀어버리노니, 어화 세상사람들아! 이 글 보고 웃지 말고, 진지하게 읽고 깊게 음미하였어라! 이 세상에는 억조창생 그토록 많은 사람이 있지마는 사람같이 생겼다고 다 나와 같을 것이더냐? 허다한 한글가사가 돌아다니고 있지만 그 노래들이 모두 내가 지은 것과 같을 수가 있겠는가?(※엄청난 자부심을 드러내고 있다. 이것은 "득도자"로서의 확신이지, 어설픈 자기자랑이 아니다).

그대들은 한 구절 한 구절 한 글자 한 글자 살피고 차례대로 또렷이 외워내어 도성입덕 하시게나! 춘삼월 호시절이 올 때에는 우리 모두 함께 놀고보고 먹고보세.

(※"놀고보고 먹고보세"는 개벽된 세상의 모습이다. 먹을 수 있다는 것과 놀 수 있다는 것, 이것은 맑스가 제시한 공산사회의 높은 단계와도 같다: 각 개인이 자기의 능력에 따라 사회에 기여하고 개인적 요구대로 공공의 재원을 사용할 수 있다. 맑스 공산사회의 궁극적 이념도 "놈[play]"과 관련이 있다. 노동해방의 궁극적 이념은 노동으로부터의 해방이다. 그것은 일이 놈과 결합되는 것이다.

현대의 과제도 여전히 노예제로부터의 해방이라고 말할 수 있다. 인류는 단 한 번도 노예제로부터 벗어난 적이 없다. 지금 대한민국은 자본주의노예제의 한 전형이다. 자본주의 횡포 아래 농민, 농토, 국민, 국토가 썩어가고 있다. 이제 조선은 삼천리 금수강산이 아니라 삼천리 쓰레기강산이 되어가고 있다.

진실로 가슴아픈 일이다! 수운이 "놀고보고 먹고보세"를 말한 것은 착취성의 노동으로부터 인간을 해방시켜야 한다는 것을 말한 것이다).

보충 설명 「권학가」는 생각한 것보다 난해하다. 수운의 언어는 너무도 미묘하다. 이 단의 노래는 기실 서막에 불과한 것인데 상당히 많은 내용을 담고 있다. 수운은 작은 소절 하나에도 자기 인생처럼 전체를 담고 있다. 「도수사」에서는 "춘삼월 호시절"이 최후에 나오는데 「권학가」에는 인트로를 마무리짓는 말로 앞에 나온다. 다양한 문학적 구상이다.

5-2. 강산구경 다던지고 　　인심풍속 살펴보니
　　　江山　　　　　　　　　　人心風俗

　　부ᄌ유친 군신유의 　　부부유별 장유유셔
　　父子有親　君臣有義　　夫婦有別　長幼有序

　　붕우유신 잇지마는 　　인심풍속 고이ᄒ다
　　朋友有信　　　　　　　　人心風俗　怪異

　　세상구경 못ᄒᆫ인싱 　　출싱이후 쳠이로다
　　世上　　　　人生　　　　出生以後

　　싱장ᄒᆫ 이ᄂᆡ곳에 　　인심풍속 ᄒᆞᆫ탄히셔
　　生長　　　　　　　　　　人心風俗　恨歎

　　불고가산 발졍ᄒᆞ여 　　방방곡곡 ᄎᆞᄌᆞ와셔
　　不顧家産　發程　　　　　方方谷谷

민민ᄉᆞᄉᆞ(每每事事) 살펴보니
ᄉᆞ람마ᄃᆞ 낫치설고
민민ᄉᆞᄉᆞ(每每事事) 눈의거처
이니좁은 소견으로(所見)
어진친구(親舊) 조흔버즐
산수풍경(山水風景) 다던지고
촌촌전진(村村轉進) ᄒᆞ다가셔
어화세상(世上) ᄉᆞ람들아
니곳풍속(風俗) 살펴보쇼
무가니라(無可奈) 홀씰업니
인심풍속(人心風俗) 이런주를
디져인간(大抵人間) 빅쳔만ᄉᆞ(百千萬事)

허다ᄒᆞᆫ(許多) 남녀ᄉᆞ름(男女)
인심풍속(人心風俗) ᄒᆞᆫ눈거동(舉動)
타도타관(他道他關) 안일넌ᄀ
호풍호속(好風好俗) 보랴ᄒᆞ고
일됴이별(一朝離別) ᄒᆞᆫ단말가
동디셧달(冬至) 설ᄒᆞᆫ풍의(雪寒風)
일소일파(一笑一罷) ᄒᆞ여보세
세상풍속(世上風俗) 모르거든
이도역시(亦是) 시운이라(時運)
편답강산(遍踏江山) 아니ᄒᆞ면
아니보고 엇지알쏘
보고ᄂᆞ니 ᄒᆞᆫ이업니(恨)

ᄌᆞ고급금 自古及今	촌탁ᄒᆞ니 忖度	요순성세 堯舜聖世	그ᄯᅦ라도
일텬디ᄒᆞ 一天之下	마는ᄉᆞ람	ᄉᆞ람마다	요순일세 堯舜
윤회가치 輪廻	둘닌운수 運數	수원수구 誰怨誰咎	안일넌가
아모리	이세상도 世上	현인군ᄌᆞ 賢人君子	잇지마ᄂᆞᆫ
진토듕의 塵土	무친옥셕 玉石	뉘라셔	분간ᄒᆞ며 分揀
안빈낙도 安貧樂道	ᄒᆞ지마ᄂᆞᆫ	뉘라셔	지도홀고 指導
시운을 時運	의논히도 議論	일성일쇠 一盛一衰	안일넌가
쇠운이 衰運	지극ᄒᆞ면 至極	성운이 盛運	오지마ᄂᆞᆫ
현숙ᄒᆞᆫ 賢淑	모든군ᄌᆞ 君子	동귀일톄 同歸一體	ᄒᆞ엿던가
어렵도다	어렵도다	만ᄂᆞ기도	어렵도다
방방곡곡 方方谷谷	ᄎᆞᄌᆞ들어	만ᄂᆞ기만	만날던딘
흉듕의 胸中	품은회포 懷抱	다른홀말	바이업고

수문수답	ㅎ온후의	당당정니	발켜니야
隨問隨答	後	堂堂正理	

일세상	저인믈이	도탄듕	안일넌ᄀ
一世上	人物	塗炭中	

홈디ᄉ디	출싱들아	보국안민	엇디홀소
陷之死地	出生	輔國安民	

풀이 　나는 지금 낯선 고장인 전라도에 와있다. 눈에 보이는 색다른 강산풍경은 말할 것도 없거니와, 나는 인심풍속을 살피는 데 더 관심을 쏟게 된다. 부자유친, 군신유의, 부부유별, 장유유서, 붕우유신과도 같은 기본도덕은 경상도나 전라도나 공통된 기반이다. 그러나 사람들의 마음씨와 풍속은 아주 색다르다(※"고이하다"를 부정적인 뉘앙스로만 새기는 것은 잘못된 해석이다. "다르다"의 뜻이 강하다). 나 또한 세상구경을 제대로 다하지는 못했지만, 내가 태어나서 처음 보는 광경이 허다하다.

　나는 내가 태어나서 자라난 고향, 경주의 인심풍속을 한탄하면서, 집안살림조차 되돌아보지 않고 여정을 떠났다. 방방곡곡 찾아다니며 매매사사를 세밀히 살펴보았다. 허다한 남녀사람을 만나게 되는데, 사람마다 낯이 설고, 자기들 풍속에 따라 하는 거동이 매매사사 눈에 걸린다. 역시 내가 타도타관에 와있다는 것을 절감하게 된다.

(※ 당시만 해도 전라도와 경상도는 문화가 매우 달랐다. 그 낯설음을 객관적으로 표현하는 것이지, 타도타관을 폄하하는 것은 아니다. 하여튼 수운은 이러한 과정을 통해 그의 견문을 넓혔다)

이 내 좁은 소견으로, 나를 괴롭히는 경주 지역보다 더 좋은 풍속을 만나려니 하고 기대도 했다. 그래서 어진 친구 좋은 벗을 하루아침에 이별하고 떠나온 것이 한편 후회도 된다. 이곳의 아름다운 산수풍경은 말할 것도 없지마는, 동지섣달 설한풍 속에 이 동네 저 동네 전진(굴러다님)하다가 은적암에 당도하게 되었으니 이제 한바탕 웃고 털어버리는 수밖에 없다.

어화 세상사람들아! 세상의 풍속을 참으로 알고 싶어한다면, 자기가 사는 바로 그곳의 풍속을 살펴보시오(※ 지역문화의 특성을 가릴 필요가 없다는 뜻이다). 어디를 살펴보든지 당대의 공통된 운명이라는 것이 있소. 우리가 살고 있는 시대의 시운이라는 것이 불행한 운세를 타고 있다는 것은 무가내라 우리가 어찌할 수 없는 일이라오. 나처럼 강산을 두루두루 편답해보지 않은 사람은 인심풍속이 이러하다는 것을 알 까닭이 없소(※ 수운은 암암리 민중의 현실이 역시 전라도에도 처참하다는 것을 암시하고 있다). 직접 체험해보지 않으면 알 수 없는 일이라오. 대저 사람 사이 백천만사를 나는 체험하였소. 다 보고나니 여한이 없소.

(※ 수운의 글뿐만 아니라 모든 한문용례에서 "인간"은 "사람"이 아니라

"사람 사이" 즉 사회Society를 가리킨다. 우리말 "인간"은 "닌겐"이라는 일본 말의 전사형, 중국사람도 사람을 "人間"이라 말하는 적이 없다. 그냥 "르언 人"이다)

옛부터 지금에 이르기까지 사람이 이 땅에서 살아온 역사를 헤아려봅시다. 요순과 같이 진정한 성인이 다스렸던 성스러운 시대에는 하늘아래 많은 사람이 사람마다 요순의 덕성을 지니고 있었소. 그야말로 모든 사람들이 동귀일체 하는 시대였소.

그러나 지금 우리가 당면한 이러한 난세는 역사의 운수가 윤회하듯 뒤바뀐 것이니 누구를 원망하고 누구를 탓하겠소?

지금 이 난세에도 훌륭한 현인군자가 있게 마련이라오. 그러나 그들이 진토에 묻힌 보석처럼 그 재질을 드러낼 길이 없소. 진토와 보석을 누가 분간해낼 것이며, 안빈낙도의 이상을 실천하는 군자들을 누가 그 가치를 알아 발현시킬 수 있겠소?

내가 지금 비관적 현실만을 말하는 듯 싶지만 우리가 시운을 의논한다고 하는 것은, 아무리 지금 우리가 쇠락해버린 운세에 처해있다 해도 그것은 반드시 일성일쇠의 순환을 겪는다는 것이오. 쇠운衰運이 지극하면 반드시 성운盛運이 오게 되어있소. 그러나 현숙한 모든 군자들이 동귀일체, 다시 말해서 한 마음으로 단결하지 않으면 성운은 실현될 길이 없소(※ 수운은 순환론자도 아니고, 결정론자도 아니고, 체념론자도 아니다. 필연에 대한 인간의 자발적 의지를 강조한다. 수운은 여기서 혁명의 가능성을 분명하게 암시하고 있다).

어렵도다! 어렵도다! 현인군자 만나기도 어렵도다! 방방곡곡 찾아다니면서 현인군자 만나기를 끊임없이 시도한다. 만나기는 만나지만 만난다 해도 흉중에 품은 회포를 솔직히 직접 말하기는 어렵다. 그래서 묻는 데 따라 답하는 즉문즉설의 방법을 통해 당당히 정리(바른 이치)를 밝혀 나간다. 일세를 풍미할 수 있는 이 시대의 걸출한 인물들이 도탄에 빠져있지 아니한가! 아~ 통탄스럽도다! 사지死地에 빠져버린 민중들아! 이 나라 운명을 어찌할 것이냐? 보국안민을 과연 어떻게 달성할 것이냐!

보충 설명 이 단 역시 심히 함축적이라서 그 내면에 얽힌 명제들을 다 드러내지 않으면 이해하기 어렵다. 수운의 역사관이 드러나 있다. 서양의 진보사관과는 다른 순환사관이지만, 순환사관이야말로 직선적 진보사관보다 훨씬 더 구체적인 개혁이 가능하다는 것을 보여주고 있다. 지난 두 세기의 인류의 역사는 "진보"에 기만당한 역사였다. 수운의 동귀일체에 대한 새로운 해석으로 인간과 자연의 조화, 문명의 폭력에 저항하는 포괄적 가치관을 회복해야 한다. "보국안민"은 반드시 "輔國安民"이라고 써야한다(『동경대전』2, pp.95~96 참고).

디져인간 大抵人間	초목군싱 草木群生	스싱짓텬 死生在天	안일넌ㄱ
불시풍우 不時風雨	원망히도 怨望	임스호텬 臨死號天	안일넌가
삼황오제 三皇五帝	성현들도 聖賢	경텬순텬 敬天順天	안일넌가
효박혼 淆薄	이세상의 世上	불고텬명 不顧天命	호단말가
댱평깅졸 長平坑卒	만은사람	호눌님을	우러러셔
됴화듕의 造化中	싱겨스니	은덕은 恩德	고소호고 姑捨
근본죠차 根本	이즐소냐	가련혼 可憐	세상사람 世上
각주위심 各自爲心	호단말가	경텬순텬 敬天順天	호엿스라
효박혼 淆薄	이세상의 世上	불망기본 不忘其本	호엿스라
임군의게	공경호면 恭敬	충신열스 忠臣烈士	안일넌ㄱ
부모님게 父母	공경호면 恭敬	효주효부 孝子孝婦	안일넌가
슬푸다	세상사람 世上	주세보고 仔細	공경호소 恭敬

노도또흔	출세후의 出世	됴실부모 早失父母	안일넌가
정성공경 精誠恭敬	업셔스니	득죄부모 得罪父母	안일넌ᄀ
노도또흔	충녈손이 忠烈孫	초야의 草野	ᄌ라ᄂ셔
군신유의 君臣有義	몰ᄂ스니	득죄군왕 得罪君王	안일넌ᄀ
허송세월 虛送歲月	디니ᄂ니	거연ᄉ십 遽然四十	도얏더라
ᄉ십평싱 四十平生	이ᄲᆞᆫ인가	무가ᄂᆡ라 無可奈	홀길업ᄂᆡ

풀이 대저 인간세상 초목군생을 가지고 말한다면, 그들이 살고 죽는 것은 모두 하늘에 달려있다는 것은 누구나 아는 일이다. 불시에 닥치는 비바람의 자연재해를 당하게 되면 하느님을 원망하게 되지만, 사람이 죽음에 임하게 되면 하느님을 찾고 울부짖게 되는 것은 인지상정이다(※ "호천"은 "號天," "呼天"이 다 가능하다. 둘 다 고전의 용례가 있다. "號天"은 『장자』「즉양則陽」에 용례가 있다. 수운은 「동학론」에서 "臨死號天"이라는 표현을 썼다).

삼황오제나 그들의 감화를 받은 성현들도 모두 하느님을 공경하고 하느님을 따른 사람들이다. 하느님을 따를 줄 알았기에 성현이 될 수 있었던 것이다. 더구나 오늘 이 효박한 세상현실 속에서 하느님의 명령을 쳐다보지도 않는다는 것이 도대체 말이나 될 소리인가!

진나라의 맹장 백기白起, ?~BC 257가 조나라를 정벌하고 그 전투에 참여하고 항복한 조나라의 군사 40만 명을 속임수로 꼬여내어 모조리 구덩이에 매장해버리고 말았다. 이 40만의 많은 사람들이 모두 한결같이 하느님의 명을 받아 대자연의 조화 중에 생겨난 고귀한 생명들이다. 이들이 하느님의 은덕으로 이 세상에 태어났다는 것은 말할 나위도 없다. 그들 존재의 뿌리 또한 하느님이라고 하는 이 근본적 사태를 망각할 수 없는 것이다.

(※ "장평갱졸"의 사태는 매우 중요한 고사이며 『사기』에서도 무게 있게 다루어지고 있다. 「진본기」, 「백기왕전열전白起王翦列傳」, 「범수채택열전范雎蔡澤列傳」에 백기의 이야기는 많이 나오고 있다. 백기는 타고난 명장이며 선진 역사를 통틀어 가장 많이 이기고 가장 많이 사람을 죽인 사람이다. 현장의 전술에 뛰어나 그에게 패전이라는 것은 있을 수가 없었다. 진나라가 말기에 강성해질 수 있었던 것은 백기 덕분이라 말할 수 있다. 진시황의 제국의 꿈의 기초를 만든 전쟁의 귀재였다.

그러나 결국 그의 승전의 역사는 내부의 음모로써 막을 내리게 되고 그는 결국 소왕으로부터 칼을 받고 자결하게 되는 운명에 처해진다. 백기는 칼을 목에 대며 외친다: "도대체 내가 하늘에 무슨 죄를 지었길래 이 지경에 이르게 되었는가?我何罪于天而至此哉!" 그리고 한참 있다가 이렇게 고백한다: "아무리 생각해도 내가 죽는 것은 당연한 이치 같다. 장평의 전역에서 나에게 투항한 조나라 병졸이 수십만 명이었다. 이들은 나에게 투항했을 뿐 다른 생각이 없었다. 그런데 나는 이들을 속여 모두 구덩이에 묻어버렸다. 이 죄만으로도 나는 죽어 마땅하다." 그리고 스스로 목숨을 끊는다. BC 257년 11월의 사건이었다.

투항한 조나라 병졸들이 나중에 진나라에 반란을 일으킬지도 모른다는 단순한 생각에 이렇게 엄청난 죄악을 저지른 것이다. 수운이 "장평갱졸"을 언급한 것은 사서史書의 맥락이 있는 것이다. 즉 한 장수의 좁은 소견으로 40만의 고귀한 생명이 무참히 살해되는 것에 대한 비판적 관점을 피력하고 있는 것이다. 다음에 나오는 "각자위심"은 백기의 좁은 소견과 같은 맥락을 타고 있다).

가련한 세상사람들아! 백기와 같이 자기편만을 위하여 마음을 쓰는 이기적 생각을 하지 말아라!(※백기는 진나라를 위하여 싸운다는 단순한 하나의 생각 때문에 40만을 죽였다. "각자위심"의 결과는 파괴적이다. 백기는 스스로를 "각자위심"의 승리로써 파멸시키고 만 것이다).

각자위심하지 말고 경천순천하였스라! 효박한 이 세상에 살수록 그대들은 그대들의 근본, 즉 하느님이라는 보편적 가치를 잊어서는 아니 된다.

임금님께 공경하면 충신열사가 될 것이다. 부모님께 공경하면 효자효부가 될 것이다. 슬프도다! 세상사람들이여? 자신의 처지를 잘 생각해보고 공경하는 마음을 잃지 마소. 나는 이 세상에 태어나서 부모님을 일찍 잃었소. 부모님께 정성공경할 기회가 없었으니 부모님께 죄를 지었다 해야 할 것 같소. 나는 또한 이 나라 양대란에서 활약한 충신의 자손으로서 초야에 자라나서 과거를 볼 수 있는 자격도 얻지 못해 군신유의와는 아무런 상관없는 삶을 살았소(※벼슬과 관계없다. 국가체제와 관계없다). 그러니 군왕에게 **죄를 지은 자라 해야 할 것이요**(※의미맥락을 살펴보면 가족이나 국가라는 틀을 넘어서서 하느님을 만나게 되는 자신의 생애의 필연성을 암시하고 있다).

나는 세속의 짜여진 틀에서 보자면 허송세월 할 수밖에 없었던 인간이오. 어느덧 문득 나이 사십이 되고 말았구려! 사십평생을 열심히 산 나의 모습이 겨우 이것뿐인가? 무가내라! 뭔 다른 도리가 있으랴!

보충 설명 중첩된 의미맥락이 매우 심오하고, 수운의 삶의 패러독스들을 총체적으로 조감하지 않으면 해석이 어렵다. 수운이 인용하는 고사들은 그 전후맥락을 온전히 파악해야 그 충실한 해석이 가능하다. 장평갱졸의 사건은 바로 갱坑을 한 본인이 그 사건으로 파멸했다는 데 포인트가 있는 것이다. 이 노래에서는 득도의 체험을 말하지 않고 득도의 배경이 되고있는 사상적·정치적·국제역학적 위기에 관해 논한다. 이 논의 자체가 궁극적으로 동학을 권유(권학勸學)하게 되는 사연이 되는 것이다.

5-4.
ᄒ원갑
下元甲

경신년의
庚申年

젼ᄒᆡ오ᄂᆞᆫ
傳

세상말이
世上

요망ᄒᆞᆫ
妖妄

셔양적이
西洋賊

듕국을
中國

침범ᄒᆡ셔
侵犯

텬듀당
天主堂

노피세워

거쇼위
所謂

ᄒᆞᄂᆞᆫ도를
道

텬ᄒᆞ의
天下

편만ᄒᆞ니
遍滿

가쇼졀창
可笑絕唱

안일년가

증젼의
曾前

드른말을

곰곰이

싱각ᄒᆞ니

아동방
我東方

어린ᄉᆞ람

례의오륜
禮義五倫

다바리고

남녀노소
男女老小

아동듀졸
兒童走卒

셩군취당
成群聚黨

극셩듕의
極盛中

허송세월
虛送歲月

혼단말을

보ᄂᆞ다시

드러오니

무단이
無斷

ᄒᆞᄂᆞᆯ님게

듀소간
晝宵間

비ᄂᆞᆫ말이

삼십삼텬
三十三天

옥경ᄃᆡ의
玉京臺

ᄂᆞ듁거든

가게ᄒᆞ소

우숩다

져ᄉᆞ람은

져의부모
父母

듁은후의

신도업다
神

이름ᄒᆞ고

제ᄉᆞ됴츠
祭祀

안지니며

오륜의　　　버셔ᄂᆞ셔　　　유원속ᄉᆞ　무삼일고
五倫　　　　　　　　　　　唯願速死

부모업는　　혼령혼빅　　져는엇디　유독잇셔
父母　　　　魂靈魂魄　　　　　　　唯獨

상텬ᄒᆞ고　무엇ᄒᆞ고　어린소리　마라스라
上天

그말져말　　다던디고　ᄒᆞᄂᆞ님을　공경ᄒᆞ면
　　　　　　　　　　　　　　　　　恭敬

아동방　　　삼년괴딜　죽을염녀　잇슬소냐
我東方　　　三年怪疾　念慮

허무흔　　　너의풍속　듯고ᄂᆞ니　졀창이오
虛無　　　　　風俗　　　　　　　絶唱

보고ᄂᆞ니　기탄일세　니역시　　ᄉᆞ십평ᄉᆞᆼ
　　　　　　慨歎　　　亦是　　　四十平生

히음업시　　지니ᄂᆞ니　이제야　　이세상의
　　　　　　　　　　　　　　　　　世上

홀연이　　　ᄉᆡᆼ각ᄒᆞ니　시운이　　둘너쩐가
忽然　　　　　　　　　　時運

만고업는　　무극디도　이세상의　창건ᄒᆞ니
萬古　　　　無極大道　世上　　　創建

이도역시　　시운이라　일일시시　먹는음식
　　　亦是　時運　　　日日時時

셩경이ᄶᆞ　디켜니야　ᄒᆞᄂᆞ님을　공경ᄒᆞ면
誠敬二字　　　　　　　　　　　　恭敬

조아시	잇던신병	물약조효	안일넌ㄱ
自兒時	身病	勿藥自效	

가듕츠제	우환업셔	일년삼빅	뉵십일을
家中次第	憂患	一年三百	六十日

일조가치	지니가니	텬우신조	안일넌가
一朝		天佑神助	

■ 풀 이 하원갑 경신년부터 전해내려오는 세상 소문이(※하원갑 이라는 것은 삼원갑의 제일 하단이다. 삼원갑三元甲이란 갑자를 상·중·하로 나누어 180년 단위로 계산하는 것인데 세종 때의 갑자년[1444년]을 기준으로 삼는다. 여기 하원갑 경신년은 1800년이다. 수운이 살던 시대는 또 하나의 사 이클이 시작된 상원갑[1804~1863]의 시대였다) **요망한 서양적**(※서양 제국 주의 세력. "왜적"과 짝을 지어 "서양적"이라는 표현을 쓴 것이다)**이 중국을 침범하여 천주당 교회들을 높게**(※고딕스타일은 동방에 별로 없던 건축 양식) **건축하고, 그들이 말하는 "도"라고 하는 것을 천하에 편만케 하니, 그들이 하는 짓이야말로 가소절창이 아닐 수 없다.**

(※"가소절창"을 "可笑絶腸"으로 쓰는 것은 생각이 못미친 견해이다. 그러면 그것은 "절장"이 되어야지 "절창"이 될 수 없다. "절창絶唱"은 문자 그 대로 "빼어난 노래솜씨"라는 뜻이며 옛부터 통용되던 우리말이다. 하는 짓이 나 하는 말이 절창처럼 들리는데 가소롭기 그지없다는 뜻으로 새카즘의 표현 이다. "절장絶腸"이라는 한문에서 "창자가 끊어지듯 웃긴다"라는 의미는 생겨

나지 않는다. 창자를 절단한다 이외에 다른 뜻이 있을 수 없다. 한문은 반드시 용례에 따라 새겨야 한다)

내가 옛부터 들은 이야기를 곰곰이 되씹어 보면 다음과 같다 (※ "증전曾前"은 "일찍이"의 뜻인데 수운이 주류팔로하던 20대로부터 이미 기독교를 접했다는 것을 알 수 있다):

"우리 동방의 어리석은 사람들이 오륜의 인간관계에서 생겨나는 윤리체계를 다 무시해버리고 남녀노소 할 것 없이 뛰노는 아이들까지 모두 함께 무리를 지어 한 패거리가 되어 극성을 부리는데, 특별히 도덕증진의 공부를 하는 바도 없고 그냥 세월만 허송하고 있다. 이들이 노는 꼴이 눈에 보이는 듯, 소문만 퍼져가고 있다. 이들이 무단이 하느님께 밤낮으로 비는 말이 이와같다: '삼십삼천 옥경대에 나 죽거든 가게 하소.'

(※ 서양인이나 인도인은 하늘을 하나의 기氣로 생각한 것이 아니라 여러 층의 차원으로 생각했다. 각 하늘마다 거주하는 신이 다르다. 기독교가 말하는 "하늘나라Kingdom of Heaven"를 여기서는 "옥경대"라고 표현했는데, 전통적으로 옥경대는 천제天帝가 거하는 곳이다. 도교에서는 옥황상제가 살고 있는 천상의 궁전을 지칭한다. 하느님이 수직적으로 공간화된 곳에 거하는 인격적 실체Substance로서 그려지고 있다. 수운에게는 최악의 미신적 요소이다).

우습다 저 하느님 믿는다는 사람들은 저희 부모 돌아가신 후에 신위神位도 없다 일컬으며 제사조차 거부하고 있다(1791년 윤지충尹持忠의 진산사건珍山事件 이래의 관행). 오륜의 상식에 벗어나는 짓을 일삼고 있는 것이다. 그리고는 오직 빨리 죽어 빨리 옥경대에 갈 것만을 기도하고 있으니 도대체 이게 뭔 짓들인가! 부모에게 있지도 않은 혼령혼백이, 어떻게 자기 혼자에게만 있어 하늘로 올라간단 말인가? 부모도 없는 혼령혼백이 상천하여 무엇할꼬? 어리석은 소리 하지도 말라!"

(※ 제사에 대한 수운의 생각은 매우 논리적이다. 부모에게 부정되는 혼백이 자기에게만 있다는 것이 말이 되는가? 제사는 우상숭배와는 본질적으로 다른 것이며 기독교신앙의 문제와는 차원을 달리하는 것이다. 선교사들 중에서도 제사를 지낼 수 있다는 것이 초기 제수이트들의 입장이었다. 동방에 뒤늦게 도착한 도미니칸, 프란시스칸 종파의 선교사들이 제사불가를 내걸어 전례논쟁Rites Controversy를 유발시켰다. 우리나라에 온 파리외방선교회Paris Foreign Missions Society의 신부들은 대체적으로 매우 저질적인 제국주의자들이었다. 파리외방선교회의 저질적 기준에 의하여 우리나라의 순결한 천주교인들이 희생되었다. 제2차 바티칸공의회The Second Vatican Council, 1962~65에서 제사는 공인되었다. 그리고 구원은 그리스도를 모르는 사람들까지도 얻을 수 있다는 보편구원설의 방향으로 교회의 새로운 진로를 열었다).

이 말 저 말 다 던져버려라! 오직 무극대도가 말하는 하느님만을 공경하라! 그리하면 아동방(우리나라)에 괴질이 3년이나 계속 창궐한다 한들, 괴질에 걸려 죽을 염려도 없을 것이다. 허무한 너희 기독교 풍속을 듣고나니 듣는 소리마다 절창絶唱이오, 보고나니 참으로 개탄할 일이로다!

(※ 여기 "삼년괴질"이라는 말이 있는데 미키 사카에三木榮의 『조선의학사 및 질병사朝鮮醫學史及疾病史』를 보면 철종 10년[1859]부터 철종 13년[1862]까지 제2차 콜레라대유행이 기록되어 있다. 콜레라에 걸려 사망한 자들의 통계는 자세히 나와있지 않지만 외국 신부들의 편지에는 40만 명이 목숨을 잃었다는 이야기가 확실한 것처럼 기록되어 있다. 어느 편지에는 4만 명으로 기록되어 있다. 하여튼 대단히 많은 희생자가 발생했던 것만은 틀림이 없다. 1860년 7월의 과거시험이 서울지역에 괴질이 창궐하여 1861년 봄으로 연기된 사실도 기억할 만하다).

나 역시 사십평생을 하염없이 지내왔다. 이제야 이 세상살이에 좀 정신이 들어 홀연히 생각하니 시운(시대정신Zeitgeist)이 뒤바뀐 것이다. 그러한 변혁의 기운을 타고 나는 만고에 없는 무극대도를 이 세상에 창건하였다(※ "창건"을 "창견創見"이라 하는 것은 불가함. "창건"이라 함은 "동학"의 구상이 거의 완결되었다는 것을 의미한다. 그래서 여태까지 서학의 성격을 분석했던 것이다). 나의 창건 또한 이 시대의 필연적 운세일 수밖에 없다.

매일매일 때때로 먹는 음식을 성誠과 경敬 두 글자로 지켜내는 것이야말로 하느님을 공경하는 것이요, 그것이 무극대도의 핵심이다(※ 해월의 "밥사상"이 이미 여기에 배태되어 있다). 이렇게 하느님을 공경하면 어려서부터 날 괴롭히던 신병들이 약을 쓰지 않아도 스스로 물러나고, 내 몸이 가볍게 날아갈 듯 가뿐해진다. 집안의 모든 우환이 사라지고 일년 삼백육십일이 하루아침같이 지나가 버리니 이것이야말로 천우신조가 아니겠는가?

보충 설명 구체적인 삶의 변화, 물약자효야말로 무극대도의 신험
信驗이다. 수운은 이런 방식으로 동학을 권유하고 있는 것이다.

5-5.
추추추추 次 次 次 次	증험ᄒᆞ니 證 驗	윤회시운 輪 廻 時 運	분명ᄒᆞ다 分 明
어화세상	ᄉᆞ람들아	이ᄂᆡ경계 警 戒	ᄒᆞᄂᆞᆫ말ᄉᆞᆷ
세세명찰 細 細 明 察	ᄒᆞ온후의	잇디말고	지켜ᄂᆡ야
셩지우셩 誠 之 又 誠	공경히셔 恭 敬	ᄒᆞ날님만	싱각ᄒᆞ쇼
쳐ᄌᆞ불너 妻 子	효유ᄒᆞ고 曉 諭	영세불망 永 世 不 忘	ᄒᆞ엿스라
아동방 我 東 方	년년괴딜 年 年 怪 疾	인물상ᄒᆡ 人 物 傷 害	안일넌가
ᄂᆞ도쏘ᄒᆞᆫ	이세상의 世 上	편답듀류 遍 踏 周 流	ᄒᆞ다가셔
어딘ᄉᆞ롬	만ᄂᆞ거든	시운시변 時 運 時 變	의논ᄒᆞ고 議 論
빅년신세 百 年 身 勢	말ᄒᆞ거든	이글주고	결의히셔 決 意

붕우유신 朋友有信	ㅎ여보세	우미ᄒᆞᆫ 愚昧	이ᄂᆡ말삼
잇디말고	싱각ㅎ소	우ᄌᆞ쳔려 愚者千慮	그가운디
필유일득 必有一得	되게드면	그아니	덕일넌가 德
운수관계 運數關係	ㅎᄂᆞᆫ일을	고금의 古今	업ᄂᆞᆫ고로 故
졸필졸문 拙筆拙文	디어ᄂᆡ야	모몰염치 冒沒廉恥	젼ᄒᆡ쥬니 傳
이글보고	웃디말고	흠지훈ᄉᆞ 欽哉訓辭	ㅎ엿스라

풀이　이렇게 나의 무극대도는 점차로 증험되어 나아가니, 대운세의 역전이 분명하다. 쇠운이 성운으로 바뀌고 있는 것이다! 이것은 혁명의 기운이 돌고있는 것이다. 어화 세상사람들아! 내가 주의 깊게 그대들에게 전하는 말들을 세밀하고 명료하게 헤아린 후에, 반드시 잊지 말고 실천을 해내야만 한다. 인간으로서 성실함을 다하고 또 다하여 공경한 삶의 자세로 하느님만 생각하라! 인간의 번쇄한 욕망에 오염되지 말라! 가까운 처자부터 효유하여 한평생 잊지 말고 진리를 지켜라(※같은 시기에 쓴 「동학론」에 "영세"는 사람의 한평생[人之平生]이라고 말했다. 수운의 시간관은 구체적이고 허황된

것이 없다).

　　지금 우리나라에 해마다 괴질이 돌고 있는데 이 나라의 인물이 상해당하고 있는 형편이 아니겠는가? 이럴 때일수록 우리는 혁명의 기운을 펴뜨려 물약자효케 해야 한다. 모든 사람이 제각기 이 세상을 편답주류 하다가서(※여기서 "나도"는 수운 개인만을 가리키는 것이 아니라 모든 사람 각자 자신을 가리킨다. 지금부터 수운은 구체적 혁명의 방법론을 말하고 있다) 속이 깊은 인仁한 사람을 만나거든 시운시변時運時變(이 시대의 운세가 변하고 있다는 혁명사상)을 의논하라! 백년의 운세를 말할 수 있는 원시안을 가지고 있는 사람을 만나게 되면 이 글을 주고 같이 일을 도모할 혁명의 동지로서 결의하라! 혁명동지의 핵심적 인품은 신信 한 글자에 담겨있다. 서로 신뢰하고 신망할 수 있는 붕우를 만들라!

　　우매한 듯이 들리는 이 나의 말씀을 잊지 말고 생각하소. 우매한 듯이 보이는 이 사람의 천 가지 생각 중에 단 한 가지라도 받아들일 것이 있다면 그것이 곧 덕을 쌓는 일이라오.

　　이 나 수운의 운수와 관계되는 일은 고금에 있어본 적이 없는 유일무이한 것이므로 졸필졸문일지라도 염치없음을 무릅쓰고 후세에 전하노니, 이 글을 보게 되는 사람들이여 제발 웃지 마소서! 나의 훈사訓辭를 공경되이 받으소서!

보충 설명　수운의 언어는 "혁명"이라는 말이 직접적으로 나오지는 않지만, "윤회시운"이라든가 "시운시변"을 말하는 수운의 언어 배면에서 동학은 "현세의 혁명"이라는 사유를 충분히 읽어낼수 있다. "혁명"이란 공산혁명이나 불란서혁명만이 혁명이 아니다. 혁명이란 "명을 가는 것"인데 그 명갈이의 참된 사유는 서양에서 발생하지 않았다. 불란서혁명을 중심으로 근대를 논하는 모든 사유는 일종의 "역사학제국주의"에 불과하다. 우리는 우리 스스로의 혁명을 논해야 한다. 동귀일체를 통하여 보국안민을 달성하는 새로운 혁명을 논해야 한다. 이 혁명은 반드시 신에 대한 관념의 혁명을 포섭해야 한다.

제6장
몽듕노소문답가

전체 개요   수운은 남원 교룡산성 은적암에 정착한 후 쾌적한 환경을 얻었고, 또 고적한 분위기 속에서 저술에 전념할 수 있었다. 정치적인 압박감이나 도인들과의 관계에서 발생하는 번거로운 일이 없었기 때문에 한 1년 그곳에서 머물고 싶어했다. 임술년 3월에는 잠시 육로를 통해 경주에 들른 일도 있었다(『동경대전1』, p.157). 그러나 마냥 머물 수는 없었다. 경주의 모든 상황과 체제가 수운의 귀환을 고대하고 있었다. 그만큼 수운의 가르침은 강력한 지속성을 지니고 있었다. 당시 민중에게 수운과 같은 위대한 지도자는 없었다.

1862년 6월 초에 은적암에서 수운은 한문대작 트리오의 마지막 작품인 「수덕문」을 완성한다. 남원체류는 수운에게 진실로 생산적인 정신환경을 부여했던 것이다. 「수덕문」을 완성한 후 수운은 연이어 한글가사인 「몽중노소문답가」를 저술한다. 그러니까 「몽중노소문답가」야말로 그의 남원체류를 총결산하는 작품인 동시에, 동학을 민중의 심정 속으로 끌어들이는 가장 탁월한 문학작품이라고 말할 수 있다. 수운은 이 가사를 통해서 자신의 아이덴티티를 재정립하고자 했으며, 다시개벽의 확신을 선포하고자 했다.

수운은 어설픈 신흥종교의 개창자나 교주로서의 자기정체성을 가지고 있지 않았다. 그러나 동학을 새롭게 창건하고 다시 규정하는 마당에 단순히 경주 용담의 최아무개라는 세속적 핏줄의 상념 속에 갇히고 싶지도 않았다. 수운은 이미 무극대도의 창건자로서, 하느님의 대변자로서, 민중의 리더로서 여태까지 그 누구도 지켜보지 못한 새로운 아이덴티티의 화신으로서의 자아상을 클레임하고 있었다.

그런데 이러한 클레임을 자기가 해야 한다는 것에 좀 아이러니가 있었다. 자기를 자기가 말해야 하기 때문이다. 누군가 권위 있는 인간이 수운을 위해 글을 써준다면 좋겠지만, 무극대도에는 수운 이상의 권위 있는 자도 있을 수 없고, 또 지력이나 필력이나 통찰력이 수운을 능가하는 사람은 주변에 찾아볼 수가 없었다.

수운은 이러한 난감한 사태에 대해 문학적 상상력을 동원하기로 했다. 즉 수운이라는 인간 사태(이벤트)를 하나의 픽션으로 만들어버리는 것이다. 우리민족의 언어세계에서는 픽션과 넌픽션, 허구와 사실, 몽환과 현실, 이상과 실제는 명료하게 구획되지 않는다. 과학적 이성이 우리언어를 지배하기 시작한 20세기 이전에는, 꿈과 깸이라는 것은 모호하게 융합되어 있었다. 수운은 자신이 구상한 픽션 속에서 자기라는 존재의 실상을 이상적으로 구성한다. 그러나 그것은 결코 완벽한 허구가 아니라 실제의 자기모습이기도 한 것이다. 그래서 "용담"을 "금강산"으로 바꾼다든가, 자기 부모를 "산제불공 드리는 두 늙은이"로 바꾼다든가, "귀룡歸龍"을 "귀금강"으로 바꾼다든가, 나이 "사십四十"을 "십사十四"로 환치시킨다든가, "하느님"을 "꿈속의 신선"으로 바꾼다든가 하는 문학적 장치를 통해 자신의 모습을 이상화하고, 신비롭게 만들고, 다시개벽의 유일한 리더로써 새롭게 클레임하게 되는 것이다. 이러한 전체적 의도와 장치를 모르면 이 노래를 이해할수가 없다. 이「몽중노소문답가」는 크게 3막으로 구성되어 있다.

제1막	수운의 탄생과정	수운은 더 이상 로칼한 경주사람이 아니다. 삼천리 금수강산, 오만년의 운세가 총집결된 금강산에서 태어났다.
제2막	수운의 성장과정	생이지지生而知之의 비범한 재국을 타고나서 만권시서 무불통지. 주류팔도 후에 십사 세에 금강산으로 돌아온다.
제3막	금강산 상상봉에서 도사와 해후하는 꿈이야기	다시개벽의 확신을 얻다. 무극대도를 전하다. 하느님의 뜻을 민중에게 깨우치다.

수운은 더 이상, 경주 최씨 최옥과 재가녀 곡산 한씨(『대선생주문집』에는 청주 한씨)의 자녀가 아니다. 조선왕조의 운이 다해가는 시점에 전 우주의 지령이 집결된 금강산에서 태어난 지국이 비범하고 재

기가 과인하는 신적인 존재이다. 이 인물은 자라나면서 팔도강산을 주류하고 인심풍속을 살펴본다. 그 주류천하의 체험에서 목도한 것은 민중의 삶이 지향처를 망각하고 부유하고 있으며 도참, 비기와 같은 황당한 이야기에 홀려 각자위심하고 있는 현실이다.

그리고 이러한 위기상황이야말로 다시개벽의 대운이 도래한 사실의 방증이기도 하지만, 더 이상 요순지치나 공맹지덕으로 해결될 수 있는 상황이 아니라는 결론에 도달한다. 천지는 다시개벽되어야 하며 민중은 무극대도의 새로운 비전을 기다리고 있다. 이러한 생각을 품게 된 수운은 금강산에 돌아가 꿈속에서 진인을 만나게 된다.

「몽중노소문답가」는 어떤 의미에서는 코믹하기도 하고 경쾌하게 읽히기도 하지만 이 가사는 진실로 "혁명의 노래"이다. 조선의 역사 속에서 오늘의 동학이 탄생된 배경에는 이 혁명의 노래가 민중의 가슴속에 촉촉이 배어들어갔기 때문이라는 사실을 꼭 기억해야 한다. 수운은 은적암에서의 반년의 생활을 청산하면서 이 혁명의 노래를 완성함으로써 은적암에서의 고독한 지적 탐색을 완수한다.

수운은 당시 민중이 『정감록』류의 도참비기에 홀려있는 현실을 매우 비판적으로 바라보고 있지만, 한편 『정감록』의 십승지十勝地나 궁궁弓弓 논의에 빠져들어갈 수밖에 없는 민중의 심리를 예리하게 포착한다. 사실 이 「몽중노소문답가」는 『정감록』의 구성양식과 상통하는 점이 있다. 그리고 또 수운은 소동파의 「전적벽부」「후적벽부」의 언어구성도 충분히 활용하였다. 그러나 『정감록』은 기본적으로 보신保身의 피세적 구안求安의 길을 모색한다. 「적벽부」도 신선과도 같은 삶의 즐거움을 예찬하고 있다. 그러나 수운의 「몽중노소문답가」는 그러한 피세적이거나 도피적 자세가 전무하다. 그러한 현실을 개혁해야 한다는 것이다. "다시개벽"이라는 용어가 마지막 꿈속에서의 신선담론의 키워드로서 등장하고 있는 것이다.

『정감록』이라는 책은 「감결鑑訣」 하나로만 된 책이 아니라 10여 종류의 비기祕記를 한데 묶은 책인데, 이 비기류의 책은 보통 유서儒書와는 달리 "역성혁명易姓革命"을 아무렇지도 않은 상식처럼 이야기하고 있다. 모든 왕조의 필연적 쇠망을 지기의 쇠퇴와 더불어 운운하고 있는 것이다. 『정감록』은 민중에게 혁명의 필연적 도래를 이야기하고 있다. 이것은 혹세무민의 사설邪說이 아니라 혁명을 통하여 민족의 생명이 영속되리라는 신념을 불어넣어준 예언서인 것이다. 수운은 서학을 강력하게 배척하면서도 그 장점을 취하고, 『정감록』의 피세주의를 하찮은 발상으로 비하하면서도 그 혁명의 기개를 취한다. 그리고 초월적 신관을 허무맹랑한 것으로 비하시키면서도 그 인격성을 취한다. 초월과 내재, 인격과 비인격, 불연과 기연이 하나로 혼용된다는 데 수운적 사유의 특질이 있다. 이 「몽중노소문답가」는 그러한 특질이 유감없이 표출되어 있는 탁월한 문학작품이라 해야 할 것이다.

몽듕노소문답가
夢中老少問答歌
(팔십뉵구)

6-1.

곤륜산 崑崙山	일지믹의 一支脈	됴션국 朝鮮國	금강산이 金剛山
긔암괴셕 奇岩怪石	됴흔경 景	일만이쳔 一萬二千	안일넌가
팔도명산 八道名山	다던지고	텬하승디 天下勝地	안일넌가
삼각산 三角山	혼양도읍 漢陽都邑	ᄉᆞᄇᆡᆨ년 四百年	지닌후의 後
하원갑 下元甲	이세상의 世上	놈녀간 男女間	ᄌᆞ식업셔 子息
산졔불공 山祭佛供	하다가셔	두늘근이	마조안ᄌ
탄식하고 嘆息	하난말이	우리도	이세상의 世上
명명한 明明	텬디운수 天地運數	남과가치	타고ᄂᆞ셔
긔궁한 奇窮	이니팔ᄌ 八字	일졈혈육 一點血肉	업단말가

우리ᄉ후 死後	고ᄉᄒᆞ고 姑捨	득죄부모 得罪父母	안일넌가
아셔라	ᄌᆞ고급금 自古及今	공덕으로 功德	ᄌᆞ식비러 子息
후ᄉ를 後嗣	이은ᄉᆞ람	말노듯고	눈으로보니
우리도	이세상의 世上	공덕이ᄂᆞ 功德	닥가보세
탕진가산 蕩盡家産	ᄒᆞ여ᄂᆡ야	일심졍긔 一心精氣	다시먹고
팔도불젼 八道佛前	시쥬ᄒᆞ고 施主	지셩으로 至誠	산제히셔 山祭
ᄇᆡᄇᆡ축원 百拜祝願	앙텬ᄒᆞ며 仰天	듀소간 晝宵間	비ᄂᆞᆫ말이
지셩감텬 至誠感天	안일넌가	공덕이ᄂᆞ 功德	닥가보세
그러ᄂᆞ	ᄌᆞ고급금 自古及今	젼히오ᄂᆞᆫ 傳	세상말이 世上
인걸은 人傑	디령이라 地靈	승디의 勝地	ᄉᆞ라보세
명긔ᄂᆞᆫ 名氣	필유명산ᄒᆞ라 必有名山下	팔도강산 八道江山	다던지고
금강산 金剛山	ᄎᆞᄌᆞ드러	용세좌항 龍勢坐向	가려ᄂᆡ야

슈간초옥　일협곡의　　구목위쇼　안일넌가
數間草屋　一峽谷　　　搆木爲巢

그러그러　디니느니　　윤신포틱　되얏더라
　　　　　　　　　　　潤身胞胎

풀이　저 파미르고원에 우뚝 솟은 곤륜산, 황하의 발원점이며
서왕모가 살고 있다는 태양신의 자리, 그 맥이 아시아대륙으로 뻗쳐
대흥안령, 백두산을 거쳐 조선국의 금강산에서 금강 같은 결정을
이룬다. 금강산의 기암괴석, 아름답기 그지없는 경치! 일만이천 봉
의 장관을 보라! 조선팔도의 명산을 통틀어서 하늘아래 최고의 승
지가 아니겠는가!(※금강산에 대한 조선사람들의 관념을 읽을 수 있다).

삼각산의 양날개가 에워싼 한양에 도읍한 지 벌써 400년! 조
선의 국운이 달린 하원갑(※"삼원갑자"는「권학가」에서 이미 해설함. 하
원갑은 대체로 18세기 후반이다. 수운이 말하는 하원갑·상원갑은 18세기에
서 19세기에로의 전환의 시기이다)의 이 시기에 두 남녀가 살고 있었는
데, 슬하에 자식이 없었다. 산신령님께 제사지내고 부처님께 공양
드리고 하다가서 세월이 지나갔다. 두 늙은이 마주앉아 자식 없음을
탄식하며 다음과 같이 말한다:

"우리도 이 세상에 밝고 밝은 천지운수를 남못지않게 타고났소.

그런데 우리 팔자가 뭐 그렇게 궁색하다고 일점혈육도 없단 말이오. 우리가 죽은 후에 우리 후사가 없는 것은 고사하고라도 우리 부모님을 뵈올 면목이 있겠소? 아서라, 예로부터 지금에 이르기까지 훌륭한 공덕을 쌓아 자식 낳기를 빌어 후사를 잇는 데 성공했다는 말은 있지 않겠소? 후사를 이은 사람, 말로도 들었고 또 실제로 사람들이 두 눈으로 보았다고 하니, 우리도 이 세상에다가 공덕이나 닦아봅시다."

이 부부는 가산을 다 꺼내어 한 마음으로 정화로운 기를 다시 모으고, 팔도의 용하다는 부처님께 모두 시주하고, 또 지성으로 산신령님께 제사를 지내었다. 이들이 축원을 백배百拜로 하며 하늘을 바라보고 밤낮으로 간절히 비는 말이 이와같았다:

"지성이면 하늘도 감응하는 것이 아니겠소? 의심 말고 공덕을 닦아봅시다. 그러나 예로부터 전해오는 세상말이 있으니 이왕이면 그 말대로 지혜롭게 빌어봅시다. 인걸은 반드시 땅의 영기를 타고난다고 했으니 승지를 선택해서 생활해봅시다."

뛰어난 기운은 반드시 뛰어난 명산 아래서 태어난다고 했으니 이들이 팔도의 강과 산을 다 뒤로 하고 먼저 찾아간 곳이 금강산이었다. 금강산의 산맥들이 형성하는 용틀임 속에 좌향坐向(집이 앉을 방향)을 가려내어 우선 집터를 마련하였다. 그리고 몇 칸짜리 조촐한 초가집을 오붓한 계곡 양지바른 곳에 나무를 엮어 지어

보금자리를 건축하였다. 그곳에서 행복하게 지내던 중 몸에 윤기가
돌더니, 드디어 포태하게 되었다.

보충 설명　수운의 포태과정을 설명한 드라마적 기술이다. 수운은
단순한 한 지역의 우연한 개체가 아니라, 곤륜산에서 금강산으로
뻗치는 대륙의 지령地靈(땅의 영기)이 한 곳으로 응축되어 태어난
거대한 기운의 상징태인 것이다. 조선은 "반도"가 아니라 아시아
대륙의 정화이다.

6-2.

십삭이 十 朔	임의되미	일일은 一 日	집가온디
운무가 雲 霧	ᄌ옥ᄒ며	닉금강 內 金 剛	외금강의 外 金 剛
두세번	딘동홀씨 震 動	홀연이 忽 然	산긔잇셔 産 氣
아들아기	탄싱ᄒ니 誕 生	긔놈ᄌ 奇 男 子	안일넌가
얼골은	관옥이오 冠 玉	풍치는 風 采	두목지라 杜 牧 之
그러그러	지니ᄂ니	오륙세 五 六 歲	도얏더라
팔세에 八 歲	입학히셔 入 學	허다ᄒᆫ 許 多	만권시셔 萬 卷 詩 書

무불통디 ᄒᆞ여ᄂᆡ니 싱이디디 방불ᄒᆞ다
無不通知　　　　　生而知之　彷彿

십세를 지ᄂᆡᄂᆞ니 총명은 ᄉᆞ광이오
十歲　　　　　　聰明　師曠

지국이 비범ᄒᆞ고 징긔 과인ᄒᆞ니
智局　非凡　才氣　過人

평싱의 ᄒᆞᄂᆞᆫ근심 효박ᄒᆞᆫ 이세상의
平生　　　　淆薄　世上

군불군 신불신과 부불부 ᄌᆞ불ᄌᆞ를
君不君　臣不臣　父不父　子不子

주소간 탄식ᄒᆞ니 울울ᄒᆞᆫ 그회포ᄂᆞᆫ
晝宵間　嘆息　鬱鬱　懷抱

흉둥의 가득ᄒᆞ되 아ᄂᆞᆫᄉᆞ람 젼여업셔
胸中　　　　　全

쳐ᄌᆞ산업 다바리고 팔도강산 다발바셔
妻子産業　　　八道江山

인심풍속 살펴보니 무가ᄂᆡ라 홀찔업ᄂᆡ
人心風俗　　　無可奈

우숩다 세상ᄉᆞ룸 불고텬명 안일넌가
世上　不顧天命

고이ᄒᆞᆫ 동국참셔 취켜들고 ᄒᆞᄂᆞᆫ말이
怪異　東國讖書

이거임진 왜ᄂᆞᆫ씨ᄂᆞᆫ 이지송송 ᄒᆞ여잇고
已去壬辰　倭亂　利在松松

가산졍쥬（嘉山定州） 셔젹씨는（西賊）

어화세상 사람들아（世上）

싱활디계（生活之計） 하여보세

망딘쟈는（亡秦者） 호야라고（胡也）

이세망국（二世亡國） 하온후의

우리도 이세상의（世上）

미관미작（賣官賣爵） 세도쟈도（勢道者）

젼곡쌓인（錢穀） 부쳠디도（富僉知）

유리걸식（流離乞食） 피가쟈도（敗家者）

풍편의（風便） 쓰인쟈도（者）

혹은만쳡산듕 드러가고（或 萬疊山中）

각쟈위심（各自爲心） 하는말이

이진가가（利在家家） 하엿더니

이런일을 본바다셔（本）

딘누라（秦） 녹도셔는（錄圖書）

허츅방호（虛築防胡） 하엿다가

세상사람（世上） 아라스니

이진궁궁（利在弓弓） 하엿두니

일심은（一心） 궁궁이오（弓弓）

일심은（一心） 궁궁이오（弓弓）

일심은（一心） 궁궁이라（弓弓）

혹은궁궁촌 차쟈가고（或 弓弓村）

혹은셔혹의 입도히셔（或 西學 入道）

늬올코 네그르지

시비분분 ᄒᆞᄂᆞᆫ말이   일일시시   그ᄲᅮᆫ일네
是 非 紛 紛   日 日 時 時

풀 이　 열 달이 지나갔다. 하루는 금강산 협곡의 초옥 한가운데 운무가 자옥하더니만 내금강과 외금강의 기운이 마주쳐 두세 번 진동한다. 홀연히 산끼가 있더니 옹애~ 드디어 옥동자가 탄생하였다. 참으로 빼어나게 잘생긴 남자였다. 얼굴은 관옥(※본래는 남자의 머리에 쓰는 관 앞에 달린 옥구슬을 뜻하지만 아주 잘생긴 남자 얼굴을 뜻한다)이요, 풍채는 두목지를 방불케 한다(※두목杜牧, 803~852은 당나라 때의 걸출한 시인이며, 자字가 목지牧之이다. 그 유명한 역사가 두우杜佑의 손자이며, 칠언절구의 시가 사람들의 사랑을 받아 "작은 두보小杜"라고도 불린다. 성격이 강직하고 소절에 구애되지 않는 활달함이 있었으며 경략의 재능이 뛰어났다. 수운의 성품과 상통하는 바가 있다. 두목의 시는 성당盛唐의 화려함이 지나고 쇠락해가는 만당晚唐의 애수와 우상憂傷이 배어있으나 그 속에 있는 정련된 언어를 통해 담담한 함축적 정사情思를 표현한다. 뛰어나게 잘생긴 남자로도 유명해 여기 인용된 것이다).

　무럭무럭 자라나서 나이 다섯여섯 되었더라. 나이 여덟에는 서당에 들어가 그 많은 학업일정의 만권시서(『시경』『서경』을 포함한 문사철의 경전들)를 통달하지 아니하는 것이 없었다. 공자도 미치지 못한다 하는 "생이지지生而知之"(「술이」19. 나의 『논어한글역주』2,

pp.582~5를 참고할 것)의 선천적 재능을 방불케 한다. 드디어 나이 열 살이 넘어가니 귀밝고 눈밝기는 사광師曠(춘추시대의 저명한 악사. 악성樂聖으로 추존되다. 산동성 신태시新泰市 사람. 이 사람은 실제로 장님이다)의 경지와 같았다. 지국이 범상치 아니하였고 재기가 범인을 뛰어넘었다.

(※ "재기"를 보통 "才器"라 쓰는데 이것은 잘못된 것이다. "才器"도 의미는 통하지만, 앞에 "지국智局"이 있으므로 이미 "그릇"의 뜻을 포섭한다. 그런데 실상 "재기과인才氣過人"이라고 하는 것은 정확한 출전이 있다. 수운이 『사기』에 달통한 사람임이 다시 한 번 확인된다. "재기과인"은 「항우본기」에 항우項羽[하상下相 사람. 이름은 적籍이고 자가 우羽이다. 아버지는 일찍 죽었고 계부가 항량項梁이다]의 어릴 적 재능을 표현하는 말로서 나온다. 항적은 키가 8척이 넘고 힘은 커다란 정을 번쩍 들어올렸으며, 재기가 과인하여, 오중의 자제들조차 모두 항적을 두려워했다.籍長八尺餘, 力能扛鼎, 才氣過人, 雖吳中子弟皆已憚籍矣。수운은 항우와 자기를 은근히 동일시하면서 항우가 가진 힘과 리더십, 그리고 그가 중원으로 세력을 넓혀가는 등장과정을 암시했다. 항우는 어렸을 때 이미 진시황이 회계산을 유람하고 절강을 건너는 모습을 지켜보았다고 한다. 항우와 수운은 본질적으로 다르다. 항우는 수운의 문文적인 재질과 혜안을 갖지 못했다. 그러나 수운은 항우의 힘과 깡과 비운에 대처하는 용기를 흠모하였다).

이렇게 재기가 과인하였기 때문에 그는(수운의 화신) 평생 효박한 이 세상을 근심치 아니할 수가 없었다. 임금이 임금답지 못하고, 그를 섬긴다 하는 신하놈들은 신하답지를 못하고, 아버지가 아버지다웁지 못하고, 자식이 자식 다웁지 못하는 현세를 밤낮으로 개탄치 아니할 수가 없었다(※『논어』「안연」11에 있다. 공자와 제나라 경공 사이의 대화로서 나온다. 그러나 여기서는 윤리가 땅에 떨어진 세태를 개탄하는 맥락에서 쓰였다).

이렇게 탄식하는 가운데 울울한 회포가 흉중에 가득 쌓여, 그 울분을 토해내고자 하여도 그 심정을 이해해주는 사람이 전혀 없었다. 그리하여 그는 아내와 자식, 그리고 가업을 다 버리고 팔도강산을 홀로 유랑하기로 작심하였다. 무엇이 잘못된 것인지 세상을 몸소 체험해보고 알고 싶었던 것이다.

그래서 그는 가는 곳마다 인심과 풍속을 자세히 살펴보았다. 그랬더니 무가내라 진실로 절망적인 현실이 눈앞에 전개되는 것이었다. 우습다! 세상사람들이여! 그대들은 어찌하여 하느님의 명령을 듣지 아니하는가? 천명은 돌아보지도 않고 괴이한 『정감록』과 같은 조선의 참서(예언서)를 추켜들며 다음과 같이 떠벌인다:

"이미 지나간 임진년 왜란 때는 소나무밭으로 도망가는 게 장땡이었고, 최근 가산에서 일어나 정주에서 궤멸된 홍경래란 때는 그냥 집에 머물러 있는 것이 살아남을 확률이 제일 높았다고 『정감록』에 쓰여있었다오(※ "이재송송利在松松"의 "송"을 이여송과 관련시키기도 하지만 수운은 그런 맥락을 취하지 않았다. "가가家家"의 댓구로 "송송"을 말했을 뿐이다. "이재利在"라는 표현은 『주역』 효사의 "이견대인利見大人"이라는 표현이 변한 것이다).

어화 세상사람들아! 『정감록』에는 이렇게 난리를 피해 살아남을 수 있는 방법이 쓰여있으니, 그 예언을 본받아서 살아남을 궁리를 하여보세(※『정감록』의 예언은 혼란의 시기에 그 혼란을 피해 입신안명立身安命을 꾀하는 피세철학이다. 수운은 이러한 피세론을 비판하고 있다. 혼란의 시기야말로 기회의 시기이며 개벽의 시기이다. 혼란을 피할 것이 아니라 혼란과 마주 싸워야 한다는 것이 수운의 사상이다. 맞대결이 아니면 새세상은 오지 않는다).

또 옛 참언서讖言書에는 이와같은 소리도 있소이다. 진나라에 『녹도서』라는 유명한 예언서가 있었는데, 그곳에는 '진나라를 망하게 할 자는 호胡이다.亡秦者, 胡也。'라고 쓰여있었소. 그래서 진시황은 장군 몽염으로 하여금 병력 30만을 거느리고 흉노를 북벌케 하였고, 그럼에도 마음이 계속 걸려 70만 노동자를 징용하여 만리에 달하는 장성을 수축케 하였소. 그러나 장성은 오랑캐를 방비하는 것과는 무관한 짓이었소. 결국 만리장성은 헛지랄을 한 것이라오. 결국 진시황이 외지에서 황당하게 죽고 거짓으로 황위를 이은 진시황의 막내아들 호해胡亥, 즉 이세황제二世皇帝가 진나라를 망해먹은 이후에야, 세상사람들이 『녹도서』의 예언이 대단한 진실이었다는 것을 알게 되었소.

어화 세상사람들아! 우리나라에도 일찍이 좋은 예언서가 있지 않겠소. 그 참서들이 한결같이 '이재궁궁利在弓弓'을 말하고 있지 않습니까?"

(※ "이로움이 궁궁에 있다"는 뜻인데 우리나라 예언서들에는 대체적으로 이 궁궁사상이 많이 나타난다. 어떤 때는 궁이 활을 뜻하므로 궁궁은 활활 즉 광활한 넓은 땅을 의미할 때도 있다. 궁궁이나 궁을의 형상이 태극의 형상이므로 산과 물이 태극의 형상으로 휘돌아가는 좋은 땅이라는 뜻도 된다. 또 궁궁을 마주보게 하면 "亞" 자가 되는데 이 속에 십자가가 있다고 하여 서학에서 활용하였다는 이야기도 있다. 궁궁이 "무극이태극"과도 같은 고차원의 형이상학 원리라는 설도 있다. 궁궁은 우리나라 도참사상의 한 키워드라는 것은 분명하다).

아아~ 한심하도다! 관작을 팔아먹는 세도자 놈들도 마음 한 구석에는 궁궁 생각으로 가득하고, 돈과 쌀이 창고에서 썩어나는 부유한 첨지양반들도(첨지는 정3품 관직) 마음 한 구석에는 궁궁 생각으로 가득하고, 유리걸식하는 불쌍한 패가자들도 마음 한 구석에는 궁궁 생각으로 가득하다. 모두가 궁궁으로 도피할 생각에 미쳐있는 것이 우리사회의 현실이다.

이 바람결에 떠도는 가짜뉴스에 현혹되어 부유하는 인생들이, 어떤 자는 궁궁촌을 찾아가고, 어떤 자는 만첩산중 깊은 곳으로 숨어들어가고, 또 어떤 자는 서학에 입도하여 안전을 꾀하곤 하는데, 이들 모두가 이기주의 각자위심에 빠져 하는 말은 한결같이 이러하다: "내가 옳고 네가 그르다." 합리적 대화나 혼란타개에 대한 공통의 생각이 없는 것이다. 그러니 시비는 해결될 길이 없이 날로 분분해져만 간다. 날이면 날마다 시시각각으로 사람 사는 꼴이 그 모양일 뿐이다.

보충 설명   진실로 적나라한 현실진단이요, 시대고발이다! 뿐만
아니라 오늘 우리사회의 모습에 대한 경종이기도 하다. 수운이
살던 시대에 감결류와 비결서가 매우 유행했던 것은 틀림이 없
다. 더구나 홍경래의 계획적인 봉기거사가 실패로 돌아간(1811~12)
이후, 그러한 비기는 더욱 강한 영향력을 발휘하였다. 사회변혁을
희망하는 세력들은 홍경래가 죽지 않았으며 다시 봉기할 것이라
는 재림대망사상을 가지고 있었다. 수운은 전라도에 체재하면서
이러한 도참사상이 민중에 광범위하게 펼쳐져 있는 현실을 매우
심각하게 체험한 것 같다. 서학도 어떤 의미에서는 이런 도참의
일종이었다.

6-3. 아셔시라 아셔시라   팔도구경 두던디고
                            八道

      고향이ᄂ 도라가셔   빅가시셔 외와보세
      故鄕   百家詩書

      니ᄂ히   십ᄉ세라   젼졍이   만니로다
                十四歲   前程   萬里

      아셔라   이세상은   요순지치라도 부족시오
                世上   堯舜之治   不足施

공밍지덕 孔孟之德	이라도	부족언 不足言	이라
흉듕의 胸中	품은회포 懷抱	일시의 一時	타파ᄒ고 打破
허위허위	오다가셔	금강산 金剛山	상상봉의 上上峰
잠간안ᄌ 暫間	쉬오다가	홀연이 忽然	잠이드니

풀이 세상구경 하다보니 이게 도무지 아닌 듯 싶었다. 아서라, 아서라! 도대체 팔도구경 할 게 뭐냐? 고향故鄕이나(※여기서 "고향"은 금강산이 된다) 돌아가서 제자백가 『시경』『서경』(※선진고경을 총칭하는 말)이나 외워보자꾸나! 세상일에 찌든 마음을 공부로 씻어보자꾸나! 내 나이 십사세라!(※"십사세"는 "十四歲"인데, 현실적으로 용담으로 돌아간 것은 "四十歲"였다. "四十"을 거꾸로 하여 "十四"로 만듦으로써 픽션과 넌픽션의 효과를 중첩시키고 있다. 문학적으로 탁월한 기법이다). 아 내가 살아가야 할 앞길이 만리로다! 그런데 기나긴 세월 동안 내가 살아가야 할 이 세상은 이미 요순과 같은 이상적 성왕이 나와 다스린다 해도 인정仁政을 베풀 수가 없는 꼴이요, 공맹의 덕으로써 설득을 하려 해도 이미 씨알맹이도 멕히지 않는 실정이다(※매우 중요한 언급이다. 이미 조선사회는 유교의 정치방법이나 덕치 · 인치의 이념으로 바로잡을 수 없다는 것을 선언한 것이다. 공맹이나 요순이 더

이상 안 멕히는 사회라고 한다면 그것은 혁명밖에는 없다).

　　그동안 가슴에 오락가락했던 여러 상념들을(※여기 상념들이란 [원문에는 회포懷抱] 대체로 세속에 휩쓸렸던 생각들, 다시 말해서, 도참적인 팬 시한 생각들이나 기독교가 말하는 상제 하느님의 구원과도 같은 피세적이고 의타적이고 수직적인 사유를 가리킨다) **일시에 다 쓸어내버렸다**(※일시 에 타파했다는 것은 몽땅 폐기처리 해버렸다는 뜻이다. 수운은 새 사람, 새 혁 명가가 될 수 있는 마음의 준비를 끝냈다는 뜻이다). **그러고나니 몸과 마 음이 비어 비틀비틀 걸어오게 되었다. 비틀비틀 금강산 상상봉에 당도하여 잠깐 앉아 쉬었는데, 그만 홀연히 잠이 들고 말았다.**

　　보충 설명　　귀룡의 심정을 새롭게 구성한 것인데 모든 세속적 유 혹, 즉 도참이나 천주의 이념에서 해방되었다는 선언이 중요한 테마이다. 그러나 주석가들이 이런 미묘한 주제를 깊게 다루지 않는다. 그리고 "요순지치라도 부족시오, 공맹지덕이라도 부족언 이라"고 한 말은 매우 중요한 선언이다. 이제 동학밖에는 이 민족의 활로가 없다는 것이다.

6-4. 　**몽의우의편쳔**　　**일도ㅅ가**　　**효유히셔**　　**ᄒ눈말이**
　　　夢　羽衣翩躚　　一道士　　曉諭

　　　만학쳔봉　　**첩첩ᄒ고**　　**인젹이**　　**젹젹ᄒ듸**
　　　萬壑千峰　　疊疊　　　人跡　　寂寂

잠ᄌ·기눈 무슴일고

편답강산 ᄒ단말가
遍踏江山

갈불거시 무어시며

이ᄌᆡ궁궁 찻눈말을
利在弓弓

불우시디 혼탄말고
不遇時之 恨歎

송송가가 아라스되
松松家家

텬운이 둘너시니
天運

윤회시운 구경ᄒ소
輪回時運

다시ᄀᆡ벽 안일넌가
開闢

국ᄐᆡ민안 홀거시니
國泰民安

ᄎᄎᄎᄎ 디닛셔라
次次次次

상원갑 호시졀의
上元甲 好時節

수신졔가 아니ᄒ고
修身齊家

효박혼 세상ᄉᆞ룸
淆薄 世上

가련혼 세상ᄉᆞ룸
可憐 世上

우실거시 무어시며

세상구경 ᄒ여스라
世上

이ᄌᆡ궁궁 엇디알고
利在弓弓

근심말고 도라가셔

십이졔국 괴딜운수
十二諸國 怪疾運數

ᄐᆡ평셩세 다시졍히
太平聖世 定

ᄀᆡ탄지심 두지말고
慨歎之心

ᄒ원갑 지니거든
下元甲

만고업눈 무극ᄃᆡ도
萬古 無極大道

이세상의(世上) 날거시니

억됴창싱(億兆蒼生) 마는빅셩(百姓)

불구의(不久) 볼거시니

젼디무궁(傳之無窮) 안일넌가

ㅎ눌님이 쓰즐두면

얼푸시 알아니네

이제보고 언제볼고

아니잇고 ᄎᄌ올시

불견기쳐(不見其處) 도얏더라

너는쏘흔 연쳔히셔(年淺)

틱평곡(太平曲) 격양가를(擊壤歌)

이세상(世上) 무극디도(無極大道)

텬의인심(天意人心) 네가알시

금수가튼(禽獸) 세상스람(世上)

ᄂ눈쏘흔 신션이라(神仙)

너눈쏘흔 션분잇셔(仙分)

잠을놀ᄂ 살펴보니

풀이 꿈에 새깃털로 만든 옷을 입고 펄럭이는 한 도사가 나타났다(※소동파의 「후적벽부」에 나오는 표현). 그 도사는 나를 간곡히 깨우치는 듯 다음과 같이 말을 건넨다:

"아름다운 소년이여! 수없는 골짜기와 산봉우리가 첩첩이 겹쳐있고 인적은 끊어져 고요한데 그대는 어찌하여 잠을 자고 있느뇨? 그대 몸을 닦고 집안살림을 돌보는 일이 너무도 중요한 일이거늘, 수신제가를 하지 않고, 강산江山만을 두루 다녔단 말인가? 어차피 효박한 이 세상에서 사느라고 낑낑대는 사람들을 댓거리할 것이 무엇이며, 살기 어려운 가련한 세상사람들이 이재궁궁을 말하며 승지를 찾아다니고 있다는 것을 비웃을 것이 무엇이냐?

때를 만나지 못했다고 한탄하는 부정적 마음을 버리고 세상을 있는 그대로 쳐다보라! 임진왜란과 홍경래봉기 시절에 관해서는 이미 과거의 일이 되었으므로 송송가가松松家家란 말의 실상을 알 수 있겠지만, 지금 외치고 있는 이재궁궁의 이상촌은 어디에 있을까, 과연 누가 알 수 있겠는가? 진실로 문제는 그러한 장소의 유무에 있는 것이 아니다.

이미 천운이 뒤바뀌고 있는데, 그 대세의 변화를 보지 못하고 뭘 걱정하고 있는 것이냐? 근심 말고 돌아가서 시운이 윤회하는 것을 똑바로 쳐다보아라! 십이제국이 서로를 약탈하고 괴질이 성행하는 이 시대의 운수야말로 다시개벽의 확증이 아니겠는가! 태평성세가 다시 정해질 것이요, 나라가 풍요롭고 백성이 편안해질 것이다. 개탄하는 마음에만 사로잡히지 말고 서서히 세태를 관망하고 점차적으로 일을 해나가라! 하원갑이 지나가면 상원갑의 호시절이 도래한다(※상원갑은 수운이 살던 시대였다. 1804~1863 한 갑자

사이클). 그 때에 반드시 만고에 있어본 적이 없는 새로운 무극대도가 이 세상에 생겨날 것이다.

너는 아직 나이가 어리기 때문에, 반드시 억조창생 수많은 백성들이 다함께 태평성세를 노래하는 격양가(※태고적 인민들이 아름다운 자기들의 삶을 예찬한 노래: "해가 뜨면 일을 하고 해가 지면 쉰다. 샘을 파서 마시고 땅을 갈아 먹는다. 임금님의 힘이 나와 무슨 상관 있으랴!日出而作, 日入而息。鑿井而飲, 耕田而食。帝力于我何有哉!" 흙으로 구워 만든 악기를 때리면서 부른다)를 부르는 모습을 머지않아 목도하게 될 것이다. 그렇게 되면 이 세상에 무극대도는 무궁하게 전하여질 것이다.

하느님의 뜻과 사람의 마음이 서로 상통한다는 것을 네가 지금은 모른다 해도 언젠가는 확실히 알게 될 것이다. 하느님이 다시 개벽에 뜻을 두게 되면, 금수같은 세상사람이라 할지라도 그 뜻을 어렴풋하게나마 알아낼 것이다. 나는 신선이다. 언제 너를 다시 볼 수 있을까? 너 또한 신선의 연분이 있는 사람이니 나를 아니 잊고 다시 찾아올까?"

잠깨어 놀라 주변을 살펴보니 신선이 있던 곳을 찾아볼 수가 없었다.

보충 설명 남가일몽南柯一夢이나 한단지몽邯鄲之夢과 같은 얘기와는 전혀 차원을 달리한다. 그것은 인생의 허망함을 얘기한 것이지만, 여기서의 꿈은 무극대도의 도래에 대한 확신과 선택된 자로서의 신념을 의미하는 것이다. 이 노래의 표현들은 문학작품으로서의 여백을 많이 지니고 있기 때문에 여유롭게 해석해야 할 것이다. 수운의 문장은 한 구절도 어설픈 것이 없다. 마지막의 "불견기처不見其處"는 소동파의 「후적벽부」의 마지막 구와 동일하다.

『용담유사』 판본으로서 가장 권위있는 계미중추판(1883년 8월) 『용담유사』에 각 노래의 시작처에 연도를 기입해놓았는데 그 연도는 대체로 잘못되어 있다. 「교훈가」를 경신년(1860)으로 했는가 하면, 「몽중노소문답가」를 신유년(1861)으로 해놓았다. 판각자들이 근원적으로 각 노래들의 성립연대에 관하여 세심한 주의를 기울이지도 않았고, 또 작품과 수운의 생애 전체를 조감할 수 있는 정보가 빈곤했다. 「몽중노소문답가」는 임술년(1862) 6월 중순에 은적암에서 쓰여진 것이다. 삼암장 표영삼 선생님의 세심한 고증을 기초로 하여 나의 소견을 확정한 것이다.

제7장
도덕가

전체 개요 수운은 1862년 7월 초(모두 음력 기준)에 위대한 동학경전의 산실이자 정신적 고뇌와 휴식의 장소이기도 했던 은적암을 뜬다. 돌아가는 길은 육로지름길이었다. 처음에는 경주 서천西川(월성군月城郡 건천면乾川面 금척리金尺里 부근 대추나무골)에 사는 백사길白士吉의 집에 들렀는데, 며칠 후에는 경주읍 서편西便 마을에 있는 박대여朴大汝의 집으로 가서 정착하기에 이르렀다. 그러나 수운이 경주로 왔다는 사실은 결코 작은 사건이 아니었다. 그만큼 수운에 대한 일반서민 도인들의 사랑이 깊었고, 그를 스승으로 모시고 싶은 갈망이 강했다. 수운은 기실 매력덩어리였다. 젊고, 잘생기고, 체력 좋고, 천하에 보기드문, 한문과 언문을 자유자재로 구사하는 대문장가였고, 투철한 상식의 합리적 사상가인 동시에 신비로운 능력의 소유자였다. 무엇보다도 수운은 시대에 대한 우환의식이 있었고 민중에 대한 깊은 애정이 있었다.

박대여의 집에서 새로운 포덕활동을 하자 경주 일대는 다시 시끄러워졌다. 경주부 관아를 들락거리는 윤선달이라는 또라이가 김모(이름은 미상)라는 영장營將을 꼬드겨 수운을 체포하기에 이르렀다. 윤선달이라는 놈은, 수운을 따르는 열렬한 제자들이 천여 명이나 되니 잡아들여 보석금을 내게 하면 금방 수천 냥이 굴러들어올 것이라고 꼬드겼던 것이다. 수운은 아무런 이유도 없이 경주영에 수감되었다. 수운은 관과의 마찰을 원치 않았기 때문에 내키지 않는 걸음이었지만, 자진해서 말을 타고 10여 인의 제자를 거느리고 당당히 관아의 뜨락에 들어섰다. 때는 1862년 9월 29일이었다.

수운의 당당한 대처와 빈틈없는 언변에 영장이 감화를 받았고, 또 6·7백 명의 도인들이 경주부중으로 모여 농성을 하면서 세를 과시했기 때문에, 동학을 함부로 건드려서는 오히려 화근이 된다는 판단이 경주부사나 영장에게 섰던 것이다(당시 민란의 사례가 많아 지방관원들의 모가지가 쉽게 날아갔다). 수운은 며칠 후에 아무 죄목도 없이 그대로 방면되었으나, 수운에게는 이 옥사야말로 향후의 모든 행보를 결정짓게 되는 중요한 사건이 되었다. 관과의 조직적인 대결이 불가피했을 뿐 아니라, 수운은 인간적으로 몹시 불쾌했고 또 모독감을 느꼈다.

수운은 방면되자마자 박대여의 집으로 가지 않고 경주부중에서 며칠을 머문 후에 직접 용담으로 갔다. 그곳에서 도인들에게 「통문通文」을 띄우는데, 그 내용에는 "기도棄道"라는 말까지 나온다. 이것은 "도를 버리라"든가 "배교를 해도 좋다"라는 뜻이 아니라, 겉으로 "동학쟁이 내음새를 피우지 말라"는 뜻이다. 그만큼 사태가 엄중해져가고 있고, 도인들의 신변안전에 깊은 우려를 표현하게 되었다는 것을 의미한다. 동학은 내면의 수양이지, 주문 외우고 부적 태우고 하는 외면의 형식적 과시가 아니라는 것이다. 어디 다니면서 병 고치고 하는 짓도 일체 하지말라고 당부한다.

수운은 용담에 오래 머물 수 없었다. 1개월 후에 그는 최경상(해월)의 주선으로 거처를 동해안의 흥해興海 매곡梅谷에 있는 널찍한 손봉조孫鳳祚의 집으로 옮긴다. 수운은 여기서 최초로 동학의 독특한 교단조직인 접제도接制度를 만든다. 1862년 12월 30일, 수운은 16명의 접주를 임명한다. 수운은 동학운동을 조직화해야 할 필요성을 느낀 것이다. 접주제도는 그가 주류팔로 할 때에 보부상조직에 가담한 적이 있고, 그 조직에서 힌트를 얻은 것이다.

수운은 계속 흥해에 머물렀으나, 피신의 신세는 결코 바람직하지 못하다는 생각을 떨쳐버릴 수 없었다. 관에서 그를 바라보는 시각과 영남 향유들의 압박은 날로 거세어져만 갔다. 수운은 부정적이고 소극적인 삶의 자세를 과감히 벗어나는 결단을 내려야만 했다. 드디어 수운은 1863년 3월 9일, 자기의 본거지이자 득도의 장소였던 용담으로 온다. 이 사건이야말로 최후의 "귀룡歸龍"이었다. 그가 용담으로 돌아왔다는 사실은 동학이 숨길 필요도 없고, 세간의 눈길을 피할 필요도 없는 당당한 무극대도의 진리라는 것을 선포하는 행위이다. 이 선포의 대가는 결국 "수운의 죽음"일 수밖에 없다. 그것은 이미 피할 수 없는 운명임을 수운은 자각하고 있었지만, 그 자각의 궁극적 의미는 "혁명의 실천"이었다. 다시 말해서 체제가 자기를 죽임으로써 자기는 체제를 전복할 수 있다는 구원한 미래상을 약속하고 있는 것이다. 이러한 혁명가로서의 자아상은 이미「권학가」와「몽중노소문답가」에 배태되어 있었다.

경주관아에서 풀려난 후 5개월! 다시 용담으로 돌아왔을 때부터 이미 수운의 혁명은 시작되고 있었다. 아무 거리낌없이 사람들을 만났고, 가르쳤고, 자기 사상의 유포를 위해 돌아다녔다. 용담에는 인파가 들끓었고, 경제적으로도 이전과는 달리 자체적으로 시스템이 돌아갔다. 사람들이 먹을 것을 가져왔고, 또 아름아름 기부금도 체제를 유지케 했다. 개방, 자유, 선포의 포덕과 동시에 죽음의 그림자는 항상 수운 주변을 맴돌았다. 이러한 분위기 속에서「도덕가」는 집필된 것이다. 1863년 7월 말경에 수운은 용담에서 이 노래를 지었다.

「도덕가」는 수운이 쓴 한글가사 중에서 가장 짧은 노래(68구)이지만, 기실 가장 많은 내용을 함축하고 있다고 할 것이다. "도덕"이란 무엇인가? 그것은 영어로 "모랄리티morality"라고 하는 현대어적인 개념이 아니다. 현대어의 "도덕"은 과학적 사실과 대비되는 인간행위의 가치영역을 의미하지만, 우리 동방언어에는 그러한 대비적 개념성이 없다. 도는 길이다. 인간이 마땅히 걸어가야 할 길이다. 덕은 인간이 그 길을 걸어가는 데 필요한 덕성이고 그것은 길과 더불어 온축되어가는 것이다. 도덕은 삶의 총체이며 삶이 위치한 우주의 총체이다.

수운은 이 「도덕가」를 쓰기 전, 지난해(1862) 12월 말 흥해에서 제창한 접주제도를 거두어버렸다. 그것을 "파접罷接"이라 한다. 파접을 했다 해서 접주들의 로열티loyalty(충의, 충절)가 사라진 것은 아니지만, 공식적으로 접주들의 조직을 없애버린 것이다. 이것은 무슨 뜻일까? 수운은 이미 죽을 준비를 하고 있었다는 뜻이다. 종교적 지도자의 가장 큰 문제는 사후에 생겨나는 조직 내의 갈등이다. 수운은 자기 생전에는 조직이 잘 돌아갈 수 있지만, 죽은 후에는 조직은 화근이 된다는 것을 너무도 잘 알고 있었다. 수운은 통찰력의 천재였다.

수운의 파접은 너무도 정당한 것이다. 파접과 동시에 구상한 것이 "해월의 후계자지목"이다. 지목한 후에 곧(8월 15일 새벽) 도통을 전수한다. 다시 말해서 접주들의 방만한 다원화된 체제로써가 아니라 오로지 해월 한 사람만의 지도력으로 자기 사후에 동학운동을 이끌어가게 하겠다는 의지를 표명한 것이다. 이 선택이야말로 동학이 오늘날의 "민족의 동학"이 될 수 있었던 결정적 관건이었으며, 그 누구도 생각지 못했던 수운의 혜안慧眼이었다.

그런데 해월의 선택은 많은 사람에게 의아심을 남겼다. 해월은 접주급의 인물들 중에서도 어쩌면 가장 문자의 혜택을 입지 못한 빈한한 선비에 불과했기 때문이다. 이「도덕가」는 파접과 해월의 선택이라는 수운 공생애에서 가장 결정적인 사건이 이루어지는 시점에 쓰여졌다. 다시 말해서 해월의 성품과 인격, 그 지극정성의 겸허한 삶의 태도, 그리고 무전제적인 배움의 수용, 몸에 배인 인간평등관, 순결한 대인접물의 자세, 그 모든 것이「도덕가」가 표방하는 "도덕"과 관련이 있다.

해월이라는 인간을 대상으로 하여 지어진 노래는 아니지만, 수운이 인간을 바라보는 자세는 당대의 지식사회의 허영과 허세, 허언虛言과 허업虛業에 대한 통렬한 비판을 담고 있다. 다시 말해서 학벌이나 문벌門閥이나 지벌地閥, 그리고 문필文筆이 도덕군자의 기준이 될 수 없음을 표방한다. 그가 살고있는 조선왕조의 과거제科擧制 중심의 지식사회의 허관虛觀을 통렬히 비판하고 있는 것이다. 도덕의 핵심은 지식이 아니라, 천지가 곧 귀신이라는 것을 깨닫는 데 있는 것이다. 그것은 도깨비의 광란을 말하는 것이 아니라, 하느님(天)과 따님(地)에 대하여 경외지심敬畏之心을 갖는 것이다.

수운의 문장 중에서 수운의 인간관과 신관이 가장 명료하고 간결하게 표현된 노래가 바로 이「도덕가」이다.「도덕가」를 통해서 우리는 수운의 사상적 변천을 읽을 수 있으며, 또 그가 얼마나 사태의 변화에 따라 기민하게 대처하는 말랑말랑한 사상가인지를 알 수가 있다. 레퍼런스도 없이 붓 한 자루로써 자기가 처한 실존적 문제상황을 타개해나가는 그의 **지력**과 **필력**과 **뚝심**은 조선의 사상가, 그 누구도 그에게 필적할 수 없다.

「몽중노소문답가」에서 수운은 무극대도의 선포자로서 자아상을 매우 신비롭고 신적으로 그리고자 했다. 그러나 「도덕가」에 오면 수운의 사상은 철저히 상식적이다. 초월에서 내재로, 비상에서 범상으로, 일시적 혁명에서 영구적 혁명으로, 초월적 인격성에서 일상인과적 자연성으로 그 질감을 전환시키고 있다. 나는 수운을 존경한다. 나는 수운을 사랑한다. 수운은 일순간도 나를 실망시키지 않았기 때문이다.

"도덕가"는 집필 당초에는 "도수가道修歌"라 이름지었다. 그런데 후에 이미 반포한 "도수사道修詞"와 혼동될 염려가 있어 이름을 "도덕가道德歌"로 바꾸었다.

도 덕 가
道 德 歌
(뉵십팔구)

7-1. 텬디음양　시판후의　　빅쳔만물　화히ᄂ셔
　　　天地陰陽　始判後　　　百千萬物　化

　　　디우지　금수오　　　최령지　ᄉ람이라
　　　至愚者　禽獸　　　　最靈者

　　　젼희오는　세상말이　　텬의인심　갓다ᄒ고
　　　傳　　　　世上　　　　天意人心

　　　디졍수　듀역괘의　　　논측지　귀신이오
　　　大定數　周易卦　　　　難測者　鬼神

　　　디학의　이른도는　　　명명기덕　ᄒ여니야
　　　大學　　　道　　　　　明明其德

　　　디어지션　안일넌ʔ　　둉용의　이른말은
　　　止於至善　　　　　　　中庸

　　　텬명지위셩이오　　　　솔셩지위도오
　　　天命之謂性　　　　　　牽性之謂道

　　　수도디위교　라ᄒ야　　셩경이ᄶ　발켜두고
　　　修道之謂敎　　　　　　誠敬二字

　　　아동방　현인달ᄉ　　　도덕군ᄌ　이름ᄒᄂ
　　　我東方　賢人達士　　　道德君子

무지훈(無知) 세상ᄉ람(世上)
경외지심(敬畏之心) 업셔스니
텬상의(天上) 상제님이(上帝)
보눈다시 말을ᄒ니
허무지셜(虛無之說) 안일넌가
아동방(我東方) 전히와셔(傳)
명식마다(名色) 귀신일세(鬼神)
텬디역시(天地亦是) 귀신이오(鬼神)
이가치 몰ᄂ스니
도와덕을(道德) 몰ᄂ스니

아눈비 텬디라도(天地)
아눈거시 무어시며
옥경디(玉京臺) 계시다고
음양리치(陰陽理致) 고ᄉᄒ고(姑捨)
혼ᄂ라(漢) 무고ᄉ가(巫蠱事)
집집이 위혼거시
이런지각(知覺) 귀경ᄒ소
귀신역시(鬼神) 음양인줄(陰陽)
경젼살펴(經典) 무엇ᄒ며
현인군ᄌ(賢人君子) 엇지알니

풀이 하늘의 기와 땅의 기가 혼돈 속에 무분별하게 엉켜있
다가, 가벼운 기(양기)가 위로 올라가 하늘이 되고 무거운 기(음기)가

아래로 가라앉아 땅이 되었다. 이것을 천지가 최초로 갈라졌다고 말한다(※ 천지시판天地始判, 이것이 개벽開闢의 원의原義이다). 이렇게 천지가 시판한 후에 하늘과 땅이 감응하면서 온갖 종류의 만물이 그 사이에서 화생化生케 되었다. 그 중에서 영기가 못미치는 생명들은 금수가 되었고, 영기가 가장 빼어난 생명이 사람이 되었다. 이러한 이유 때문에, 전해오는 세상 말씀에도 있지만, 하늘의 뜻과 최령자인 사람의 마음은 동격이라 말하는 것이다.

대정수의 조작으로써 이루어지는 주역의 괘상이나 효변의 언어에도, 헤아리기 어려운 것이 귀신이다 라는 말이 있다.

(※ 여기 "대정수大定數"는 『주역』에서 사용되는 말이 아니다. 이 대정수의 바른 이름은 "대연지수大衍之數"이다. 하늘의 수인 기수 1, 3, 5, 7, 9를 합치면 25가 되고, 땅의 수인 2, 4, 6, 8, 10을 합치면 30이 된다. 양자를 합치면 55가 되는데 이것은 천지의 총수이며 "대연지수"라고 부른다. 점을 치기 위해서는 산가지 50개[원래는 대연지수인 55개]를 준비하고 그 중에서 하나를 제외시킨 49개를 사용한다. 49개를 조작해가는 과정에서 괘를 얻는데, 그 과정을 지배하는 것이 귀신이다.

주자는 이 귀신을 인격신으로 보지않고 음양의 원리로 파악하였다. 「계사」상 5장에는 "음양의 변화가 오묘하여 헤아리기 어려운 상태를 신神이라고 한다陰陽不測之謂神"이라는 말이 있다. "대정수"라는 말은 『주역』에는 없으나 후당後唐 시대의 진단陳搏이 쓴 사주예언서로서 『대정수』라는 책이 전하여온다. 성호 이익도 이 책을 언급한 적이 있다. 그러나 수운은 『주역』 「계사」상

제9장의 언어를 기초로 하여 정밀하게 말한 것이다. 수운은 "귀신"을 인격적 존재자로 보지 않는다).

『대학』에서 말하는 큰 배움의 도道는 사람의 마음에 이미 들어 있는 밝은 덕을 배움을 통하여 밝혀냄으로써 인간을 지극한 선善의 경지로 이끄는데 있다고 하였다. 또 공자의 손자 자사가 지은 『중용』의 첫 장에는 다음과 같은 말이 있다: "하늘이 명하는 것이 멈춤 없이 생성되는 나의 본성이요, 그 본성을 따르는 것이 내가 걸어가야 할 길이요, 그 길을 끊임없이 닦는 것이 나의 교육이다."

이러한 유교의 경전에는 이미 내가 말하는 성誠과 경敬의 본래적 의미가 상세히 밝혀져 있다. 동방의 주체국인 우리나라, 이 나라의 현명한 지식인, 공부를 많이 하여 달통한 선비라 하는 자들이 모두 도덕군자라고 자칭하고 자부한다. 그러나 실상 이 세상의 사람들은 모두 무지한 자들일 뿐이다. 왜냐? 그들이 공부한 바가 천지를 가득 채울 정도로 많다 한들, 그들은 그들이 배우고 있는 천지만물에 대한 근원적인 경외敬畏(Reverence for Life)의 마음이 없으니 아무리 공부를 많이 한들, 그 아는 것이 무슨 소용이 있겠는가? 사람과 자연을 억압하고 죽이는 데 혈안이 되어있을 뿐이다.

그리고 또 이런 현인달사라고 자처하는 자들이 저 삼십삼천 꼭대기 옥경대에 상제님이 계시다고, 꼭 자기들이 두 눈으로 보고 있는 듯이 말을 하고 있으니, 이는 음양의 상식적 이치에 어긋난다는 것은 말할 나위도 없지만, 도무지 황당무계한 허황된 이론이 아니겠는가!

（※ 서학에 대한 날카로운 비판이다. 당시 서학에 빠진 자들 중에 많은 지성인들이 있었다는 것을 알 수가 있다. 수운은 이들에게 종교의 참모습이 어떠해야 될지를 묻고 있는 것이다. 당대를 비판하고 서학에 들어간 이들이 허황된 이론에 빠진다면 도대체 이 나라 지식사회의 상식이 뭔 꼴이냐고 개탄하고 있는 것이다).

한나라 무제 때 무고지화巫蠱之禍(※ 무당이 나무인형을 만들어 혹자의 거소나 가까운 데 묻어놓고 저주를 하면 그 자가 저주를 입게 된다는 무술. 이 무술은 증거가 확실하게 드러날 수 있기 때문에 누구를 정치적으로 공격하는 수단으로도 악용될 수 있다. 한무제 말기에 수차례에 걸친 무고의 화로써 자그마치 수십만 명이 목숨을 잃었다)로 **많은 무고한 자들이 목숨을 잃었는데, 이런 황당한 미신이 우리나라에도 전하여져서 숙종조 장희빈 생시에 한 번 난리를 친 적도 있고, 집집마다 모신다고 하는 것이 미신적 존재라오. 명**(이름뿐인 존재)**과 색**(구체화된 물상)**이 모두 귀신이라니, 이런 몰지각한 꼴들을 구경이나 해보소!**(※ 여기서 말하는 "귀신"은 민간신앙의 실체화된 귀신ghost이다).

귀신은 저주를 일으키는 혼령이 아니라오! 그것은 천지의 다른 이름이며, 하늘과 땅의 영적인 측면이 곧 신이요 귀라오. 귀신은 결국 음양의 이치일 뿐인데, 공부했다 하는 자들이 신령한 자연의 모습을 이렇게도 모르고 있으니 경전공부를 많이 한다 한들 과연

무슨 소용이 있겠으며, 도와 덕의 본체를 이다지도 모르고 있으니 과연 현인군자가 되는 길을 어찌 알 수 있으리오!

보충 설명   당대의 조선 지식사회에 대한 매우 통렬한 비판이다. 비합리에 대한 독자적 신앙을 클레임하는 것은 정당치 못하다. 합리와 비합리는 모두 상식 위에서 재건되어야 한다. 수운의 논리는 오늘날 우리사회의 신앙인들에게도 경종을 울린다. 수운은 하느님을 거부하는 자가 아니다. 비상식을 거부하고 있을 뿐이다. 합리와 초합리의 모든 사태가 여기서 말하는 "경외지심敬畏之心" 하나로 귀결된다.

7-2.

금세논 今世	이러ᄒᆞᄂ	ᄌᆞ고성현 自古聖賢	ᄒᆞ신말ᄉᆞᆷ
ᄃᆡ인은 大人	여텬디ᄒᆞᆸ기덕 與天地合其德	여일월 與日月	합기명 合其明
여귀신 與鬼神	합기길흉이라 合其吉凶	이가치	발켜ᄂᆡ야
영세무궁 永世無窮	젼ᄒᆡ스니 傳	몰몰ᄒᆞᆫ 沒沒	지각ᄌᆞᄂ 知覺者
옹총망총	ᄒᆞᄂᆞᆫ말이	지금은	노텬이라 老天
영험도ᄉᆞ 靈驗	업거니와	몹슬ᄉᆞ람	부귀ᄒᆞ고 富貴

어진ᄉᆞ룸	궁박다고 窮迫	ᄒᆞ눈말이	이쑨이오
약간엇지 若干	수신ᄒᆞ면 修身	지벌보고 地閥	가세보아 家勢
추세히셔 趨勢	ᄒᆞ눈말이	아모논	지벌도조커니와 地閥
문필이 文筆	유여ᄒᆞ니 裕餘	도덕군ᄌᆞ 道德君子	분명타고 分明
모몰염치 冒沒廉恥	튜돈ᄒᆞ니 推尊	우숩다	져ᄉᆞ람은
지벌이 地閥	무어시게	군ᄌᆞ를 君子	비유ᄒᆞ며 比喻
문필이 文筆	무어시게	도덕을 道德	의논ᄒᆞ노 議論

풀 이　요즈음 세상은 요모양요꼴이다마는, 옛부터 성현께서 하신 말씀은 그러하지 않았다. 대인이라면 응당 사심 없는 천지와 같은 덕을 지녀야 하고, 그 총명함은 해와 달의 밝음과 같아야 하며, 권선징악을 내릴 때에도 천지귀신이 내리는 길흉과 그 판단력이 동일해야 한다고 말씀하셨다(※이상은『주역』건괘 문언전에 있다). 성현들은 이처럼 대인의 이상을 밝혀내어 영세무궁토록 그 뜻이 전하여지도록 하시었다. 요즈음의 몰지각한 소인배들은 경망스

럽게 함부로 이와같이 뇌까린다(※ "옹총망총"은 안동 지역 사투리로서 "가볍게 함부로"의 뜻이다. 김정균, 『안동방언사전』):

"요즈음의 하늘은 항상 그 모양의 그 하늘인지라 도무지 영험 스럽지 아니하고, 몹쓸 인간들이 부귀를 누리고 어진 사람들이 궁 박하게 살아도 내버려둘 뿐이라오. 더 이상 기댈 곳이 없소."

요즈음 사람들은 약간 어떻게 공부 좀 하게 되면, 세상사람들 의 출신(지벌)을 살피고 가세를 형량하여 아양을 떨며 하는 말이, "아무개는 지벌도 좋거니와 문필 또한 유려하니 도덕군자가 분명 하다" 하면서 몰염치를 무릅쓰고 떠받들고 높이곤 하니 곡학아세 하는 꼴이 참으로 가관이 아니겠소?

우습다! 저 인간은 지벌이 무엇이길래 군자됨의 근거로 삼으 며, 문필이 무엇이길래 도덕을 운운하는고!(※ 지벌, 문필과 같은 허울 은 군자·도덕과 무관하다. 수운의 인간관의 핵심이 여기 드러나고 있다).

보충 설명　수운의 「화결시」에 이와같은 구절이 있다: "인무공자 의여동人無孔子意如同, 서비만권지능대書非萬卷志能大。사람은 공자가 아니더라도 그 뜻하는 바가 공자와 같을 수 있고, 책은 만 권을 읽지 않았다 할지라도 그 지향하는 바는 만 권을 읽었다 하 는 독서인보다 더 클 수 있다." 동학의 인간평등관은 이러한 사유 에서 피어난 것이다. 수운은 자기 사후에 진정 동학의 정신을 이 어갈 자가 누구인가를 모색하고 있었다.

아셔라	너의사람	보쟈ᄒᆞ니	욕이되고 辱
말ᄒᆞ쟈니	번거ᄒᆞ되 煩擧	ᄂᆞ도쏘흔	이세상의 世上
양의ᄉᆞ상 兩儀四象	품긔히셔 稟氣	신톄발부 身體髮膚	바다니야
근보가셩 僅保家聲	ᄉᆞ십평싱 四十平生	포의혼ᄉᆞ 布衣寒士	ᄯᅢᆫ이라도
텬리야 天理	모를소냐	ᄉᆞ람의	수족동졍 手足動靜
이ᄂᆞᆫ역시 亦是	귀신이오 鬼神	선악간 善惡間	마음용ᄉᆞ 用事
이ᄂᆞᆫ역시 亦是	긔운이오 氣運	말ᄒᆞ고	웃ᄂᆞᆫ거슨
이ᄂᆞᆫ역시 亦是	됴화로세 造化	그러ᄂᆞ	ᄒᆞᄂᆞᆯ님은
지공무ᄉᆞ 至公無私	ᄒᆞᆫ신마음	불퇴선악 不擇善惡	ᄒᆞ시ᄂᆞ니
효박ᄒᆞᆫ 淆薄	이세상을 世上	동귀일톄 同歸一體	ᄒᆞ단말가

풀 이 아서라! 나 수운이 너희들 사람됨을 보자보자 하자니 결국 욕이 될 뿐이로다! 또 너희들 이야기를 입에 담자하니 번거로울 뿐이로다!

나도 또한 천지의 이치에 따라 이 세상에 태어났다. 음양의 두 원칙과 그에 따라 생겨나는 사상·팔괘·육십사괘의 운수가 순환하는 가운데 기를 품부받아 신체발부를 갖춘 존재가 되었느니라.

(※『주역』「계사」상 제11장에 이런 말이 있다: "우주의 변화에는 태극이 있고, 태극은 양의를 생하고, 양의는 사상을 생하고, 사상은 팔괘를 생하고, 팔괘는 길흉을 정하고, 길흉은 대업을 생한다.故易有太極, 是生兩儀, 兩儀生四象, 四象生八卦, 八卦定吉凶, 吉凶生大業。" 양의는 음 -- 과 양 ━, 사상은 두 자리 태음⚏ 소음⚎ 소양⚍ 태양⚌, 팔괘는 세 자리 건☰ 태☱ 리☲ 진☳ 손☴ 감☵ 간☶ 곤☷, 팔괘를 아래위로 중복시키면 여섯 자리 64괘[8×8=64]가 된다. 수운이 "품기稟氣"라는 말을 쓰는 것을 보면 수운의 우주관은 "기철학"에 가깝다)

신체발부를 받아낸 후 근근이 집안의 명예를 지켰을 뿐이요, 사십평생을 살았건만 벼슬길이 막혀 평민의 빈한한 선비에 머물러 있을 뿐이지만, 천지대자연의 생명을 품부받은 내가 어찌 하느님의 이치를 모를 수가 있겠는가! 누구든지 사람이라면, 사람 몸에 깃든 오묘한 우주의 이치를 알아야 하느니라. 사람이 손과 발을 움직였다가 쉬곤 하는 그 변화가 결국 귀鬼와 신神의 작용이다. 선과 악의 사이를 왔다갔다 하는 사람의 마음씀새는 또한 천지지기의 운세이다. 사람이 언어를 사용한다는 것, 그리고 웃고울고 한다는 것, 이것 또한 하느님의 조화이며 진화의 극치다.

그러나 하느님은 그 마음이 항상 지공무사하시다. 하느님은 사사로움이 없기 때문에 선과 악을 완전히 갈라내어 취하고 버리고 하시지 않는다(※ 선과 악은 궁극적으로 인간의 판단이지 하느님의 판단이 아니다. 수운의 세계관은 도덕적 이원론, 다시 말해서 선·악의 리고리즘 rigorism을 전제로 하지 않는다. 악을 잘라내버리는 것이 아니라, 악조차도 동귀일체토록 하는 것이 하느님의 조화이다). 하느님은 효박한 이 세상을 동귀일체의 세상으로 만들려고 노력하고 있을 뿐이다.

보충 설명 수운의 사상이 압축되어 있는 매우 중요한 문단인데 주석가들이 소홀하게 지나치는 성향이 있다. 마지막 구절은 문자 그대로 "효박한 이 세상을 동귀일체의 세상으로 만들고 있다," 즉 하느님을 주어로 놓고 해석하는 것이 순리적이다. 그러나 효박한 이 세상사람들이 과연 어떻게 동귀일체할 수 있겠는가! 하고 개탄하는 식으로 해석하기도 한다. 그러나 앞에 이미 하느님을 주어로 놓고 지공무사와 불택선악을 이야기했으므로 그 연결선상에서 해석하는 것이 정당하다. 하느님은 이 효박한 세상을 동귀일체의 세상으로 만들어가시리라는 것은 수운의 혁명적 신념이다.

마태복음(5:45)에도 이런 구절이 있다: "하나님이 그 해를 악인과 선인에게 비춰게 하시며, 비를 의로운 자와 불의한 자에게 내리우심이니라." 기독교는 이러한 역사적 예수의 사상을 계승하지 않았다. 선악 이원론의 구약사상을 계승하여 초대교회 케리그마를 만들었다. 우리나라 기독교인의 가장 큰 병폐는 "악의 박멸"

이다. 자기자신이 악인데 누가 누구를 박멸하겠다는 것이냐? 우
리나라의 "예수쟁이"들은 예수에 대한 반역도들일 뿐이다.

7-4.

요순지세 堯舜之世	의도	도척이 盜跖	잇셔거든
ᄒᆞ물며	이세상의 世上	악인음히 惡人陰害	업단말ᄀᆞ
공ᄌᆞ지세 孔子之世	의도	환되가 桓魋	잇셔스니
우리역시 亦是	이세상의 世上	악인지셜 惡人之說	피홀소냐 避
수심정긔 守心正氣	ᄒᆞ여ᄂᆡ야	인의례지 仁義禮智	디켜두고
군ᄌᆞ말ᄉᆞᆷ 君子	본바다셔 本	셩경이ᄶᆞ 誠敬二字	지켜ᄂᆡ야
션왕고례 先王古禮	일ᄎᆞ느니	그엇지	혐의되며 嫌疑
세간오륜 世間五倫	발근법은 法	인셩지강 人性之綱	이로셔
일치마ᄌ	밍세ᄒᆞ니 盟誓	그엇지	혐의될소 嫌疑
성현의 聖賢	가라치미	이불쳥 耳不聽	음셩ᄒᆞ며 淫聲

목불시 目不視	악식이라 惡色	어지다	제군들은 諸君
이런말솜	본을바드 本	아니잇즈	밍세히셔 盟誓
일심으로 一心	지켜니면	도셩입덕 道成立德	되려니와
번복디심 飜覆之心	두게드면	이눈역시 亦是	역니즈오 逆理者
물욕교폐 物慾交蔽	되게드면	이눈역시 亦是	비류즈오 鄙陋者
헷말노	유인ᄒ면 誘引	이눈역시 亦是	혹세즈오 惑世者
안으로	불냥ᄒ고 不良	것트로	ᄭ며니면
이눈역시	긔텬즈라 欺天者	뉘라셔	분간ᄒ리 分揀
이가치	아니말면	경외지심 敬畏之心	고소ᄒ고 姑捨
경명순리 敬命順理	ᄒ단말가	허다ᄒ 許多	세상악질 世上惡疾
물약즈효 勿藥自效	도얏스니	그이코 奇異	두려으며
이세상 世上	인심으로 人心	물욕제거 物慾除去	ᄒ여니야

기과쳔선	도얏스니	셩경이쯧	못지킬가
改過遷善		誠敬二字	
일일이	못본ᄉ람	상ᄉ지회	업슬소냐
一一		相思之懷	
두어귀	언문가사	드른다시	외와ᄂ니야
	諺文歌詞		
졍심수도	ᄒ온후의	잇디말고	싱각ᄒ쇼
正心修道			

풀이   요임금 순임금과 같은 성군이 다스리던 성스러운 시대에도 도척과 같은 대도가 있었거늘, 하물며 오늘 이 세상에도 나쁜 놈들이 우리를 음해하는 그런 나쁜 짓이 없을 수 있겠는가?(※ "도척盜跖"은 기실 춘추시대의 대도이며, 요순시대의 사람은 아니다. 그러나 도척은 어차피 가공의 인물이니 요순시대로 올려놓아도 아무 상관없다. 공자지세의 환퇴와 대對를 이루는 표현이다. 도척에 관해서는 『순자』『장자』에 기록이 있고, 역대 시인들도 그 캐릭터를 잘 활용한다).

공자가 주유천하 하던 시대에도 공자를 죽이려고 했던 환퇴와 같은 나쁜 놈이 있었으니, 우리 동학의 사람들이여! 이 세상을 살아가면서 악인들의 핍박언설을 피할 수 있겠는가?

(※ 『논어』「술이」22. 「공자세가」에 기술되어있다. 공자가 나이 60세 즈음 송나라를 지날 적에 하남성 상구현에서 당한 봉변. 환퇴는 송나라의 세력가

였다. 나의『논어한글역주』Ⅱ, p.592를 참고할 것).

우리 도인들은 마음을 지키고 몸의 기운을 바르게 하여 인간 사회의 공통된 도덕기반인 인의예지를 지키며, 주변의 훌륭한 인물들의 말씀을 본받는 수밖에 없다. 우리 삶의 도덕의 핵심은 천지대자연의 성실함과 그 성실함에 대한 공경한 마음의 자세를 지니는 경외지심에 있다. 성과 경, 이 두 글자만 지켜내도 고조선으로부터 우리문명을 만들어낸 선왕들의 고례古禮를 잃어버리지 않는 것이 될 것이니, 그 어찌 우리에게 사악한 혐의를 뒤집어씌울 수 있으리오! 우리는 세간의 모든 인간관계를 지탱하는 오륜의 밝은 법을 인간본성의 벼리로서 간주하고, 그러한 벼리를 잃지 않으려고 맹세하고 실천하는 사람들이다. 어찌 우리에게 사악한 혐의를 뒤집어씌울 수 있겠는가! 개탄스럽도다!

우리사회를 지탱해온 성인들의 가르침은 이와같다: "귀로써 음탕한 소리는 아예 듣지를 말라! 눈으로써 조잡한 경관을 아예 보지를 말라!" 이와같이 하여 근원적으로 시비를 피하라!

(※ "이불청음성耳不聽淫聲, 목불시악색目不視惡色"은 유사한 구문이『맹자』,『소학』등에 있다. 가짜뉴스를 근원적으로 차단하고 그런 모함·음해에 마음을 쓰지 말라고 도인들에게 당부하고 있는 것이다. 죽음을 앞둔 수운의 간곡한 마음이 표현되고 있다는 것을 생각하면서 읽을 것이다).

어질도다! 무극대도를 따르는 제군들이여! 이러한 훌륭한 성현들의 말씀을 본받아 잊지 않겠다고 맹세하고 한 마음으로 지켜내면 도가 이루어지고 덕을 세울 수 있으리라(※인격의 완성을 성취하게 된다).

그러나 일단 동학에 뜻을 두었던 그 마음을 번복하게 된다면(※배신한다는 뜻) 그대는 천리를 거스르는 자가 되는 것이다. 그리고 또 갖가지 물욕에 번갈아 물들게 되면 그대는 비루한 인간이 되는 것이다. 나의 가르침과 무관한 헛된 말로써 사람들을 유인하면 그대는 곧 혹세무민하는 자가 되는 것이다. 내면으로는 불량한 생각을 품으며 겉으로는 본색을 드러내지 않고 꾸며대기만 하면 그대는 곧 하늘을 속이는 자가 되는 것이다. 이러한 짓거리들은 은밀하게 진행되기 때문에 분간하기가 어렵다.

역리자, 비루자, 혹세자, 기천자의 소행은 우리 도인들이 일체 하지 말아야 할 것이다. 그런데 그 아니함을 그친다면(※이중부정으로 계속 나쁜 짓을 한다는 뜻. 수운의 독특한 용법.「도수사」마지막 단에도 같은 용법이 있다), 나의 가르침의 핵심인 경외지심에 도달할 수 없음은 물론이요, 천명을 공경하고 사리를 따르는 것이 불가능하게 될 것이다(※"아니말면" 다음에 "하단말가"로 끝나는 부정적 내용의 구문이 있어서 "아니말면"이 이중부정이라는 것이 확실해진다. 기존의 주석들은 이 구문을 명료하게 해석하지 못했다).

이 세상의 많고많은 나쁜 질병들이 내가 무극대도를 펼친 후에 물약자효(※약을 쓰지 않아도 저절로 나았다) 되었으니, 기이한 일이로다. 우리는 하느님의 공력을 두려운 마음으로 대하여야 할 것이다. 이 세상사람들의 순결한 마음 그 자체의 논리에 의하여서도 물욕이 제거될 수 있고, 또 허물을 고치고 선함으로 나아갈 수 있다. 이렇게 이 세상에서 도인들이 노력한다면 과연 나의 가르침의 핵심인 성과 경, 그 두 글자를 지켜내지 못할 리가 있겠는가?

그대들을 만나 직접 가르치지 못하는 것이 답답할 뿐이다. 내가 일일이 만나보지 못하는 사람들에 대하여서는 어찌 내가 그리워하는 회포가 없을까보냐! 내가 그대들을 위해 쓰는 이 한글가사 두어 귀라도 나에게 직접 들은 듯이 외워내어, 마음을 바르게 하고 도를 닦은 후에, 잊지 말고 생각하도록 하시오.

보충 설명 끝 구절은 「포덕문」 마지막 구절과 같은 패턴이다: "망략기출忘略記出, 유이시지諭以示之, 경수차서敬受此書, 흠재훈사欽哉訓辭。"

「도덕가」는 수운의 글 중에서 가장 밀도가 높은 글이며 가장 사상적으로 성숙한, 어른스러움을 과시하는 대논설이다. 「도덕가」는 진실로 수운의 삶에 대한 자기부정의 논설이다. 수운은 지식인으로서의 모든 훈도를 수용하고 지극히 고매한 정신적 경지를 획득했지만, 수운은 죽음을 앞두고 이러한 지적 성취가 결국 역리, 비루, 혹세, 기천으로 귀결된다는 것을 선포하고 있는 것이다. 조선

문명의 허구성을 까발리고 있는 것이다.

수운의 이러한 자기부정의 용기는 동학으로 하여금 모든 계급·계층의 한계를 뛰어넘을 수 있게 하였다. 수운은 이미 자기의 "죽음"을 현존화함으로써 유교문명을 제압하고 있으며, 앞으로 오는 조선의 문명은 과거의 유교문명과는 전혀 다른 모습이 되어야 한다는 것을 선포하고 있는 것이다. 영남유생들의 음해의 눈치를 보는 것이 아니라 그들의 음해와 함께 조선왕조가 멸망할 것임을 예견하면서 당당히 다시개벽의 자기논리를 포효하고 있는 것이다. 수운이야말로 우리문명의 새로운 에포크가 아닐 수 없다.

제 8 장
흥비가

전체 개요 난해하기로 유명한 이「흥비가」는 수운의 기구한 생애 노정 속에서 그가 마지막으로 남긴 한글가사이다. 나는 이「흥비가」를 읽을 때마다 이 작품은 그의 유언장과도 같다고 느껴진다. 그의 생애의 모든 활력을 바쳐 만든 무극대도인 동학의 운명, 특히 그의 사후에 전개될 그 동학의 운명에 관한 애절한 심려, 그리고 도인들의 수도자세에 대한 훈도의 언사들이 어느 가사보다도 더 절절하게 표현되어있기 때문이다.

수운이 이 노래를 쓴 것은 1863년 8월 어느 때인데, 그것은「도덕가」를 완성한 직후에 집필한 것이다. 그리고 이「흥비가」를 제자들에게 반포한 것은 1863년 8월 13일이다. 그러니까 이「흥비가」를 집필하게 된 시대적 배경은,「도덕가」와 거의 겹치기 때문에 다시 그 배경을 재론할 필요는 없다.

수운은 1863년 12월 10일 새벽 고요한 용담골짜기에서 적막을 깨는 어사출또의 명령과 함께 서울에서 내려온 선전관 정운구에 의하여 체포된다. 그리고 다음해 3월 10일 대구 남문 앞 개울가에 있는 관덕당觀德堂 뜰에서 효수되었다. 그러니까 이 「흥비가」는 그의 정상적 삶이 끝나기 4개월 전에 마지막 투혼을 불살라 지은 것이다.

1863년 3월 9일, 그가 용담으로 돌아왔다는 것은 「도덕가」의 전체개요에서 이미 언급하였다. 3월부터 이미 수운은 조선왕조체제 및 영남유생조직과의 대결을 불사하고 본격적인 포덕을 감행한다. 본격적인 포덕은 본격적인 전도傳道를 불러일으켰고, 이에 따라 교단은 크게 세를 넓히지만 동시에 온갖 도통道通을 사칭하는 사기꾼들이 모여들었다. 이 광경을 목격하면서, 수운은 정도正道와 사도邪道의 문제를 고민하게 된다. 그리고 과연 내가 죽은 후에 정도가 지켜질 것인가, 하는 것을 고민하게 된다.

수운이 깨달은 무극대도는 분명 하나의 조직을 유지하기 위한 폐쇄적 이론이 아니었다. 그것은 극이 없는 대도이기 때문에 독단을 수반하지 않는다. 그러나 모든 종교운동은 알고보면 예외없이 미신의 변양變樣이다. 수운이 목도한 서학도 하나의 미신에 불과했다. 수운은 이러한 한계를 극복하고자 했다. 수운은 "종교가 아닌 종교"를 전파하고자 했다.

그런데 이러한 수운의 의도는 자기가 리드하는 도유들을 파고드는 종교사기꾼들의 농간에 의하여 좌절되기 십상이다. 이 종교사기꾼들은 요즈음의 무자비하게 난립하는 신흥종교 개창자나 전도사나 부흥사와 같은 양태의 인간들이다. 수운은 이들을 "의아있는 그 사람"이라고 표현한다. "의아있는"이라는 말은 삐딱한 놈들이라는 뜻인데, 모든 사태를 삐딱하게 왜곡하여 자기가 사기처먹기에 유리한 상황으로 만드는 놈들이라는 의미로 그렇게 쓴 것이다.

이 의아있는 그 사람을 "모기"에 비유하여 논한 노래가 바로 「흥비가」라고 말할 수 있다. 이 「흥비가」는 「모기가」라고 바꾸어 표현해도 대차가 없다. 「흥비가」를 사람들이 어렵게 느끼는 이유가 수운은 이 노래에서 모기의 행태를 자세히 분석하여 사기꾼들의 행각을 섬세하게 그려 나가고 있는데, 그것이 무극대도의 경전내용이라고 꿈에도 생각지 못하기 때문이다. "모기노래"라고 말하면 사람들이 얕잡아 볼 것 같아서, 수운은 어렵게 『시경』의 시를 짓는 작법의 원리에 비의比擬하여 그 제목을 정한 것이다.

"부賦"는 사실을 사실 그대로 펼쳐내는 것이다(敷陳其事). 주희는 그것을 "직언지直言之"라 표현했다. 그리고 "비比"는 비유比喻, 비의比擬를 의미한다. 주희는 그것을 "저것을 가지고서 이것을 비유한다以彼物比此物"라고 표현했다. "흥興"은 사실적 사태와 논리적 관련성이 없이도 어떤 시를 쓰고 싶은 감정을 유발시키는 사태를 첫머리에 밝히는 감정촉발의 멘트이다. 이 멘트야말로 객관적 사물과 주관적 정의情意가 융합되는 자유로운 시상이다.

이 「홍비가」 전체를 분석하면 제일 앞에 『시경』 「빈풍豳風」에 나오는 「벌가伐柯」라는 싯구를 인용하고 있는데 이 「벌가」야말로 「홍비가」 전체의 "흥"의 역할을 하고 있는 것이다. 「벌가」의 내용을 다음에 나오는 구절과 필연적으로 연결시키려고 하는 데서부터 「홍비가」의 해석은 왜곡되게 마련이다. 최초의 서장으로서의 「벌가」가 끝나고 나면, 그 다음에 전개되는 것은 전체가 "부"라고 말할 수 있다. 그런데 이 "부"는 거의 모두가 "비"의 양식을 빌리고 있다. 그 "비"의 주된 테마가 바로 "모기사기꾼"이다. 모기의 행태, 소이연 그 모든 것을 살펴보면 다음과 같다.

1. 모기는 자기생존을 위하여 사람의 피를 빨아 처먹는 것이 그 삶의 소이연이다.

2. 모기는 사람의 피를 빨아 먹으려는 사악한 목적을 가지고 타자(동학도유들)에게 접근한다.

3. 그러한 사악한 목적을 가지고 있으면 반드시 소리없이 몰래 접근할 텐데 모기는 의외의 행동을 한다.

4. 모기는 사람에게 접근할 때 매우 친숙한 왱왱 소리를 낸다. 이 소리는 정다웁게 속삭이는 것처럼 들릴 수도 있다.

5. 모기는 사람에게 접근할 때 반드시 왱왱 소리를 내기 때문에 사람들을 안심시키고, 방심케 한다.

6. 사람들이 방심하고 있을 때 모기는 피를 빨아 처먹는다(돈을 긁어낸다는 뜻).

7. 그런데 모기는 피를 빨아 먹을 때는 본인들이 알아차리지 못하게, 아프지도 않게 빤다.

8. 사람들이 피 빨렸다는 것을 알아차렸을 때는 이미 모기는 사라진 후였다.

9. 모기는 반드시 피를 빼먹고는 사라진다.

10. 사라지면 모기를 잡기가 어렵다.

아마도 종교사기꾼의 행태를 이렇게 적나라하고 리얼하고 코믹하고 교훈적으로 말한 사람은 인류사에 유례가 없을 것이다. 기실 우리나라는 수운의 예언대로 모기와도 같은 종교사기꾼들이

판을 치는 나라가 되었다. 수운이 죽기 전에 「홍비가」와 같은 문학적 향기 드높은 가사를 내었다는 사실이야말로 수운이 얼마나 위대한 통찰력의 사상가인지, 그리고 얼마나 애틋한 우국의 사상가인지를 알 수 있게 한다. 수운의 「홍비가」의 테마는 시작과 끝에 명료하게 제시되어 있다.

시작에는 "난지이유이難之而有易, 이지이유난易之而有難"이라는 테마를 제시한다. 이것은 "어려운 무극대도를 어렵다 어렵다 하면서도 꾸준히 돌파해나가면 반드시 쉬운 경지가 나타나고, 쉽다 쉽다 하면서 깔보다 보면 반드시 어려운 경지가 나타난다"는 뜻이다. 어려움과 쉬움의 경지를 초월하여 굳세게 동학을 이어나가라는 당부이다.

그리고 마지막은 "무궁한 이울속에 무궁한 내 아닌가!"라는 구절로 끝난다. 동귀일체의 궁극적 모습을 제시함으로써 춘삼월 호시절을 예언한다. 나는 죽는다. 동덕들이여 지조를 지키고 정도를 걸어라! 그리하면 무궁한 이울(=시듦. 끊임없이 변화하는 시공간 전체, "이울"은 분리될 수 있는 단어가 아니다)이 무궁한 나가 될 것이다. 봄은 온다!

모기 이외의 "천고청비天高聽卑," "오비이락烏飛梨落," "위산구인爲山九仞," "두어자 썩은 나무" 등등의 "비比"는 모두 문장군蚊將軍의 테마에 비해 마이너한 것들이다. 정확한 출전의 지식을 가지고 해석하면 모를 것이 없다. 「홍비가」의 해석과 관련하여 대만대학 시절부터 연세대 교수 시절을 거쳐 오늘에 이르기까지 『시경』을 평생 연구하고 가르친 최영애 교수의 도움을 크게 입었다.

　수운은 이 「홍비가」를 짓고 나서 제자들이 과연 이 가사를 제대로 이해할까 하고 의아심을 품었던 모양이다. 수운은 자신의 39번째 탄신일에 모여든 제자들에게 이와같이 묻는다:

"내가 일전에 「홍비가」를 지어 반포하였다. 누가 그것을 외워 독송할 수 있겠는가?"

아무도 대답치 못했다. 이즈음 그는 시를 하나 지었다.

吾心極思杳然間, 疑隨太陽流照影。
오 심 극 사 묘 연 간 　 의 수 태 양 류 조 영

나의 마음은 저 묘연한 우주의 극한을 헤매고 있다.
나의 그림자조차도 허상이 아니라
밝고밝은 저 태양을 따라 흐르는 실상이다.

「홍비가」는 진실로 "극사묘연간"의 걸작이리라!

흥 비 가
興 比 歌
(구십삼구)

8-1.　시운　　　　벌가벌가ᄒᆞ니　기측불원이라
　　　　詩 云　　　伐 柯 伐 柯　　其 則 不 遠

　　　ᄂᆡ압헤　　　보ᄂᆞᆫ거슬　　어귈비　　업지마ᄂᆞᆫ

　　　이ᄂᆞᆫ도시　ᄉᆞ람이오　　부ᄌᆡ어근　이로다
　　　　　　都 是　　　　　　　　不 在 於 斤

　　　목뎐지ᄉᆞ　수이알고　　심냥업시　ᄒᆞ다가셔
　　　目 前 之 事　　　　　　　心 量

　　　말ᄂᆡ지ᄉᆞ　갓ᄌᆞᆫ면　　그아니　　ᄂᆡ혼인ᄀᆞ
　　　未 來 之 事　　　　　　　　　　　　恨

　　　이러므로　세상일이　　ᄂᆞᆫ지이　　유이ᄒᆞ고
　　　　　　　　世 上　　　　難 之 而　　有 易

　　　이지이　　ᄂᆞᆫ인들을　ᄭᅦ닷고　　ᄭᅦ다를가
　　　易 之 而　　難

<hr>

풀 이　　『시경』의 국풍 빈풍豳風(빈나라 민요)에 「벌가」라는 노래
가 있다:

"도끼자루 만들 나무하러 가세!

도끼자루 만들 나무하러 산으로 가세!

도끼자루는 무슨 나무로 어떻게 만들지?

아항~ 네 손에 도끼가 들려있는데

그것도 몰라?

도끼자루 만드는 모든 법칙은 이미

네 손에 있는 도끼 속에 다 있단다.

멀리 찾을 일 없지."

(※이「빈풍」의 한 구절은「흥비가」전체의 "흥"이다. 다음에 나오는 구절과 구태여 연속시킬 필요가 없다. 수운은「벌가」를 통해 동학은 밖에서 누가 가르쳐주는 외재적인 것이 아니라, 자기자신을 모델로 하여 꾸준히 공부해나가면 되는 것이라는 것을 역설하고 있는 것이다. "기칙불원其則不遠"은 다음에 나오는 문장군의 "비比"에도 연속되지만「흥비가」전체 테마의 주맥이다).

네 앞에 보이는 세상을 부정할 바 없겠지만(어길 바 없다), 세상이란 본시 모든 것이 사람의 관계로써 이루어지는 것이요, 사람의 인품의 깊이가 가장 중요한 것이다. 근세유학의 논의에서도 "사람의 사람됨의 가치는 근수(무게)에 있지 아니하다"라는 이야기가 있다.

(※왕양명의『전습록』상上에 있는 유명한 말. 왕양명이 요순의 무게는 순금 일만 일鎰이고, 공자의 무게는 구천 일鎰이라고 말한 것을 그의 제자 유덕

장柳德章이 비판하는 것에 대한 양명의 답변. 일만이니 구천이니라고 말한 것이 중요한 것이 아니라 순금이라는 사실이 더 중요하다. 일만과 구천의 차이는 없다. 사람의 가치는 몇 근이냐, 그런 분량으로 논할 수 없다. 동학 연구자들이 여태까지 이러한 기본적인 출전을 밝히지 못했다. 그래서 문맥이 통하질 않는 것이다.『전습록』상, 설간록薛侃錄을 보라. 중국사람들에게 "위인지도爲人之道, 부재근량상계교不在斤兩上計較"는 상투화되어 있는 표현이다. 수운의 지식범위의 넓이와 자유자재로 시대를 초월하여 출전을 활용하는 능력에 경탄할 뿐이다).

눈앞에 전개되는 일들을 쉽게만 생각하고 마음의 깊은 헤아림이 없이 아무렇게나 대처하다가, 막판에 좋지 않은 결과가 나타나면 본인의 한恨이 되지 않겠는가? 그러므로 세상일이 어렵다 생각해도 어렵게 뚫고 나가다 보면 쉬운 경지가 피어나고, 쉽게만 생각하여 쉽게쉽게 넘기다가는 반드시 어려운 상황이 생겨나는 것을 너희들은 진실로 깨닫고 또 깨달을손가?

보충 설명 매우 포괄적인 내용을 압축시킨 명문의 서장이라 할 것이다. 수운사상의 매우 성숙된 모습을 과시하고 있다. "이지이난易之而難"은 원문에 의거한 것이나, "이지이유난易之而有難"으로 간주하는 것이 좋을 것 같다. 서장 격인 이 단의 해석이 명료하질 않아 여태까지「홍비가」의 정확한 성격이 규명되지 않았던 것이다.

8-2.

명명훈 明明	이운수눈 運數	다가치	발지마눈
엇던스람	져러ᄒ고	엇던스람	이러혼지
이리촌탁 忖度	져리촌탁 忖度	각각명운 命運	분명ᄒ다 分明
의아잇눈 疑訝	그스람은	텬고쳥비 天高聽卑	그문ᄌ를 文字
궁스멱득 窮思覓得	ᄒ여니야	제소위 所謂	추리라고 推理
싱각느니	이쑨이오	그런고로	평싱소위 平生所爲
일변은 一邊	교스ᄒ고 巧詐	일변은 一邊	가쇠로다 可笑
ᄒ놀님이	노푸시느	쳥비문ᄌ 聽卑文字	겁을니셔
말은비록	아니ᄒ느	심스를 心思	소겨니야
이운수가 運數	엇더홀지	탁명이느 託名	ᄒ여보ᄌ
모든친구 親舊	유인ᄒ야 誘引	흔연ᄃᆡ졉 欣然待接	ᄒ눈듯다
아셔라	져스람은	네가비록	암스ᄒ느 暗詐

ᄒᆞᄂᆞ님도　모르실가　　　그듕의　몰각ᄌᆞᄂᆞᆫ
　　　　　　　　　　　　　　中　　沒覺者

조셕지우　잇디마ᄂᆞᆫ　　　업ᄂᆞᆫ것　구ᄒᆡ가며
朝夕之憂　　　　　　　　　　　　　　求

온포지공　착실ᄒᆞ야　　　소위통졍　ᄒᆞᄂᆞᆫ말이
溫飽之供　着實　　　　　所謂通情

성운성덕　우리도유　　　여ᄉᆞ이당　ᄒᆞ거니와
盛運盛德　　　道儒　　　如斯愛黨

심지샹통　아니ᄒᆞᆯ가　　　뭇ᄌᆞᄂᆞᆫ　그말이며
心志相通

쳥찬은　　그소리을　　　툭툭터러　다ᄒᆞᄌᆞ니
請

그모양　　오작ᄒᆞᆯ가　　　교ᄉᆞ훈　　져ᄉᆞ룸은
　　貌樣　　　　　　　　　巧詐

조흔다시　듯고안ᄌᆞ　　　듕심의　　ᄒᆞᄂᆞᆫ말이
　　　　　　　　　　　　　中心

늬복인ᄀᆞ　늬복인ᄀᆞ　　　열세ᄌᆞ가　늬복인ᄀᆞ
　福　　　　福　　　　　　　　　　福

엇지이리　조흔운수　　　그ᄶᅵ버텀　업셔넌고
　　　　　　　運數

령험되고　조흔말은　　　귀밧그로　다바리고
靈驗

그듕의　　불미지ᄉᆞ　　　달게듯고　모아니야
　中　　　不美之事

흉듕의 (胸中) 가득ᄒ면 마지못히 쩌ᄂ가니

삼복염증 (三伏炎蒸) 져문날의 소리ᄒ고 오ᄂ짐싱

귀예와셔 ᄒᄂ거동 (擧動) 졍분도 (情分) 잇ᄂ듯고

이세샹 (世上) 풍속되미 (風俗) 음히가 (陰害) 듀쟝이라 (主張)

통긔ᄒ고 (通氣) 오즈ᄒ니 의심업시 (疑心) 안자ᄯ가

말초의 (末梢) 히가미쳐 (害) 막지기단 (莫知其端) 안일넌ᄀ

이윈일고 이윈일고 먼져우ᄂ 그짐싱은

히아지심 (害我之心) 두게드면 소리ᄒ기 쏫밧기오

이윈일고 이윈일고 아모리ᄂ 살펴보즈

져근듯 기다리니 그놈즈취 분명ᄒ다 (分明)

지각업다 (知覺) 지각업다 (知覺) 이닉ᄉ람 지각업다 (知覺)

져근너 져비남게 븨가엇지 쩌러져셔

만단의아 萬端疑訝	둘즈음의	가마귀	ㄴ라가셔
즉시파혹 破惑	ㅎ엿더니	지각업다 知覺	지각업다 知覺
이닉ᄉ람	지각업다 知覺	빅쥬디젹 白晝大賊	잇단말을
ᄌ세이도 仔細	드러쩌니	지각업다 知覺	지각업다 知覺
이닉ᄉ람	지각업다 知覺	포식양거 飽食揚去	도야쓰니
문장군이 蚊將軍	너아니냐		

풀 이　밝고 또 밝은 우리 동학의 운수는 누구에게든지 밝게 이해될 수 있는 도이지만, 어떤 사람에게는 저렇게 나타나고 어떤 사람에게는 이렇게 나타나곤 한다. 이렇게 헤아려보고 저렇게 헤아려보아도, 결국 사람의 도이기 때문에 사람에 따른 각자의 명운 命運이 다른 것이 분명하구나! 착한 도인이 있는가 하면 또 사악한 무리도 같이 있는 것이다.

　동학의 도인으로 들어와서 삐딱하게 의구심을 품으며 사악한 자기사업을 펼치려고 하는 사람들은(※ 단수형 "그 사람"으로 되어있지만 어느 특정인만을 가리키는 논설은 아니다), **"천고청비"**(하느님은 높은 곳에 계시지만 이 낮은 땅 인간세의 세세한 소리도 다 들으신다는 뜻.『사기』「송미자세가」경공 37년조에 있다. 경공은 공자와 동시대의 사람인데 바른 생각을 할 줄 아는 훌륭한 인물이었다. 천문을 관장하는 사성司星이 화성火星이 송나라 구역인 심수心宿 구역을 침공하여 화가 미칠 것이라고 예언한다. 경공이 그 화가 누구에게 미쳐도 좋으나 일반백성들에게는 미치지 못하도록 해달라고 간원한다. 그때 감동을 받은 사성司星 자위子韋가 하는 말이 바로 "천고청비"이다. 이 사건 후 화성은 영역을 옮겼고 송나라에는 화가 미치지 않았다)와 같은 고전의 문자를 요리조리 생각하고 그럴듯하게 조립해내어 이른바 세상이치를 자기가 다 꿰뚫은 듯이 이론을 편다.

이런 사람들이 생각해낸다는 것이 모두 이런 얄팍한 고전문구들의 조립일 뿐이다. 그 내면의 뜻은 전혀 모르고 떠드는 것이다. 그런 고로 평생 한다는 짓이 한편으로는 교활하고 음험하기도 하거니와 또 한편 가소롭기 그지없다.

하느님께서 까마득하게 높은 곳에 계시나 이 낮은 세상의 이야기를 다 들으신다는 문자를 타인에게 뇌까리면서도 그 문자에지 스스로 찔려서 겁을 먹곤 한다. 그래서 겉으로 발설하지는 못하고 속으로 자기 생각을 속여가며 음모를 꾸민다. 에헤라! 모르겠다! 동학의 운수가 어떻게 흘러갈지는 모르겠지만, 동학에 이름이나 걸어놓고 하느님을 빙자하여 내 이득이나 챙겨보자!

주변의 모든 친구들을 유인하여 능수능란하게 사람들을 대접하고 기분좋게 만든다. 아서라! 이 놈아! 네가 비록 속으로는 은밀하게 사기치는 짓을 하고 있지만 하느님께서 그것을 모르실 것 같으냐!

그러나 이러한 아수라장 속에서도 또 몰지각하고 속기 잘하는 순진한 사람들이 있는지라! 이들은 아침이면 아침, 저녁이면 저녁, 끼니를 걱정하는 형편이지만, 있는 것 없는 것 다 구해다가 사기꾼 선생님께 "온포지공"(※따뜻하게 옷 입히고 배불리 먹게 하는 지성의 공양)을 착실하게 해드리는 것이다.

그러면 사기꾼 선생들은 통정(※통달인정通達人情의 줄임말. 세상의 정리에 다 통했다)했다고 하면서 하는 말이 이와같다:

"아아~ 우리 도유들에게는 풍성한 운과 풍성한 덕이 내렸도다! 우리 도유들은 이다지도 서로를 아끼고 도와주고 하니 그 심지가 상통하지 아니할 수 있겠는가!"

이런 칭찬을 듣고 나면 몰지각한 도유들은 묻지 않은 말도, 청하지도 않은 말도 툭툭 털어, 이말저말 다하고 복종을 하니 그 모양이 오죽할까?

그러면 또 이 교사한 사기꾼들은 순진한 도유들의 말들을 기분좋게 듣고 앉아 그 마음속에서는 이와같이 뇌까린다:

"이게 웬 복인가! 이게 내 복인가! 내 복이 열석 자(비단 열세폭이라는 뜻으로 풍성함을 나타내는 표현. 내가 어릴 때도 흔히 들은 표현이다)나 축축 늘어졌구나! 이리도 좋은 것이 내 운수였다면 왜 좀 일찍부터 이런 순진한 집단을 만나지 못했던가!"

우리 가르침에 입도하였다면 영험스럽고 인생에 교훈이 되는 좋은 말이 많이 있으련만 그런 좋은 말은 귀 밖으로 다 흘려내버리고, 무리들 가운데 일어나는 불미한 일들, 해꼬지 할 수 있는 나쁜 말들만 달게 듣고, 수집해내어 그 얘기들이 흉중에 가득찰 즈음이면 마지못해 서러운 듯이 떠나가 버린다. 그러나 실은 모기처럼 실컷 피 빨아먹고 배부르면 떠나는 것이다.

삼복염증 저문 날에 웽 하고 소리를 내며 오는 짐승, 귓가에 와서 하는 거동을 보면 정분도 있는 듯이 다정하다. 허긴 이 세상 풍속의 됨됨이가 서로 음해하는 것이 주류를 이루고 있으니 모기의 행태 정도가 뭐 대수롭겠는가! 기氣를 통하고 온다고 하니(※ "통기"는 "기맥통달氣脈通達," "호통성기互通聲氣"의 줄임말. "通寄"도 안 될 것은 없지만 "通氣"가 더 포괄적인 의미를 전한다), 보통사람들은 별 의심 없이 앉아있게 마련이다. 그러다가 끝물에 피가 나고 아프지만, 도무지 그게 어떻게 된 일인지 알 수가 없다.

웬일인고, 웬일인고! 오기도 전에 웽 하고 우는 그 짐승은 참 이상도 하다. 나를 해치기 전에 오는 놈이라면 소리를 죽이고 올

텐데, 이놈은 소리부터 내고 오니 뜻밖의 일이로다!

아~ 도대체 어떻게 된 일이냐! 이 웬일인고! 어떻게 될 것인 지 좀 살펴보자꾸나! 잠깐 기다려보니(※"저근덧"은 "잠깐," "어느덧" 의 뜻. 유창순, 『이조어사전李朝語辭典』) 그 놈이 한 짓이 분명하다!

지각없다! 지각없다! 순진한 도인들, 우리 사람 지각없다. 저 건너 저 배나무에 배가 왜 떨어졌는지 만단으로 의아심이 들 적 에 까마귀가 나는 것을 보니 즉시로 의혹이 사라졌다(※우리나라 속담인 "오비이락"은 까마귀가 날은 사건과 배가 떨어진 사건은 인과적 관계 가 없는 별도의 사건이며 양자는 우연의 일치일 뿐이라는 의미로 쓰인다. 그러 나 수운은 같은 속담이라도 정반대의 의미맥락으로 활용하고 있다. 배가 떨어 진 사건과 까마귀가 배를 치고 난 사건은 정확한 인과관계가 있다고 보는 것이 다. 배가 떨어져 우연인가 했는데 까마귀 나는 것을 보니 정확한 원인이 있었 다는 것이다. 그래서 파혹, 즉 의혹이 풀렸다는 것이다. 여기서 까마귀는 교단 을 파괴시키는 사기꾼 지도자들, 의아있는 지식인들을 가리킨다).

지각없도다! 지각없도다! 우리 도 내의 사람들이여 지각없도 다! 정신차려야 할 사람들은 바로 순진한 그대들이다. 대낮에 큰 도둑놈이 설친다는 말을 우리는 너무도 자세히 들어왔건만, 지각 없다! 지각없다! 우리 사람 지각없다! 그 사기꾼들에게 포식양거 (※배불리 먹고 훌쩍 사라져버림) 당하고나서야 "네 이놈! 문장군(모기 장군)이로구나!" 하고 앉아있으니 어찌 슬픈 일이 아닐 수 있으랴!

너무도 그 묘사가 리얼하다. 종교라는 조직 그 자체의 폐해를 이렇게 명료하게 지적하는 창시자는 일찍이 존재한 적이 없다. 모든 초기교단은 이런 가슴아픈 이야기를 덮어가며 세력확장에만 힘쓴다. 그러나 동학은 수운의 명민한 판단에 의해 그런 전철을 밟지 않았다. 수운의 문장군에 대한 건강한 비판으로 동학은 건강한 조직과 철학을 유지할 수 있었다. 이 문장군의 부비담론賦比談論은 해월이 정당하게 포덕할 수 있는 기반을 만들어 주었다고 말할 수 있다.

8-3. 그즁의   현인달스   니말잠간   드러보쇼
     中   賢人達士   暫間

합기덕   아라쓰니   무위이화   아지마는
合其德   無爲而化

그러ᄂ   ᄌ고급금   스스상수   혼다히도
        自古及今   師師相授

ᄌ지연원   안일넌ᄀ   일일이   거울히셔
自在淵源   一一

비야흥야   ᄒ엿스니   범연간과   ᄒ지말고
比也興也   泛然看過

슉독상미   ᄒ엿스랴.
熟讀嘗味

내가 지금까지 너무 부정적인 얘기만을 한 것 같으나, 우리 도유들 가운데 있는 현인달사賢人達士들이여! 내 말을 잠깐 들어보소!

『주역』에는 대인은 천지와 더불어 그 덕을 합한다고 하였고, 나는 「동학론」에서 군자는 천지와 더불어 그 덕을 합한다고 하였소. "합기덕"의 의미를 깨달았다면 하느님의 조화는 곧 "무위이화無爲而化"라는 것을 알 수 있을 것이요. 무위이화는 조작함이 없이 스스로 생성되어지는 것이지만 예로부터 지금까지 모든 도는 먼저 스승에서 뒷 스승으로 계속 전해져내려온 것이니, 중요한 사실은 그 도가 연원을 떠날 수는 없다는 것이요. 우리 동학의 도는 용담에서 내가 깨닫고 가르친 것이니 스스로 그 연원이 있는 것이요. 문장군의 이야기는 그 연원을 무시하는 자들에 관한 것이라오. 그래서 내가 일일이 그 진상을 거울 비추듯이 밝혀내어, 『시경』의 작법인 흥과 비의 양식을 활용하여 이렇게 집필한 것이라오.

우리 도 내의 진실한 현인달사들은 대충대충 아무렇게나 눈을 스치지 말고, 자세히 진실되게 숙독하고 상미하여 내가 무엇을 말하고 있는지를 깨달아주기를 바라오.

보통은 가사의 제일 마지막에 오는 담론을 여기서는 중간으로 옮겼다. 그만큼 마지막 피날레의 언어에 신경을 썼다는 얘기다. 정통 연원을 강조하면서 도유들이 바른 도법으로 공부하여 문장군들의 농간에 빠지지 않을 것을 당부하는 내용이다. 수운은 죽음을 예견하고 있다. 그래서 그만큼 당부가 간곡하고 진실되다.

8-4. 칠팔세 글을비와 심장젹구 ᄒᆞ여ᄂᆡ야
　　　七八歲 　　　　　尋章摘句

청운교 낙수교의 입신양명 홀마음은
靑雲橋 洛水橋 立身揚明

ᄉᆞ람마다 잇지마ᄂᆞ 깁고깁흔 져웅덩의

진심갈력 지은글을 여코ᄂᆞ니 허무ᄒᆞ다
盡心竭力 　　　　　　　　　虛無

텬수만 바리다가 만코만은 그ᄉᆞ람의
天數

몃몃치 참예히셔 댱악원 ᄃᆡ풍뉴로
　　　　參預 掌樂院 大風流

삼일유과 긔장ᄒᆞ다 이일져일 볼작시면
三日遊街 奇壯

허무ᄒᆞ기 다시업셔 아니가ᄌ 밍세히도
虛無 盟誓

ᄂᆡ운수 ᄂᆡ가몰ᄂᆞ 종종이 단이다가
　　運數

이닉마음 마칠진딘 그아니 운수런가
運數

원쳐의 일이잇셔 가게드면 닉가닉코
遠處 利

아니가면 히가되야 불일발졍 ㅎ다가셔
害 不日發程

즁노의 싱각ㅎ니 길은겸겸 머러지고
中路 漸漸

집은종종 싱각ㄴ셔 금치못ㅎ 만단의아
禁 萬端疑訝

비회노샹 싱각ㅎ니 졍녕이 알작시면
徘徊路上 丁寧

이거름을 가지마논 엇덜넌고 엇덜넌고

도로회졍 ㅎ엿더니 져ᄉ람 용녈ㅎ고
回程 庸劣

글네ᄌ 발켜닉야 만고ᄉ젹 소연ㅎ다.
字 萬古事蹟 昭然

아홉길 됴산홀씨 그마음 오작홀가
九仞 造山

당초의 먹은싱각 과불급 될가히셔
當初 過不及

먹고먹고 다시먹고 오인눅인 모흘씨논
五仞六仞

보고ᄂ니	ᄌ미되고 滋 味	ᄒ고ᄂ니	셩공이라 成 功
어셔ᄒᄌ	밧비ᄒᄌ	그러그러	다히갈찌
이번이ᄂ	져번이ᄂ	ᄎᄎᄎᄎ	풀닌마음
조조히셔 躁 躁	ᄌ조보고	지질히셔	그쳐쩌니
다른놀	다시보니	혼소구리	더히시면
여혼업시 餘 恨	이울공을 功	엇지이리	불급혼고 不 及
이런일을	본다히도	운수ᄂ 運 數	기러지고
조가튼	잠시로다 暫 時	싱각고	싱각ᄒ소
연포혼 連 抱	조흔남기	두어ᄌ	썩어신들
양공은 良 工	불기라도 不 棄	그말이	민망ᄒ다 憫 惘
쟝인이 匠 人	불급ᄒ야 不 及	아니보면	엇지ᄒ리
그말져말	다ᄒ자니	말도만코	글도만아

약간약간 若干若干	긔록ᄒ니 記錄	여ᄎ여ᄎ 如次如次	우여ᄎ라 又如次
이글보고	져글보고	무궁ᄒ 無窮	그니치를 理致
불연기연 不然其然	살펴ᄂ니야	부야흥야 賦也興也	비히보면 比
글도역시 亦是	무궁ᄒ고 無窮	말도역시 亦是	무궁이라 無窮
무궁이 無窮	살펴ᄂ니야	무궁이 無窮	아라쓰면
무궁ᄒ 無窮	이울속의	무궁ᄒ 無窮	ᄂ니아닌가

풀 이 　우리나라 사람들의 일반적인 삶의 행로에 관하여 한번 생각해보자! 칠팔 세에 글을 배워 유명한 문장이나 찾아내고 멋 있는 구절들을 따다가 조립하는 그런 짓을 해가면서(※ "심장적구尋章摘句"는 『삼국지연의』에 제43회 「제갈량설전군유諸葛亮舌戰群儒, 노자경력배중의魯子敬力排衆議」에 제갈공명의 말로 나온다: "심장적구는 세상의 썩은 유생들이나 하는 짓거리들이다. 어떻게 그런 자들이 나라를 일으키고 창조적인 일을 도모할 수 있겠는가?尋章摘句, 世之腐儒也。何能興邦立事?" 수운도 이 공명의 말을 인용할 때는 비슷한 심정이 있었을 것이다) **청운교, 낙수교를 거닐 꿈을 꾼다. 과거에 급제하여 입신양명하고자 하는 마음은 누구든지 품고 있다.**

나는 애초에 가망이 없었는 줄은 알았지만 혹시나 해서 과거를 위하여 온 몸과 마음을 다하여 노력했던 나의 지적 성과물은 청운교, 낙수교 다리 밑에 있는 깊고깊은 웅덩이에 다 쓸어 처넣었다. 이렇게 나의 청운의 꿈을 다 버리고 났을 때는 정말 허무한 생각도 들었다. 그토록 많고많은 과거응시자들 중에서 과연 몇 명이나 천운을 바라볼 수 있겠는가? 과연 몇 명이나 장악원 대풍류의 반주에 맞추어 삼일 동안 길거리 행진을 하는 그 장엄한 운명에 참여할 수 있겠는가? 이런 일 저런 일 그 실상을 계산해본다면 허무하기 그지없는 일이로다! 그런 바보짓 하지 말자! 과거 볼 생각을 아예 포기하자고 맹서하면서도, 내 운명은 나도 모른다 하고 또다시 미련 두며 총총히 걸어다니다가 결국 한 생애를 마치고 마는 것이 뭇 사람의 운명 아니겠는가!

원처(먼 곳)에 일이 있어 가게 되면 이로운 일이 있고, 아니 가면 해로운 일이 있다 하여 에헤라! 떠나자 하고 갑자기 여정을 시작한 사람들이 많다. 그런데 이런 사람들이 도중에서 생각해보니, 길은 점점 멀어지고 집은 종종 생각난다. 만단의 의아심을 금치 못해 길위에서 배회하면서 생각한다. 정녕 이 노정의 결과를 내가 확실히 알지도 못하는데 무모하게 계속 갈 것인가? 계속 밀고 나아갈 것인가? 그러다가 회의 속에 그만 여정을 되돌리고 만다. 정말 용렬한 사람이로구나! 그런데 우리네 인생이 대강 이러하다. 반성하지 않을 수 있겠는가?

나는 이 세상에 태어나서 무극대도 넉자를 밝혀내었다(※ "글 네 자"에 관해서는 여러 설이 있다. 나는 "무극대도"가 가장 포괄적이고 적합한 단어라고 생각한다. "수심정기"는 밝힘의 대상이 될 수 없다).　그러고나니 나에게는 만고의 역사의 자취가 분명하게 드러난다.

　『상서』의 주서周書「여오旅獒」편에 "위산구인爲山九仞에 공휴일궤功虧一簣하리이다"(아홉 길의 산을 만드는데 공이 한 삼태기 때문에 무너진다)라는 말이 있는데 이 말을 한번 생각해보자! 이 상황과 비슷한 얘기가 『논어』「자한」18에도 실려있다(나의 『논어한글역주』3, pp.131~135를 참고할 것). 아홉 길이나 되는 산을 흙을 날라 쌓아올릴 때 그 마음이 오죽이나 불안했을까? 시작할 처음에 결심한 마음, 그 기준에 과ㆍ불급 될까봐 걱정돼서 마음을 먹고먹고 또 다시 먹었다. 다섯 길, 여섯 길을 쌓아올릴 때는 쌓이는 것을 보면서 재미도 있고, 또 공이 쌓이는 것을 보니 보람이 있었다.

　어서 하자! 바삐바삐 열심히 하자! 자신을 독려해가며 그럭저럭 거의 다 완성단계에 들어갈 즈음, 긴장이 풀리기 시작했다. 이번이나 저번이나 느슨해져서, 차차차차 결심이 풀려갔다. 초조해져서 자주 방관하다가, 지루해져서 그 사업을 포기하고 말았다.

　다른 날 다시 그 조산造山 사업을 들여다보니, 한 소쿠리만 더 부었더라면 여한없이 이룰 공이었다. 이러한 공력을 어찌 이리도 마지막 단계에서 쉽게 포기할 수 있었던 말인가? 우리 도유들의 노력이 이같지 아니할까? 이런 예를 들어 우리 자신을 반성해보면, 대운은 크게 긴 시간으로 변하고 있는데 우리의 조급한 마음은 잠시동안일 뿐이다. 도유들이여! 생각하고 또 생각하소! 우리 동학을 어찌 지켜나갈지를 고민하소!

아름드리 아주 훌륭한 재질의 나무가 여기 있다고 해봅시다. 그런데 두어 자가 썩어있었소. 그런데 말하기를 "두어 자 썩었다고 양공良工은 그 좋은 나무를 버리는 법은 없다"라고만 하는 것이오. 그러나 그 말이 듣기 민망하오. 장인匠人이 아예 그 나무 있는 곳에 안 올 수도 있는 것이오. 그러면 그 나무는 약간의 썩은 부분 때문에 그 전체가 몹쓸 것이 되어버리고 마는 것이오. 썩은 부분을 지금 도려내는 것이 상책이오. 우리 동학이 살아남기 위해서는 지금 당장 그 썩은 부분을 과감히 도려내야 하오. 문장군도 그 중의 하나라오.

내 인생도 얼마 남지 않은 듯한데, 그 말 저 말 다 하자니 할 말도 너무 많고, 써야할 글도 너무도 많소. 다할 수 없으니 약간 약간 기록한 것이 이와같고 또 이와같소.

내가 쓴 이 글도 보고 저 글도 보아 그 속에 담긴 무궁한 이치를 파악하시오. 초자연적 사태라 할지라도 그것은 결국 자연적 사태라는 것을 파악하시오. 그렇지 아니한 것이 구극적으로는 그러한 것이라는 것을 살펴내시오. 객관적 사실은 객관적 사실대로,

주관적 심정은 주관적 심정대로, 비유의 양태 속에 담긴 뜻을 풀어내시오. 논리적 표현인 나의 글도 또한 무궁하고, 정서적 표현이 앞서는 나의 말도 또한 무궁하오. 글과 말이 모두 언어의 한계를 넘어 무궁한 세계를 달려가고 있소. 나의 친구들이여! 나의 도유들이여! 그대들이 그 무궁한 세계를 살펴내어 무궁한 앎에 도달하기를 바라오. 그리하면 무궁한 천지대자연의 순환 속에 무궁한 나 아니겠소?

보충 설명   마지막 구절, "무궁한 이울 속의 무궁한 내 아닌가"는 무한한 해석의 여지를 남기는 수운사상의 핵심적 표현이다. 그런데 전통적으로 이 구절은 천도교에서 수운이 말한 하느님을 "한울"로 개명하여 부르는 근거가 되었다. 야뢰 이돈화에 의하면 "한울"은 "큰 울"이며 "대아大我"를 의미하며, 개체의 "소아小我"와 대비된다고 한다. 우리 고어에서 "울"은 역시 울타리(울 리籬), 다시 말해서 "가두리"의 뜻밖에는 없다. 그러나 울은 명백하게 공간적 한정성을 지닌다. 수운은 "무극대도"를 말했고, "하늘님"을 말했지, 하나의 울 즉 가두리를 말한 적이 없다. 하느님은 울 속에 한정될 수 없다. "하느님"을 기독교적 표현이라 말하는 것은 어불성설이다. 기독교가 들어오기 전, 우리는 태고적부터 하느님을 말했다. 기독교가 말하는 하느님조차도 수운이 말하는 하느님의 틀속에서 재인식되어야 할 뿐이다. 하느님은 우리민족 고유의 하느님인 동시에 전 인류의 하느님일 뿐이다.

마지막 구문인 "무궁한 이울속의"라는 표현에서 "이 울 속에"라는 식으로 이(this) 울(fence)을 분리시켜, "이"라는 지시대명사와 "울"이라는 명사를 따로따로 해석하는 것이 매우 어색하다는 의견이 사계의 전문가들이 모인 나의 세미나에서 지적되었다. 수운이 『동경대전』 『용담유사』 전체를 통틀어 "울"이라는 표현을 쓴 적이 없다. 철학적으로 말하자면 "울"은 시공간연속체(Space-time continuum)인 우주 전체를 표현하는 말이 되어야 하는데 그러한 4차원적 세계를 구태여 "울"이라는 개념으로 갑자기 표현할 이유가 없다는 것이다. 그리고 그 "울"을 "이것"이라는 지시대명사로써 지시한 것도 어색하다는 것이다.

그래서 "이울속의"는 조선시대의 매우 포퓰라한 표현인 "이울다"의 변양으로 보아야 한다는 것이다. "이울다"는 "시들다"라는 뜻이다. 『훈몽자회』에도 "枯"는 "이울고"로 되어있다. 우리나라의 고어사전에는 "이울다"의 용례가 많고, 현대국어사전에도 나와있다. 그러니까 "무궁한 이울속의"는 "무궁한 시듦 속에"로 해석되어야 한다는 것이다. 즉 천지대자연의 영고성쇠의 순환리듬을 지칭하는 것이다. 수운은 이 "이울"이라는 말을 통해 자신의 죽음을 암시했으며, 동시에 무궁한 시듦의 사이클 속에 무궁한 내가 살아있다는 것을 말하려 했다는 것이다.

세미나에서 제기된 또 하나의 견해는 본 노래에서 "이루다(成)"가 "이울다"로 표기되어 있으므로 "무궁한 이울속에"는 "무궁한 이룸"

즉 성취, 지성무식의 삶의 노력으로 해석되어야 한다는 것이다. 독단적 주장은 피하겠으나 한번 심각하게 고려해볼 만한 정당한 논의들이라고 생각한다. 끝으로 『용담유사』를 해석하는데 많은 영감을 준 유사회遺史會 제자들과, 나의 죽마고우 양윤석梁崙錫 선생님께 감사의 마음을 전한다.

稿脫淚珠哭或笑
고 탈 루 주 곡 혹 소

平生運筆沒雲妙
평 생 운 필 몰 운 묘

歌歌創新達神遊
가 가 창 신 달 신 유

衰盛迭代極思召
쇠 성 질 대 극 사 소

탈고한 종이 위로 문득 눈물방울이 떨어진다

내가 울고 있는 것일까 웃고 있는 것일까?

평생 붓을 옮겼건만

수운과 씨름할 때처럼 오묘한 적은 없었다

노래노래마다 새로운 경지가 열리니

아사달의 신들이 노닌다

쇠운과 성운이 바뀌는데

극묘한 경지를 달리는 수운의 사유가

나를 부른다

동학선언문

— 동학농민혁명국가기념일 3주년을 맞이하여 —

　동학은 전쟁이 아닙니다. 그것은 평화를 향한 민중의 갈망입니다. 정읍의 황토현, 강원도 홍천의 자작고개, 공주의 우금치, 장흥의 석대뜰 등등으로 상징되는 1894년 갑오년 전국의 전장戰場에서 최소한 30만 이상의 흰옷을 입은 조선의 민중들이 쓰러졌습니다. 그들 앞에는 초라한 관군과 합세한 왜놈들의 대거병력이 기관총을 앞세우고 진을 치고 있었습니다. 흰옷을 입은 민중들이 그 앞을 죽창 하나 든 몸으로 나아갔습니다. 당시 이들을 바라본 토벌대장 이규태는 『진중일기』에 다음과 같이 썼습니다:

　　"죽음을 무릅쓰고 서로 앞을 다투어 수만 명의 농민군들이 산등성이로 올라왔다. 도대체 저들은 무슨 의리義理와 무슨 담략膽略을 지녔기에 저리할 수 있단 말인가! 지금 그때 저들의 정황과 자취를 기록하려 하니, 생각만 해도 뼛골이 떨리고 마음이 서늘해진다."

그들은 과연 죽음을 향해 돌진했을까요? 아닙니다! 그들은 삶을 쟁취하기 위해서 죽음의 모든 권세를 짓밟고 생명의 땅으로, 다시개벽의 세상으로 나아갔습니다.

당시 서울에 와있었던 영국의 왕립지리학회Royal Geographical Society 회원, 이사벨라 버드 비숍Isabella Bird Bishop, 1831~1904 여사는 동학혁명에 관해 이렇게 쓰고 있습니다:

> "동학군은 너무도 확고하고 이성적인 목표를 가지고 있어서, 나는 그들의 지도자들을 '반란자들'이라기보다는 '무장한 개혁자들'이라고 부르고 싶다. 그들은 외국인인 내가 봐도 의심할 수 없는 진실을 주장했다. 그 모든 것이 구구절절 옳은 말들이었다(*Korea and Her Neighbors* 제13장)."

사랑의 궁극적 의미는 평화이지만, 사랑은 평화를 보장하지 않습니다. 사랑은 구체적인 대상에 국한될 때, 그것은 편협한 집착으로 퇴락하기 마련입니다. 바울이 고린도전서 13장에서 말한 사랑은 고린도에 있던 작은 크리스챤공동체 내부의 성원들끼리의 화해를 말하고 있는 것입니다. 사랑은 참고, 온유하며, 투기하지 아니하며, 자랑치 아니하며, 교만치 아니하며, 거칠지 아니하다 하였지만 사랑은 그러한 감정의 부드러운 상태를 가리키는 데 머물지 않습니다. 진정한 사랑은 자기를 무화無化시키는 데서 출발

합니다. 자아의 모든 집착으로부터 해방되는 태허太虛의 무한한 포용에 자기를 던지는 순간 사랑은 달성됩니다. 이러한 사랑을 나는 평화라고 부릅니다. 진리도, 선함도, 아름다움도 평화를 상실하면 불인不仁하게 됩니다. 평화가 없으면 진·선·미라는 모든 문명의 가치가 잔인하고, 경직되고, 몰인정하게 되고 맙니다.

예수는 바울과는 달리, 종말대망공동체 내부의 사람들끼리의 사랑을 외치지 않았으며, 살아 움직이는 갈릴리 평원의 인간 모두를 향해 네 이웃을 네 몸과 같이 사랑하라고 외쳤습니다. 그러나 내 이웃을 내 몸과 같이 사랑한다고 하는 것은, 오직 내 마음을 다하고 목숨을 다하여 하느님을 사랑할 때만이 가능한 것입니다. 하느님을 사랑하는 것을 통해서만 내 이웃을 내 몸과 같이 즉각적으로 사랑할 수 있게 되는 것입니다. 하느님을 사랑하는 유일한 방도는 하느님을 무화無化시키는 것입니다. 존재자로서의 하느님이라는 실체가 시공의 변화 속으로 사라질 때만이 하느님 사랑은 달성될 수 있는 것입니다. 왜놈들의 총구 앞으로 나아간 조선의 민중은 무아의 해탈을 성취했습니다. 하나님이라는 존재, 그 실체를 무아의 평화 속에 묻어버렸습니다.

동학은 19세기 중엽, 경주 용담에서 태어나 그곳에서 자라난 최수운이라는 한 청년의 깨달음으로부터 시작된 사회운동이지만, 그것은 결코 단순한 종교운동이 아니었습니다. 그것은 고조선으로부터 내려오는 광활한 조선대륙의 삶의 총체가 응축된 정신문화가 일시에 폭발하여 만들어낸 새로운 혼백의 결정태였습니다. 고구려의 핏줄을 타고 흘러내린 유구한 유·불·선의 전통이 융합된 토양 위에서, 합리적 정신을 우주의 신비와 결합시킨 신유학의 심성론의 원칙들을 철저히 고수하면서도, 동시에 그것을 해탈하는 자유자재로운 정신의 열정이었습니다. 그 열정이 서세동점의 대세를 타고 들어온 서학西學과 맞닥뜨리면서, 보국안민輔國安民의 우환 속에서 자각自覺과 자생自生과 자주自主를 외칠 수밖에 없었던 새로운 각성의 떨림, 그 포효였습니다.

그것은 조선왕조 오백년을 통하여 신흥지배세력이 민중을 억누르기 위하여 내세운 사대事大와 계층적 엄분嚴分, 그리고 귀족정치화 되어간 왕정의 모든 폐해로부터 그 본질을 전복하려는 민중혁명의 강력한 테제였습니다. 아이러니칼하게도 그러한 테제를 일깨운 것은 서학, 즉 천주학이었습니다. 천주학은 서양제국주의 열강의 침략을 정당화하는 가장 적절한 명분이었으며, 보편성을 위장한 영혼의 파멸이었습니다. 수운은 이 천주, 즉 하느님과의 대결을 선포했습니다.

천주학은 천주 앞에 모든 사람이 평등하다는 것을 말합니다. 수운은 이러한 평등사상을 통하여 자신의 우수한 유학선배들이 서학에 매료된 이유를 알게 되었습니다. 그러나 서학의 경전을 탐독한 수운은 그러한 평등관의 배면에 변함없이 초월적 독재자 천주天主가 엄존한다는 사실을 간파했습니다. 인간의 존엄을 해치는 가장 본질적인 사실은 인간을 억누르는 권위주의적 이념들이 인간의 의식을 지배한다는 데 있습니다. 그 이념들의 총체, 그 근원, 그 이념 중의 이념이 곧 "야훼" 혹은 "데우스"라는 이름으로 만유에 군림하는 천주라는 사실을 밝혀냈습니다.

그리고 수운은 선포합니다: "인간의 평등은 오로지 인간이 하느님과 평등할 때 달성되는 것이다." 아마도 이러한 수운의 포효에 대해 세계의 크리스챤들은 이렇게 말하겠죠: "기독교는 하느님 앞에 선 인간의 겸손을 가르친다."

수운은 다시 말합니다: "겸손해야 할 주체는 우리 사람이 아니라 하느님이다. 하느님은 사람 앞에서 겸손해야 한다." 야훼는 민족신이고, 전쟁신이며, 질투하는 하느님이고, 호오가 확실한 하느님이며, 인간집단을 도륙하는 데 하등의 가책을 느끼지 않는 하느님입니다. 하느님이 정의를 결하면 그것은 하찮은 우상에 불과합니다. 민족에 대한 호오가 있는 하나님은 특정한 문명권 밖으로 수출되어서는 아니 되는 하느님입니다.

예수는 이러한 하느님을 거부했습니다. 야훼는 하느님의 자격이 없는 우상이라고 생각했습니다. 그래서 예수는 예루살렘성전을 뒤엎었습니다. 즉 다윗왕의 보디가드 노릇을 하는 야훼를 축출해버린 것입니다. 예수는 다윗왕권을 거부했습니다. 그런데 초대교회는 예수를 다윗의 후계자로 만들고 그를 메시아로 조작했습니다. 수운은 이러한 조작을 꿰뚫고 있었습니다: "서양의 사람들은 천주의 뜻을 빙자하여 좋은 일을 베푸는 듯하지만 실제로는 천하를 공취攻取하려 한다."

수운은 초월적인 인격체로서의 하느님을 만났습니다. 그러나 그 해후로부터 1년간 자기검증의 시간을 가졌습니다. 그리고 결론을 내립니다: "하느님은 인격성을 초월하는 존재Sein 그 자체이어야 한다. 어찌 하늘 꼭대기에 상제님이 옥경대에 계시다고 보는 듯이 말을 할꼬?" 인격성이 거부된다는 것은 인간세의 호오好惡에 좌우되지 않는 정의로운 공평한 존재라는 뜻입니다. 수운은 그러한 하느님의 특성을 "무위이화無爲而化"라고 표현했습니다. 노자가 말하는 "도법자연道法自然"과 같은 뜻이지요.

니체는 하느님을 죽이려 했습니다. 그러나 수운은 하느님을 살려내려 했습니다. 모든 시스템의 감금으로부터 하느님을 탈옥시켰습니다. 모든 관념과 언어의 폭력과 제도의 권위와 예식적 허위로부터 하느님을 탈출시켰습니다. 이러한 탈출을 이미 조선사람들은 링컨이 게티스버그연설문을 읽고 있을 바로 그 시점에 성공시켰습니다. 그리고 사람의, 사람에 의한, 사람을 위한 하느님을 확보함으로써 새로운 개벽세상을 열었습니다. 조선의 민중은 극렬한 탄압 속에서도 이 수운의 혁명사상을 조선팔도 전체의 레지스탕스운동으로 구현해나갔습니다.

동학농민혁명을 바라보는 시각 중에서 가장 불행한 학계의 왜곡 중의 하나가 북접이니 남접이니 하는 편당의식을 가지고 혁명을 바라보는 것입니다. 동학혁명을 흐르는 정신은 단 하나, 수운의 "시천주侍天主"로부터 시작하여 해월의 "향아설위向我設位"에 이르는 인본의 플레타르키아pletharchia 사상입니다. 전라도에서 궐기한 사람들을 정치적·사회적 맥락의 항거로서만 분석하는 것은 온당치 못합니다. 전라도에는 전라도 나름대로의 특별한 역사 환경이 있었지만, 동학은 이미 전국민의 신념체계로서 보편화되어 있었고, 그 보편적 조직을 관장한 사람은 제2대 선생님 해월 최시형崔時亨, 1827~1898이었습니다.

> "어린이를 때리지 말라! 어린이를 때리는 것은 하느님을 때리는 것이다. 하느님은 매맞기를 싫어하신단다."

> "베를 누가 짜고 있으냐?" "제 며느리가 짜고 있습니다." "아니다! 하느님께서 짜고 계시나니라."

> "일체의 사람을 하느님으로 대하라. 손님이 오거든 하느님이 오셨다 하라."

> "타인의 시비를 말하지 말라. 이는 천주를 시비함이라."

> "네가 먹는 밥 한 숟가락 그것이 곧 하느님이니라. 온 생명의 근원이니라."

"제삿상은 청수 한 그릇으로 족하니라. 청수 한 그릇이야
   말로 하느님이기 때문이다."

수없는 해월의 설법은 너무도 쉽게 민중의 가슴으로 파고들었
습니다. 녹두 전봉준 장군은 해월에 의하여 고부접주로 임명된
사람입니다. 전봉준은 죽기 전 공초에서, 접주를 임명할 수 있는
사람은 해월 법헌 한 사람뿐이라고 말했습니다. "동학이라는 게
무슨 주의主意가 있느냐?"라는 질문에, "동학은 수심守心하여, 충
효로 본을 삼고, 보국안민하자는 것뿐이외다"라고 대답했습니다.
"너는 동학을 좋아하느냐?"라는 질문에 이렇게 대답했습니다:
"동학은 나의 마음을 지킬 수 있게 하고, 하느님을 공경케 하는
도道이므로, 심히 좋아하나이다."

전봉준은 동학사상의 신봉자로서 전주 삼례교조신원운동(1892년
11월)에서 이미 두각을 나타냈습니다. 전봉준은 해월의 사상을 신뢰
하고 따랐습니다. 거사를 바라보는 방법론의 차이에 근거하여 남
접·북접의 대립을 운운하는 것은 어리석은 소치입니다. 남접, 북
접의 분별은 근원적으로 존재하지 않았습니다. 해월의 전체를 통
찰하는 신중함이 없었더라면 동학의 명맥은 깊게 단절되었을지
도 모릅니다. 그러나 전봉준의 구국의 결단이 없었더라면 정확한
카이로스에 조선왕조의 뿌리를 근절시키는 대업을 성취하기 어
려웠을 것입니다.

1919년 4월 11일 대한민국임시정부는 대한민국 최초의 헌법을 선포했습니다. 그 제1조는 "대한민국은 민주공화제로 함"입니다. 제3조는 "대한민국의 인민은 남녀귀천 및 빈부의 계급이 무無하고 일체 평등임"입니다. 이것은 외래사상을 수용한 결과가 아닙니다. 동학의 정신이 개화한 것입니다.

3·1만세독립혁명을 주관한 것도 동학이었습니다. 33인의 대표가 공주 우금치전투의 리더 의암 손병희였고, 33인 중 15명이 동학사람들이었으며, 그 중 9명이 동학혁명의 현장에서 일본군과 피 흘리며 싸웠습니다. 상해임시정부를 이끈 백범 김구 선생도 황해도 팔봉접주였습니다. 건준을 만든 몽양 여운형 선생도 그 뿌리가 동학에 있었습니다. 몽양의 큰할아버지가 동학경전을 간행했습니다. 홍구공원에서 도시락폭탄을 터뜨려 세계를 놀라게 한 매헌 윤봉길도 충청도 동학 리더 배성선裵成善의 훈도를 받았습니다. 배성선은 그의 장인이었습니다.

동학은 젊습니다. 동학을 이끌어간 지도자들의 대부분이 30대의 청년들이었습니다. 수운이 대구장대에서 참형을 당한 것도 만 40에 이르기 이전이었고, 녹두장군이 서울에서 교수형을 당했을 때도 그의 나이 만 40이었습니다. 이들이 모두 30대 후반에 활동을 했습니다. 그들의 물리적 나이가 어떠하든지간에 수운과 더불어 다시개벽의 노래를 부른 모든 사람들이 젊었습니다.

젊음은 비극에 물들지 않은 영혼입니다. 그래서 청춘은 비극을 두려워하지 않습니다. 청춘은 비극을 선명하게 인식하면서도 비극의 한가운데로 자신을 던집니다. 그리고 자기를 잊어버리며 자기를 초월합니다. 청춘이 비극에 도전할 때마다, 비극은 청춘이 지향해야 할 이상을 노출시킵니다. 그 이상이 담지하고 있는 보편적 가치의 항구성을 직관할 때 청춘은 평화에 도달합니다. 평화는 비극의 이해이며 동시에 비극의 결실을 보존합니다. 비극은 결코 헛되지 않습니다. 청춘은 결코 좌절하지 않습니다. 청춘은 비극적 절망 속에서도 무아의 평화를 직관합니다.

고구려의 청춘이 동학으로 다시 태어나면서 두 세기의 격랑 속에서도 동학은 조화로운 동귀일체同歸一體의 중용을 달성했습니다. 평등의 새로운 인식과 아름다움의 도약과 자제할 줄 아는 자유의 감각을 생성했습니다. 평화는 정적靜寂을 허락하지 않습니다. 정靜은 동動의 정靜일 뿐입니다.

조화는 반복의 굴레를 넘어서는 신선한 것이어야 합니다. 젊음은 아름다움을 사랑합니다. 그러나 이때 사랑은 개체를 넘어서는 것이며, 제한된 개체의 완벽을 초월하는 것입니다. 이기를 극복하고 평화의 면류관을 쓸 때 문명은 활력을 획득하며, 우리 인간에게 삶의 가치를 부여합니다. 문명은 망아적忘我的인 초월의 열정 속으로 침잠할 때 가장 아름다운 것이 되지만, 그 문명의 모든 사건에는 항상 젊음의 꿈과 비극의 성과가 도사리고 있습니다. 동학의 모험은 청춘의 열정과 꿈으로부터 시작하여 비극적 아름다움을 수확했습니다. 동학은 우리 민족이 격한 열정을 지니면서도 항상 평화를 지향하는 이유를 설명해줍니다. 동학을 위해 생명을 바친 조선동포들의 희생을 통해, 인류는 결국 평화를 배우게 될 것입니다. 인류는 우리가 왜 백의민족인지를 알게 될 것입니다.

전 세계의 인민들에게 호소합니다. 남한과 북한의 화해는 인류 평화의 핵심입니다. 우리는 서로가 전쟁이나 대립을 원하지 않습니다. 남과 북의 동포들이 서로를 포용하며 휴전협정을 종료하고 심오한 평화의 관계 속에서 인류의 새로운 이상을 창조할 수 있도록 도와주십시오. 우리는 너무도 기나긴 냉전의 설상雪霜 속에서 억울한 세월을 보냈습니다. 그러나 우리에게 봄은 오고야 말 것입니다.

동학은 성誠을 말합니다. 하느님과 인간의 성실함을 말합니다. 우리의 삶의 환경을 오염시키는 것은 하느님을 오염시키는 것입니다. 세계의 전 인민들은 무책임한 일본의 방사능오염수 방류를 막아야 합니다. 동학이 이 시대를 향해 외치는 소리는 이러한 양심적 세계인의 항변을 통해 이어질 것입니다. 봄은 오고 있습니다.

2021년 5월 11일
조선의 철학자 도올 김용옥

Donghak Manifesto

On the Occasion of the Three-Year Anniversary of Establishing
the Donghak Peasant Revolution National Memorial Day

Donghak is not war. It is our people's aspiration for Peace. Hwangto-Hyun at Jeongeup, Jajak Hill at Hongcheon, Ugeumchi at Gongju, Seokdae Field at Jangheung ⋯ These famous battlefields witnessed over 300,000 white-clad people of Joseon fall to their deaths in 1894. The formidable Japanese battalion, joined by Joseon's pathetic government army, was waiting in formation, outfitted with gatling guns, ready to shoot. Equipped merely with bamboo spears, these people, dressed in white clothes, went out to fight them. The conquering army's General Lee Gyu-Tae, having witnessed their bravery, wrote in his *Battlefield Diary* :

> "Tens of thousands of peasant fighters kept coming over
> the hill with so much force and no regard for their lives.

them to do such a thing! When I try to record their actions
and trace their movements, my mind freezes with terror
and I feel chilled to my bones."

So, were they marching towards their death? Not in the slightest!
They crushed the authority of death, and advanced towards the land
of Life, to the World of "Re-Making." ("Re-Making": Donghak's core
concept of revolution).

Isabella Bird Bishop (1831~1904), a member of the Royal
Geographical Society who was visiting Seoul at that time, wrote in
her *Korea and Her Neighbors* about the Donghak Revolution:

"This Tong-hak movement ··· [harbors] such definite and
reasonable objects that at first I was inclined to call its
leaders "armed reformers" rather than "rebels." "The
Tong-haks asserted, and with undoubted truth ··· even to
a foreigner such as myself, their claims seemed entirely
truthful."

The ultimate significance of love is Peace, but love does not
guarantee Peace. When love is confined to a particular object, it
inevitably devolves into prejudiced obsession. The love that Paul

preaches in Ⅰ Corinthians. 13 was about the harmonious existence between the members of the Early Christian community: "Love is patient and kind; Love is not jealous or boastful; it is not arrogant or rude … " but love is much more than merely such gentle nature of emotions. True love starts with reducing the "Self" to Nothingness. Love is realized when we launch ourselves into the infinite tolerance of the "Great Emptiness," liberating us from all compulsions of the Self. It is this kind of love that I call Peace. Even the True, the Good, and the Beautiful become desensitized without Peace. Without Peace, all values of our civilization become cruel, severe, and compassionless.

Christ, unlike Paul, did not preach love between the members of particular eschatological communities; rather, he proclaimed towards everyone on the plains of Gallilee to "love thy neighbor as thyself." But to truly love your neighbor as you love yourself is only possible when you love God with all your heart, and with all your soul. Only through the act of loving God can we instinctively love our neighbors as we love our own selves. And the sole manner in which we can arrive at loving God is to reduce Him to Nothingness. The love of God can only be actualized when God as a substantive entity gets assimilated into the space-time continuum, and when it becomes Change itself. The people of Joseon, who pressed forward under Japanese gunfire, achieved this self-emancipation. They buried the substance called "God" in the Peace of *anātman* (egolessness).

In mid-19th century, Donghak was initiated by a young man named Choi Suwun, born and raised in Gyungju. But this was no ordinary religious movement. Donghak was the distillation of five thousand years of Korean history, crystalized in the instantaneous eruption of the variegated spiritual tradition of this land. Neo-Confucian Mind-Theory combines "practical ethos" and "cosmic mysticism," born out of the long lineage of Confucianism, Buddhism, and Taoism that goes all the way back to the Goguryo Dynasty. While strictly adhering to the principles of Neo-Confucianism, Donghak represented the zesty spirit that simultaneously broke free from its shackles. While Donghak's passionate spirit clashed with the burgeoning force called Seohak (Western Learning), responding to the growing need to protect and defend the country and its people, it was compelled to assert self-enlightenment, self-creation and self-identity. Donghak was the lion's roar of this new realization.

The half-millennium history of Joseon had degenerated into an oppressive monarchy, promoting national dependency, strict class stratification, and over-powering aristocracy. Against these corruptions, Donghak was the revolutionary paradigm seeking to reclaim the humanistic essence for the people. Ironically, it was none other than Western Learning, i.e., Catholicism, that awakened this spirit. Catholicism provided the perfect justification for imperialist invasions from the West, and it represented the destruction of our spirit in the name of universality. Suwun thus proclaimed a direct challenge against the God of Christianity.

Catholicism states that all people are equal before God. Suwun understood that it was this idea of equality that allured many of his senior Confucian colleagues. But having thoroughly examined the Catholic scriptures, Suwun realized that behind this notion of equality there still existed the transcendental sovereign God. Human dignity suffers when authoritative ideology governs human consciousness. Suwun discovered that the omnipotent ruler of the universe, parading under the name of "Yahweh," or "*Deus*," was precisely what was at the core of this ideology.

Suwun therefore professes: "Equality among humans can only be reached when Man is considered equal with God." Perhaps the Christians in this world might retort: "Christianity teaches men to be humble before God."

Suwun thus repeats: "The one who should be humble is not us, but God. God must be humble before Man." Yahweh is a nationalist god, a warmongering god, a jealous god. He is a god of favoritism and feels no remorse massacring entire tribes. If God lacks justice, He is nothing but an idol. A nationalist god should not be exported to territories other than that of its origin, and cannot be regarded as universal.

The Historical Jesus denied such a God. He did not believe such an idol was worthy of a god. That is why Jesus cleansed the Temple of Jerusalem. In other words, he expelled Yahweh, who was but a mere 'bodyguard' of King David. Jesus thus rejected the kingship of David. But Early Christianity manipulated history, making Jesus a direct descendent of King David, and proclaimed Him the Messiah. Suwun saw through these manipulations: "The people of the West may seem to be doing good deeds under God's will, but in reality, they are attempting to conquer the world."

Suwun encountered thus, the transcendental entity that is God. After spending a one-year period of self-examination, Suwun concluded: "God must be 'Sein' itself, exceeding any personhood. Why is he reigning like some common chieftain, commanding from his high-chair?" To reject personhood is to be fair and just without being partial to various worldly attachments. Suwun characterized such a god as a "Change-Without-Intentionality." This is a similar concept to Laozi's expression, "Tao follows the 'Naturally-so.'"

Nietzsche tried to kill God. But Suwun tried to save Him. He liberated God from all systemic imprisonment. He freed God from all ideologies, linguistic violence, social authority and ritual hypocrisies. The people of Joseon attained this liberation of God right around the time Lincoln was reading the Gettysburg Address. And by securing a God, of the people, by the people, and for the people, they opened a new World of Re-Making. The people of Joseon internalized Suwun's revolutionary ideas and actualized a Resistance movement in the face of extreme oppression.

Seeing the Donghak Peasant Revolution through the perspective of partisan ideologies of Northern / Southern faction is one of the most unfortunate academic prejudices. The spirit that runs through the Donghak Revolution is singular: the humanistic principles of Pletharchia, beginning with Suwun's notion that "侍天主: Man-is-God," and reaching Haewol's concept of "向我設位: Ancestor-worship-directed-towards-self." It is not correct to evaluate those who rose up in Jeolla province only in the context of a sociopolitical mutiny. Jeolla province may have had its particular history, but

Donghak was by then already established as a global national belief system, and it was Teacher Haewol (Choi Si-Hyung, 1827~1898) who guided this global system.

> "Do not strike children! To hit a child is to hit God. God does not like to be beaten."

> "Who is weaving now?" "It is my daughter-in-law who weaves." "No! You are seeing God at the loom."

> "Treat every person as God. When a guest calls on you, say God has arrived."

> "Do not judge others. To judge another is to judge God."

> "The spoonful of rice you eat — this is God. He is the origin of all life."

> "A simple bowl of water is a sufficient offering to your ancestors. Because this small portion of water is also God himself."

Haewol's numerous aphorisms struck readily at the hearts of the Korean people. The famous Jeon Bong-Jun, a.k.a. General Mung Bean, was actually appointed by Haewol as a local leader at Gobu. In the interrogation report just before his death, Jeon stated that the only person who could appoint a local Donghak leader was Haewol.

When asked the question, "What ideals does Donghak uphold?" the General answered, "Donghak means keeping an unwavering mind; its essence is filial piety, and it strives only to correct our nation for the welfare of our people." In replying to the question "Do you like Donghak?" he said: "Donghak not only keeps my mind secure, but it is also the Tao of encountering God, so yes, I love it deeply."

Jeon Bong-Jun already distinguished himself as a member of the Donghak movement at Samrye, Jeonju, where the mass protest to posthumously acquit the founder of Donghak, Suwun, took place (November, 1892). Jeon was an avid follower of Haewol and his teachings. The methodological difference between the approaches of Haewol and Jeon should not be understood as a partisan confrontation between Northern and Southern factions. It is completely futile to claim there was even such a factional distinction. Without the holistic perspective and prudence of Haewol, the tide of Donghak may have been severed. But also, without Jeon's active determination to reclaim the nation, the precise *Kairos* of uprooting the regime of Joseon could not have been accomplished.

On April 11th, 1919, the Provisional Government of the Republic of Korea published its very first Constitution. Article 1 proclaims "Korea is established as a Democratic Republic." Article 3 states "There shall be no class distinction among the citizens of the Korean Republic, but men and women, noble and common, rich and poor, will have equality." This was not the result of importing Western ideas. It was created from the spirit of Donghak.

It was also Donghak that led the March 1st National Independence Movement. The leader of the 33 representatives was none of than the chief commander of the Battle of Ugeumchi, Son Byung-Hee (Teacher #3). Of the 33, there were 15 Donghak members, and 9 of those members were frontline soldiers of the Donghak Revolution, who spilled their blood fighting the Japanese army. Baekbeom Kim Gu, President of the Provisional Government of the Republic of Korea, was also a local Donghak leader at Palbong, Hwanghae Province. The creator of the "Committee for Preparation of Korean Independence," Mongyang Yeo Un-Hyung, was also rooted in Donghak. His great uncle published the Donghak Scriptures. Maeheon Yun Bong-Gil, who astonished the world by detonating a lunch-box bomb at Hongkou Park in Shanghai, was also taught by the Donghak leader Bae Seong-Seon, who was his father-in-law.

Donghak is youthful. All the leaders who shepherded the Donghak movement were young men in their 30s. When Suwun was guillotined at Daegu military headquarters, he was not even 40 years old, and General Mung Bean was barely 40 when he was tragically hanged in Seoul. All of these Donghak leaders were active in their thirties. And regardless of their biological age, everyone who chanted the song of "Re-Making" with Suwun were all in the bloom of their youth.

Youth is the spirit yet untouched by tragedy. That is why youth does not fear tragedy. Youth vividly perceives tragedy, yet it launches itself into the epicenter of tragedy. By forgetting oneself, youth transcends the ego. Whenever youth challenges tragedy, tragedy exposes the ideals that youth must pursue. When youth intuits the dynamic equilibrium of the universal values that these ideals harbor — it is then that youth achieves Peace. Peace is both the comprehension of tragedy and preservation of its fruits. Tragedy is never in vain. Youth is never dispirited. Even in the wretchedness of tragedy, youth will always find the Peace of *anātman*.

The youth of Goguryo was reborn in the Donghak movement. During the last two turbulent centuries, Donghak managed to achieve the harmonious state of the "Mean-of-Oneness." It created the novel understanding of equality, the soaring achievement of aesthetic sensitivity, and the sensibility of liberty that is also grounded in self-discipline. Peace does not acquiesce in tranquility. Tranquility too, is a notion that must be based on movement; Tranquility in Donghak is a dynamic concept.

Harmony must transcend the wheel of repetition and be immanently fresh. Youth loves beauty. But this love is beyond the love for an individual entity, rising above the limited Perfection of the particular. When civilization overcomes egoism and wears the garland of Peace, it recovers its vitality and bestows upon us the true value of Life. Civilization may be at its most sublime when it plunges into the zeal of egoless transcendence, but in each of its episodes, the dreams of youth and the fruits of tragedy are always lurking. The adventure of Donghak started with the zeal and dream of the youth, and it reaped the fruits of tragic beauty. It is Donghak that explains why our nation always craves for Peace, despite the vehement passion that each of us carry within us. Humanity will learn Peace through the sacrifice of our fellow people of Joseon, who gave their lives for Donghak. The world will finally understand why we are the white-clad nation.

I beseech everyone under the sun. The reconciliation of South and North Koreas is the fulcrum of world peace. We, whether from North or South, do not want war, nor conflict. Please help our fellow North and South Koreans to act with compassion and terminate the Ceasefire Treaty, so that we may create a new ideal for humanity, embedded in a deep-seated peaceful relationship. Our nation has endured the torturous winter of post-war conflict for much too long. But our spring will soon come.

Donghak talks about "Cosmic Sincerity." This is the Sincerity of God and the Sincerity of Man. To pollute our environment is to pollute God. The citizens of the world must help to stop Japan's irresponsible act of releasing radioactive wastewater. It is in such ethical protests by the world's citizens that the voice of Donghak will continue to reverberate. Spring is just around the corner.

May 11, 2021

Doh-ol Kim Young-Oak

Philosopher of Korea

subtitle by SeungJung Kim,

Professor, Department of Art History, University of Toronto

모두가 행복한 생태공동체를 향한
"농산어촌 개벽대행진," 그 삼강오략三綱五略

모두가 행복한 대한민국을 만드는 일은 농산어촌(이하 농촌으로 통칭) 살리기에서 시작됩니다. 농산어촌 주민(이하 농촌주민으로 통칭)이 행복하고 나아가 모든 국민이 행복한 나라로 가는 길, '농산어촌 개벽대행진'에 함께 해주세요!

포스트코로나 시대, GDP 너머 국민총행복(GNH)입니다!

코로나19 대유행으로 우리의 삶이 위협 받고 있습니다. 세계 석학들은 코로나 바이러스가 인간의 생태계 파괴에 대한 자연의 보복이며, 지금까지의 삶의 양식과 사회경제 시스템은 더 이상 지속가능하지 않다는 것을 가르쳐 주는 위대한 스승이라고 말합니다.

이것은 무엇보다도 "경제는 무한히 성장하고, 경제가 성장하면 모든 것이 좋아질 것"이라는 성장주의 이데올로기에 대한 강력한 경고입니다.

해방 직후 아시아 최빈국이었던 우리나라는 오늘날 세계 10위권의 경제 규모와 일인당 소득 3만3천 달러의 경제대국으로 성장하였습니다. 이처럼 놀라운 경제성장을 달성할 수 있었던 것은 "우리도 한번 잘살아 보자"며 경제성장에 모든 역량을 집중했기 때문입니다.

하지만 성장의 대가가 너무 큽니다. 우리는 성장주의로 인해 삶의 가치 있는 것들을 너무 많이 잃어버렸습니다. 유엔(UN) <세계행복보고서>에 따르면 한국의 일인당 국민소득 순위는 꾸준히 상승하는데 행복 순위는 하락해 소득과 행복의 괴리가 갈수록 커지고 있습니다. 이제 우리 사회 발전의 패러다임을 경제성장에서 인간의 보편적 열망인 행복과 균형으로 과감하게 전환해야 합니다.

우리는 그 길을 국민총행복(Gross National Happiness, GNH)에서 찾습니다. 국민총행복은 물질적 조건과 함께 교육, 환경, 건강, 문화, 공동체, 여가, 심리적 웰빙, 거버넌스(좋은 민주주의) 등 다양한 요소들의 균형 있는 발전을 추구합니다. 또한 국민총행복을 위해서는 "아직 행복하지 않은 사람(부문)"의 행복이 증진되어야 합니다.

> # 농촌을 살리고 농촌주민을 행복하게 할
> # '농산어촌 개벽'을 제안합니다!(삼강三綱)

　이제 우리는 근본으로 돌아가야 합니다. 인간과 자연이 조화롭게 공생하고 사람들이 더불어 살아가는 사회로 나아가야 합니다. 그 시작은 성장주의에 희생되었던 농민과 농림어업, 농촌이 제 역할을 하도록 하는 것입니다. 농림어업과 농촌이 일터, 삶터, 쉼터로서 다원적 기능(경제적, 사회문화적, 생태적 기능)을 제대로 발휘해야 합니다. 이를 위해서는 아직 행복하지 않은 농촌주민의 행복이 증진되어야 합니다. 농촌이 자연양로원이 아니라, 아이와 어른이 함께 살아가는 행복한 생태 공동체로 거듭나도록 해야 합니다. 지금까지의 생산주의 농정과 지역개발주의에 대한 철저한 반성이 필요합니다. 이에 기초하여 농림어업과 농촌을 개벽해야 합니다.

첫째, 기후위기에 대응하는 농촌으로!

　그동안 정부는 시장개방에 대응하여 "국제경쟁력만이 살 길"이라는 생산주의 농정을 추진하였습니다. 그러나 생산주의 농정은 이산화탄소와 메탄가스 등 온실가스 배출을 늘리고, 환경과 생태계를 파괴해왔습니다. 식량과 사료, 비료, 원자재 등을 수입해 운송하는 과정에서도 온실가스 배출이 크게 늘고 있습니다.

식량과 에너지의 지역자급을 높여 온실가스를 감축해야 합니다. 농림어업 생산을 탈탄소 생태유기농업으로 전면 전환해야 합니다. 농촌의 재생 가능한 자원(햇빛, 바람, 조수, 수력, 지열 등)을 활용하여 에너지를 생산하고, 축산분뇨를 활용한 바이오가스와 목재 바이오매스로써 화석연료 소비를 줄이고, 토양과 산림의 탄소흡수 기능을 높여야 합니다. 농촌의 재생 가능한 자원을 활용하여 농촌지역의 에너지 자립을 이루되, 농지와 산림을 파괴하는 행위는 중단해야 합니다.

둘째, 먹을거리 위기에 대응하는 농촌으로!

기후위기는 곧 세계적인 식량위기를 초래합니다. 우리나라 곡물자급률은 21%, 칼로리자급률은 35%에 지나지 않습니다. 정체불명의 수입농산물이 국민의 건강을 위협하고 있습니다. 국민이 건강하고 안전한 먹을거리를 언제 어디서나 안정적으로 먹을 수 있는 먹을거리 기본권을 보장해야 합니다. 이를 위해서는 식량자급률을 높여 건강한 먹을거리의 국내생산을 늘리고 식량 주권을 확보해야 합니다. 아울러 먹을거리 불평등을 해소하여 누구나 질 높고 풍요로운 식생활을 영위할 수 있는 먹을거리 정의를 실현해야 합니다. 친환경 공공급식을 확대하고, 지역 먹을거리 순환체계(생산-가공-유통-소비-폐기)를 구축해야 합니다.

셋째, 지역위기에 대응하는 농촌으로!

수도권과 대도시 중심의 경제성장은 지역소멸 위기를 초래하고 있습니다. 수도권에 인구의 절반 이상이 모여 사는 나라에서 국민은 행복할 수 없습니다. 그동안 지역균형발전과 농촌살리기라는 미명하에 각종 지역개발사업에 막대한 예산을 투입하였으나, 지역경제와 주민 삶에는 별다른 도움이 되지 않고 있습니다. 정부의 각종 보조금 사업(도로 등 SOC[사회간접자본] 포함)은 지역 유지들과 공무원 그리고 정치인에게 떡고물을 남기고, 돈은 도시인이 운영하는 각종 업체를 통해 다시 도시로 돌아갑니다. 지역에 남는 것은 주민 갈등과, 관리운영비만 들어가는 각종 시설과, 텅 빈 도로뿐입니다. 농촌개발정책을 전면적으로 재검토할 때가 되었습니다. "개발"이란 이름으로 외부의 자본과 사람들이 들어가, 농촌을 파괴하는 행위는 중단해야 합니다.

수도권과 비수도권의 격차가 확대되고, 지방의 수도권 의존도가 점점 높아지고 있습니다. 뿐만 아니라 농촌지역 내에서도 사람들이 면을 떠나 읍으로 몰리는 지역 내 불균형이 심화되고 있습니다. 농촌주민이 떠나지 않고 천지자연의 순환의 본원인 농촌에 살 수 있게 해야 합니다. 농민이 행복하고, 청년들이 일자리를 찾아 들어오고, 귀농·귀촌하기를 원하는 사람들이 인생 2막을 설계할 수 있는 든든한 삶의 터전으로 농촌이 거듭나게 해야 합니다.

> **행복한 농촌을 위한 5가지 해법을 제안합니다!**(오략五略)
>
> 기후위기, 먹을거리 위기, 지역위기에 대응하여 무엇을 하여야 할까요. 그 답은 단순합니다. 농촌에 사람이 살아야 합니다. 다음과 같은 일부터 시작하기를 제안합니다.

하나, 농촌 주민의 행복권 보장!

농촌주민들에게 의료, 교육, 주거, 돌봄, 교통 등 기본적인 사회 서비스가 제공되어야 합니다. 현재 국가가 정한 최소서비스 항목인 "농어촌 서비스 기준"과 관련해 국내 시·군의 달성률이 절반에도 미치지 못하는 실정입니다.

둘, 공익적 직접지불 확대!

경쟁력 향상을 명분으로 한 기존의 농림어업 생산보조금을 줄이고, 농림어업의 생태적 발전을 위한 공익적 직접지불을 대폭 확대해야 합니다.

셋, 먹을거리 기본법 제정!

세계적인 식량위기에 대비하여 건강한 먹을거리의 국내 생산을 늘려 식량 주권을 확보하고, 국민 누구나 질 높고 풍요로운 식생활을 영위할 수 있는 먹을거리 기본권을 보장해야 합니다.

넷, 농촌주민 수당 지급!

지역개발사업 예산을 대폭 줄이고, 그 돈을 농촌주민들에게 "국토·환경·문화·지역 지킴이 수당"으로 지급해, 빈사상태의 농촌경제와 농촌주민의 생활을 안정시켜야 합니다. 농촌경제가 살아나야 지역경제가 살아납니다.

다섯, 농촌주민자치의 실현!

농촌 주민 스스로가 농업·농촌의 다원적 기능과 공익적 가치를 높이고, 지역의 운명을 결정하고 책임지도록 해야 합니다. 5.16 이후 중단된 읍·면·동 자치를 부활시키고, 마을자치를 활성화시켜야 합니다.

모두가 행복한 대한민국으로 가는 대행진에 동참해주세요!

이상 "삼강오략三綱五略"의 실현을 위하여 "국민총행복과 농산어촌 개벽대행진"이 힘찬 첫걸음을 내딛습니다. 대행진은 전국 팔도를 순회하며 각계각층 민초들의 지혜가 국가 정책으로 실현될 수 있도록 한목소리로 촉구할 것입니다. 코로나19는 우리에게 더 지체할 시간이 없다고 말하고 있습니다.

우리가 농촌 문제에 대한 올바른 해답을 찾지 못하고 헤매는 동안, 수도권과 대도시 인구 집중은 날로 심화하고 있습니다. 우리는 농촌살리기에 많은(혹은 새로운) 예산을 요구하지 않습니다. 생산주의 농정과 지역개발에 잘못 사용 되고 있는 예산의 정비만으로도 필요한 재정을 확보할 수 있습니다.

기후위기, 먹을거리 위기, 지역위기에 대응하여 농촌, 산촌, 어촌을 살리고 국민총행복을 실현하고자 하는 "국민총행복과 농산어촌 개벽대행진"의 힘찬 발걸음에 국민 여러분의 적극적인 참여를 앙망합니다. 그리고 그 과정에서 생산되는 소중한 가치들을 온 누리에 펼쳐주십시오.

2021년 8월

국민총행복과 농산어촌 개벽대행진 발기인 일동

국민총행복과 농산어촌 개벽대행진 선언문

도올 金容沃

역사는 그 자체로써 진보하지 않습니다. 시간은 그냥 흘러갈 뿐입니다. 흘러가는 시간에 진보라는 이름을 새겨넣기 위해서는 그 시간을 구성하는 모든 존재들의 행복의 증진이 확보되지 않으면 안됩니다. 이러한 행복의 증진을 고조선의 사람들은 "홍익인간弘益人間"이라 불렀고 국가공동체의 이념으로 삼았습니다. 그리고 조선왕조가 끝나갈 무렵, 19세기 중반에 최수운은 홍익인간의 이념을 계승하여 "동귀일체同歸一體"라는 동학사상을 제창하였습니다. 동학사상으로부터 우리민족의 근대적 사유가 자생적으로 펼쳐지게 되었다는 것은 대한민국 사람이라면 누구든지 수긍하는 테마입니다. 대한민국이 존립하는 이유는 대한민국의 주권의 주체인 국민 모두가 다 함께 행복한 삶을 누리고자 하는 데 있습니다.

인간이 제아무리 고등한 과학문명과 사회체제를 형성하였다 해도, 인간은 자연체라고 하는 단순한 사실에는 이론의 여지가 없습니다. 자연체인 인간은 자연에 의존할 수밖에 없으며, 자연을 떠나서는 행복할 수가 없습니다. 지금 여기서 말하는 "자연"이 바로 "농산어촌"입니다.

　무분별한 독재적 경제개발의 사상이 농산어촌을 억압하고 축소하고 사람을 도시로 내몰아 효율적인 도시문명을 재건한다는 명분과 정책을 정당한 역사발전인 것처럼 내걸었지만, 도시와 농촌의 불균형은 국가의 3대 요소인 영토 그 자체의 붕괴를 초래하는 극한의 지경으로 치달았으며, 급기야 국가의 총체적 위기를 초래하는 데 이르렀습니다.

　천지대자연은 스스로 그러할 뿐입니다. 천지대자연은 스스로 그러하기에 스스로 건강한 밸런스를 지속합니다. 자연에 대한 문명의 파괴는 스스로 그러한 리듬을 괴멸시켜 왔습니다. 이제 자연은 무분별한 문명의 확대를 더 이상 허용하지 않습니다. 최근 우리가 겪고 있는 코로나19의 비극도 그 문명의 한계를 예시하는 하나의 증후입니다.

　우리 민족은 이 지구상에서 너무도 아름다운 금수강산의 특혜를 자연으로부터 증여받았습니다. 백두에서 한라까지 한 치의 땅도 천지인 삼재의 최적의 조건을 구비하지 않은 곳이 없습니다.

우리 민족은 환웅이 신단수 아래 신시를 개벽한 이래 아사달 모든 곳에 농촌을 건설하고 홍익인간의 교화를 실천하였습니다. 우리나라의 농촌은 자본주의 자본의 횡포에 농락당하기만 하는 나약하고 빈곤한 먹을거리 생산지가 아니라, 반만년의 역사와 지혜와 음양의 순환과 공동체윤리의 보고이며, 아사달 문화의 집약태입니다.

우리나라 농촌이야말로 이 지구상의 인간의 문명이 건설한 가장 슬기로운 문화의 정화입니다. 이 보물이 사라진다는 것은 우리의 역사와 문화가 단절된다는 것, 즉 인류의 지혜가 손상된다는 것을 의미합니다. 그것은 우리 삶의 가장 긴요한 생명선이 끊어진다는 것, 우리의 모든 낭만이 짓밟힌다는 것을 의미합니다. 옛 경전에도 이런 말이 있습니다: "인간이라면 모름지기 천지의 화육을 도울 줄 알아야 한다."

우리의 농산어촌은 사라져서는 아니 되는 인류의 자산입니다. 그리고 국가의 정책만 바르게 정립된다면 현세계의 모범적인 농촌으로 다시 태어날 수 있는 가능성을 보유하고 있습니다. K-pop, K-방역과 더불어 K-농촌의 이상적 모습은 인류에게 구체적인 삶의 이상을 던져줄 것입니다.

우리는 이 행진을 기획하면서 삼강오략三綱五略의 강략을 제시했습니다. 기후위기에 대응하는 농촌, 먹을거리 위기에 대응하는 농촌, 지역위기에 대응하는 농촌을 목표로 실현가능한 구체적인 방법론 5항목을 제시했습니다. 우리의 행진은 이러한 삼강오략을 연역적으로 선포하는 것이 아니라, 지역민들 자체의 목소리를 온 천하에 드러내는 귀납적 방법을 택할 것입니다. 지금 우리나라 농산어촌의 문제가 과연 무엇인지, 그 현황에 대해 우리 국민이 너무도 모른다는 데 가장 큰 문제가 있습니다. 우리는 국가운영의 방략에 관해 경중을 가릴 줄 알아야 합니다. 정치인들 서로간에 인신공격이나 정책의 생산적 논의가 결여된 무근설화無根說話로부터 보다 본질적 문제로 관심의 방향을 틀어야 합니다.

단지 농어촌의 문제가 선거표수에 큰 영향을 미치지 않는다는 천박한 상념 때문에 정치판도에서 외면시 된다면 이 나라의 희망은 사라지고 말 것입니다.

농산어촌 개벽대행진을 추진하는 우리 모든 사람들은 국민 모두에게 이 민족 역사의 모든 느낌을 담아 호소합니다. 다함께 농산어촌을 살리는 행진을 계속합시다. 농산어촌이 살아나야 국운이 끊어지지 않습니다. 대한민국 만세! 만만세!

2021년 10월 8일

祝開闢大行進之詞

개벽대행진 도올 고천문告天文

2021년 10월 26일 / 해남 땅끝마을

유세차維歲次 2021年 신축년辛丑年 늦가을 10月 26日

조선대륙에서 생계를 이어가는 민중 전체를 대변하여 국민총행복과 농산어촌 개벽대행진에 나선 우리는, 우리 조선의 하늘과 땅과 더불어 노력하시는 하느님께, 조선대륙의 최남단 땅끝마을에서 감히 소고昭告하나이다.

코로나가 창궐하고, 민심이 동요하고, 대선을 앞둔 이 시점, 국가는 정의로운 지표를 찾지 못해 표류하고, 하고많은 창생은 혼란스러운 운세 속에 갈팡질팡, 미래의 비젼을 보지 못하고 있습니다. 하느님이시여! 이 모든 혼미를 거두시고 삼천리 금수강산의 정의로운 모습을 보여주소서! 우리의 하늘과 땅을 짓누르고 있는 자본주의적 횡포와, 외세의 억압과 착취, 과학을 빙자한 이성의 폭력, 외래의 종교가 부과하는 모든 형이상학적 기만, 진보를 가장한 음흉한 독점, 조선의 사람을 조선의 땅으로부터 분리시키는 식량자본의 농간, 이 모든 음해를 진멸하소서. 하느님이시여! 당신은 스스로 그러하시온 자이니이다. 이 땅과 하늘이 스스로 그러하지 못하게 만드는 인위문명의 파멸을 무욕의 지혜로 막아주소서. 하늘과 땅과 인간이 모두 스스로 그러한 평화를 누릴 수 있도록 그 본래적 가치를 회복케 하소서.

한국의 농촌마을에 아기들의 울음소리와 어린이들의 뛰노는 웃음소리가 모든 음모와 부정과 불평들을 진압할 수 있게 하소서. 이 민족의 모든 뜻있는 자들이 한국농산어촌의 문제를 바르게 인식하고 그 진로의 핵심에 뛰어들게 하소서. 우리의 행진으로 농어민의 모든 바램이 모든 사람에게 알려지고 정의로운 앞날이 스스로 열리게 하소서.

우리 대표단은 이 땅끝마을에서 천지대자연의 정화인 청수 한 그릇으로 우리의 하느님께 공신전헌恭伸奠獻하오니, 하느님이시여! 우리의 호천망극昊天罔極한 피눈물을 굽어살피시어 흠향하시고, 모든 사람이 동귀일체하는 새 세상을 개벽하시옵소서.

상향尙饗, 상향尙饗, 상향尙饗

기조연설

동학과 21세기 혁명

도올 김용옥

2021년 12월 17일 / 오전 9시 40분~10시 20분 / 라한호텔 전주

러시아 볼셰비키혁명의 지도자 중의 한 사람이었던 레온 트로츠키Leon Trotsky, 1879~1940는 혁명에 관하여 매우 의미심장한 한마디를 남겼다:

"혁명은 광적 영감(mad inspiration)이다."(『나의 삶』).

여기 "광적"이라는 말은 질풍노도와 같이 휘몰아치는 어떤 급격한 변화를 연상케 한다. "영감"이란 그러한 변화가 민중의 가슴에 심어주는 희망이랄까, 비젼이랄까, 광풍 속의 주마등과 같이 변해가는 역사장면들에 대한 흥분, 통찰 같은 것을 의미할 것이다. 아마도 트로츠키가 이 말을 했을 때는, 혁명을 이끌어가는 지도자들의 가슴에 들끓어오르는 의식상태를 포괄적으로 지칭한

말이었을 것이다. 분명 전봉준Jeon Bong-jun, 1855~1895에게도 동학혁명은 "광적 영감"이었을 것이다. 조선 한성부에서 교수되는 그 순간까지 그 영감은 그를 떠나지 않았을 것이다.

"혁명"에 해당되는 서양말, "레보루치오revolutio"는 기실 "천체의 회전the revolution of celestial bodies"을 의미하는 말이며, 기존의 체제나 권력이나 가치의 총체적인 전복을 의미하기에는 매우 미흡한 단어라고 말할 수 있다. 그에 비하면 우리 동방인들이 쓰는 "혁명革命"이라는 단어는 훨씬 더 강렬한 "갈아치움"의 의미를 전하고 있다. "혁명"은 "하늘의 명命Heavenly Mandate"을 갈아치우는 것이며, 때로는 하늘의 명의 주체인 하느님 그 자체를 갈아치우는 것을 의미하기도 한다. 기실 서방의 사람들은 우리 동방의 고전 속에 배어있는 이런 혁명의 사유를 쉽게 이해하지 못할 것이다.

서양의 정신문화전통의 샘물이라고 할 희랍의 철학에는 혁명의 사상을 거의 찾아볼 수 없다. 헬라스의 사람들은 불변의 형상形相(이데아Idea)을 추구했으며, 그것은 모든 요소들이 수리적인 밸런스를 이루는 관념의 형상이었다. 그러한 이데아는 변화를 거부하며, 고착된 질서의 완벽성을 갈망한다. 따라서 혁명은 거부된다. 그들은 조화나 질서(cosmos)가 시공의 질서 속에서 변화하는 요소들의 교감으로 이루어질 때만이 참다운 조화가 된다는 지혜를 터득하지 못했다. "변화"(易)야말로 불변보다 더 고귀한, 상위의 가치라는 것을 알 길이 없었다.

이러한 희랍전통은 기독교와 결합되면서 완고한 중세의 철학을 형성시켰다. 중세의 철학은 기존의 확립된 권력의 형태나 신조의 유지에 모든 우선권을 부여했다. 중세의 모든 철학적 노력은 결국 불합리한 사회구조나 교회권력의 절대적 우위를 확보하고, 그 것의 변화를 꾀하는 모든 이단적 사유를 어떻게 박멸하고 질식시키느냐 하는 데 총동원되었다. 신성에 대한 인성의 절대적 복속, 권력의 불평등을 민중 다수로 하여금 감수케 함으로써 사회질서를 유지시킬 수 있다고 하는 완고한 신념이야말로 교회가 존립하는 이유였다. 이러한 역사의 흐름 속에서 혁명은 설 자리가 없었다.

르네상스 인문주의Renaissance Humanism운동이 역사의 지평 위에 떠오르고, 근대적 국민국가의 태동과 더불어 로마 카톨릭 교회 권력의 보편주의를 거부하는 종교개혁Reformation이 다양한 구체적인 성과를 얻으면서, 혁명이라는 단어는 비로소 의미있는 말이 되기 시작했다.

그러나 근대적 정치이론의 선구자인 마키아벨리Niccolò Machia-velli, 1469~1527조차, 혁명의 위협을 견디어낼 수 있는 국가의 창조의 중요성은 말하지만, 혁명 그 자체의 중요성을 말하지 않는다. 다시 말해서 체제의 전복이나 사회의 개혁보다는, 참으로 안정적일 수 있는 국가의 창건에 관심이 깊었던 것이다. 17세기 영국의 문필가, 스튜어드왕가시대의 열렬한 공화정(Commonwealth) 시인이었던 존 밀턴John Milton, 1608~1674은 혁명의 내재적 기능을 인간사회가 그 정당한 가능성을 실현하는 데 도움을 주는 필요한 장치로서 옹호한, 매우 초기의 사상가였다. 그는 혁명이야말로 한 사회가 독재권력의 남용에 대하여 자신을 방어하는 정당한 권리라고 생각했다. 혁명이 창조하는 새로운 질서는 인민의 보편적 요구를 실현하는 것이어야만 한다. 밀턴에게 와서야 혁명은 "자유"라는 개념의 성취의 수단으로 인식된다. 그가 쓴『아레오파기티카Areopagitica』(1644)는 인류사에서 언론의 자유를 가장 선명하게 표방한 경전으로서 평가된다. 그에게서 등장한 "자유"라는 개념은 헤겔의『역사철학』에까지 계승된다. 18세기 구미권의 다양한 혁명 또한 결국 억압적인 권력으로부터 인민들이 자유를 쟁취하려는 노력의 제 양태로서 간주될 수 있다. "자유"와 결부된 유토피아적 환상은 모든 근대적 혁명의 사상적 기저로 깔려있는 것이다.

독일의 철학자 임마누엘 칸트Immanuel Kant, 1724~1804 또한 인류의 진보를 위한 동력으로서 혁명을 시인한 계몽주의 사상가이다. 그는 "계몽주의란 무엇인가?What is Enlightenment"란 글 속에서 이렇게 말한다: "사페레 아우데Sapere aude! 너 자신의 오성을 사용하는 용기를 가져라! Have courage to use your *own Understanding*!"세상을 살아가는데 자신의 이성을 공적으로 사용하는 자유야말로 가장 무해한 양태의 자유라는 것이다. 계몽에 필요한 모든 것, 그것은 결국 자유로 귀결된다는 것이다. 칸트는 혁명에 뒤따르는 사회적 혼란이나 인민들의 희생이나 고통은 필요불가결의 역사적 과정이라고 보았다. 혁명은 인간세의 고등한 윤리적 이상의 실현을 위한 자연적 과정의 단계라고 보았다. 칸트가 『순수이성비판』을 완성한 것은 1781년이다. 그 시기는 프랑스대혁명(1789)이 일어나기 전야의 상황이었다. 다시 말해서 칸트는 프랑스에서 일어나고 있는 정치적 변화를 사유로 포착하고 철학으로 체계화하는 작업을 감행하고 있었던 것이다.

이러한 칸트의 작업은 헤겔G. W. F. Hegel, 1770~1831로 계승되었다. 헤겔은 인간의 역사를 자유의 실현의 과정으로 간주한다. 절대정신이 자기를 드러내는 자기현현의 과정이 역사인 것이다. 절대정신은 역사적 과정을 초월하여 있는 존재가 아니라, 역사 속에서의 존재(Vernunft in der Geschichte)이다. 절대정신은 이성적 전개를 통하여 자기 목적을 실현해나간다. 그 목적이 바로 "자유의 확대"인 것이다. 절대정신의 자기현현의 과정이 곧 변증법이며, 이 변증법은 즉자적(an sich), 대자적(für sich), 즉자대자적(an und für sich)의 3단계적 전개를 반복한다. 이 단계적 전개는 필연적 과정일 수밖에 없다. 여기서 말하는 단계적 발전과 필연적 과정이라는 개념은 칼 맑스Karl Marx, 1818~1883의 혁명론의 핵을 형성한다.

동학Dong-hak(Eastern Learning)은 세계사적으로 18세기 말의 미

국의 독립전쟁, 프랑스시민혁명과 20세기 초의 러시아 볼셰비키 혁명의 중간에 위치하고 있다. 크로놀로지상으로 중간일 뿐 아니라, 동학은 이 양대사건의 특성을 통합하는 신테제synthesis적 성격을 구유하고 있다. 한국역사에 익숙하지 못한 세계시민들을 위하여 동학에 관하여 몇 마디만 개괄적 설명을 하고자 한다.

우선 동학은 "서학"(Western Learning, 서양의 종교와 학문)에 대립하는 개념이 아니다. 동학의 "동"은 "해동"을 의미하며 "조선"을 의미한다. 즉 동학은 조선 고유의 사상을 표방한 것이다. 동학을 지칭한 말은 본시 "무극대도無極大道"(The Limitless Great Dao)였다. 동학의 "학"(Learning)은 단순한 "배움"을 의미하는 것이 아니라 혁명의 방법론을 총괄하여 부르는 말이다.

창시자인 최수운Choi Su-wun, 1824~1864은 20대에 행상으로서 전국8도를 주유하면서, 피폐한 민중의 삶과 조선의 운명을 결정짓고 있는 국제정세, 그리고 중국에 대한 서구열강의 침탈, 아편전쟁과 태평천국운동의 실상, 그리고 서구제국주의의 첨병으로서 동아시아 정신문명을 물들이고 있던 "기독교"라는 종교의 활약상에 관하여 매우 구체적인 정보를 획득하고 "보국안민輔國安民"(Correction of Government and Pacification of People. 국가의 잘못을 광정하고 민생을 안정시킴)이라는 테제를 혁명의 깃발로 내세웠다.

따라서 수운의 문제의식은 세계혁명사에 있어서 매우 유니크하고 복합적인 성격을 지니고 있다. 첫째, 그는 19세기 중엽에 이미 조선의 왕조체제가 민중을 통치할 능력을 상실했다고 판단한 유일한 사상가였다. 따라서 정치적 혁명의 가능성을 역사의 필연으로 간주했다는 의미에서 맑스가 주장하는 "필망론"의 논리를 이미 체현해냈다고 볼 수 있다. 둘째, 수운과 그의 후계자 해월 최시형崔時亨, 1827~1898은 혁명의 구체적인 방법으로서 포접제包接制라는 매우 성공적인 결사조직을 만든다. 이 조직은 30여 년에 걸쳐 꾸준히 전 국민을 묶는 촉진제로서 건강하게 확산되어갔다.

셋째, 조직을 건강하게 움직이려면 조직을 담당하는 사람들의 가치관을 통합시키는 정신적 기준이 필요하다. 수운은 이러한 기능을 할 수 있는 바이블을 만들었고, 후계자인 해월은 그 바이블의 원고를 가감없이 원래의 모습대로 상재上梓하는 것을 자기생애의 최대소임으로 알고 실천하였다.

넷째, 수운이 쓴 바이블은 사람을 속박하기 위한 체계적 교리가 아니라, 자기 삶의 느낌을 그의 공생애의 과정을 통하여 의식에 펼쳐지는 대로 기술한 노래이며 짤막한 논문들이다. 그것은 초대교회의 케리그마Kerygma(교회조직의 이해가 걸린 선포의 언어)가 배제된 역사적 예수(Historical Jesus)의 로기온logion자료와도 같은 것이다. 생생한 인간 최수운의 육성이기에 진실하게 민중의 가슴으로 파고들 수 있었다.

다섯째, 수운의 혁명작전은 매우 복합적이다. 정치혁명은 국운의 쇠퇴와 더불어 반드시 도래한다. 그러나 그 권력의 전복을 당장 실행할 수 있는 힘은 민중에게 없었다. 그 대신 수운은 자신의 왕조체제와의 대결을 공적으로 선포하고 죽음을 선택한다(1864년 3월 10일 참수). 그는 자신의 죽음이 조선왕조를 전복시킨다는 확고한 신념을 최후의 일순간까지 잃지 않았다. 그러기에 그 신념을 위해 그가 할 수 있는 것은 정치적 혁명의 선동이 아니었다. 인간의 삶의 인식체계, 그러니까 삶의 방식을 근원적으로 바꾸는 반전反轉을 요구하는 근원적으로 새로운 운동이었다. 그러한 근원적이고도 총체적인 회전을 수운은 "개벽開闢"이라 불렀다. 이 "개벽" 사상은 20세기를 통하여 모든 민중운동의 주제가 되었다.

여섯째, 개벽은 반드시 왕조의 타도와 연계되어야 한다. 그런데 수운에게 "왕조의 타도"는 왕권의 대체나 체제상의 소멸을 의미하지 않는다. 왕조를 유지했던 우리의 모든 의식구조의 뒤바뀜이 일어나지 않으면 안된다고 그는 생각했다. 그것은 모든 권력의 수직구조를 수평구조로 전환시키는 것이다. 이것은 매우 래디칼한 인간평등관을 전제로 하는 것이다. 수운은 득도 후에 곧 두 여자 노비를 해방시키고, 하나는 수양딸로 삼고 하나는 며느리로 삼았다.

일곱째, 수운은 조선왕조 속에서 산 사람이지만 그의 의식계는 전 인류의 평화와 밀접하게 연계되어 있었다. "십이제국 괴질운

수"라는 말을 자주 쓰는데, "십이제국"은 이미 19세기의 인간세
가 열강들의 제국주의싸움에 시달리는 시대라는 뜻이고, "괴질운
수"는 당시 동아시아 세계에 만연되었던 콜레라 대유행을 뜻한
다. 1860년 전후로 외국 선교사들의 보고에 의하면 40만 명이나
죽었다고 하는데, 실제로 많은 사람이 사망한 것은 틀림이 없다.
수운은 이러한 시대적 분위기를 쇠운衰運의 극極으로 보고, 성운
盛運이 도래하는 계기라고 진단한다. "다시개벽"의 좋은 기회라
고 선포하는 것이다.

　여덟째, 다시개벽의 다시없는 좋은 찬스를 훼방 놓고 있는 것
이 기독교의 전파라고 수운은 진단한다. 왕조권력의 수직구조를
근원적으로 타파하는 것은 왕권을 지원하는 모든 초월적·신비
적 존재자들을 제거시켜야 한다. 신God이 인간 위에 초월적 권력
으로 군림하는 한, 인간은 왕권의 권위로부터 벗어날 길이 없다.
기독교의 문제는 신의 유일자화, 실체화, 인격화, 초월자화, 전지
전능의 허구화를 통해 범인을 기만하는 데 있다. 기독교의 유일
신론monotheism이야말로 왕권의 최후보루이며, 제국주의의 가면
이라는 것이다. 애초에 수운은 서구문명의 강점인 과학과 합리적
사유를 수용하기 위해서는 서학 즉 기독교를 배워야 한다고 생각
했다. 그리고 몸으로 인격신과 대면하는 신비체험을 한다. 그러나
자기체험을 1년 동안 깊게 검증하는 과정을 통해 초월적 절대자
로서의 하느님은 존재하지 않는다는 결론에 도달한다. 하느님은
시공의 생성에 참여하는 과정적 존재라는 것이다.

아홉째, 수운의 최종적 결론은 사람이 곧 하느님이라는 것이다. 하느님은 나의 몸에 내재하며 천지와 더불어 생성한다. 이러한 결론은 신에게 사망을 선고한 니체의 사유나 종교를 아편으로 간주한 맑스·엥겔스의 사유보다 훨씬 고차원의 발상이다. 신이라는 실체적 대상을 살해하는 것이 아니라, 인간이 신과의 관계에서 느끼는 모든 느낌의 충족감을 천지대자연의 과정적 생명에 대한 외경심으로 확대시키는 것이다. 신이라는 픽션이 약동하는 생명으로 리얼하게 우리 삶에 참여한다. 이러한 신의 참여를 수운은 도덕(=도성입덕道成立德, 도가 이루어지고 덕을 세운다)이라고 부른다.

미국의 독립전쟁을 혁명이라고 부를 수는 없다. 혁명은 권력의 권위소재의 변화가 아니라, 근원적인 사회구조의 변혁, 권력 그 자체의 구조적 변화, 더 나아가서는 사람들의 삶의 방식이나 인식체계의 혁신이 일어나야 한다. 그리고 그러한 변혁은 기존체제의 관성과의 긴장과 마찰 속에서, 대중의 분노를 리드해가는 작은 그룹들이 어떠한 계기를 통해 연합되어 기존의 체제를 무기력하게 만들 수 있을 때 일어난다. 미국의 식민지인들은 영국으로부터의 독립을 원했다. 미국은 황무지 위에 신세계를 건설했다. 그 건설과정의 밑바닥에 있는 것은 자유였다. 그들은 전통의 속박이 없는 자유로운 땅에다가 자유로운 나라를 만들었다. 그것은 혁명이 아니라 건설이었다. 그러나 건설과정에서 너무도 잔혹한 도륙을 일삼았다. 1960·70년대의 월남전에까지 그러한 오류는 계속되었다. 그에 비하면 프랑스의 18세기 말 정치사는 "시민"이라는 단어를 의미있게 만드는 창조적인 혁명의 과정이라 말할 수 있다. 그 과정을 통해, 자유니, 평등이니, 주권재민이니 하는 개념이 구체화되었다. 그러나 프랑스혁명이 표방한 「인권선언」(1789. 8. 26)이 제도적으로 확고하게 구현되는 데는 두 세기의 옥신각신하는 연변演變이 요구되었다. 혁명은 아직도 도처에서 진행중이다.

지난 두 세기 동안 지구촌 각처에서 일어난 혁명은 거시적으로 보면 모두가 하나의 동시적 패러다임 속에 포섭된다고 말할 수 있다. 기존의 억압적 권력으로부터의 해방이라는 공통분모를 가지고 있다. 그 공통주제는 역시 "자유"이다. 그러나 혁명의 목표가 자유일 수는 없다. 자유는 억압으로부터 풀려나는 일시적 감정일 수는 있으나 항구적이고도 보편적인 이상일 수는 없다. 자유는 아포칼립스가 아니다. 나의 자유는 자율적인 규제를 통하여 보편적인 가치와의 연대를 모색하지 않으면 안된다. 그 연대에서 피어나는 것이 평화다. 평화는 궁극적으로 무아無我를 통하여 달성되는 것이다.

수운은 혁명의 궁극적 목표를 "천지대자연의 성실함에 대한 인간의 공경심"이라고 표현한다. 서구인들에게는 이러한 수운의 사상이 매우 이해하기 어려울 것이다. 인간의 해방은 반드시 자연과의 공생에서 달성되어야 한다. 수운은 "나의 사상은 성誠, 경敬, 신信, 세 글자로 요약되는 것이다"라고 말한다. 성誠(Sincerity)은 대자연의 성실한 운행이다. 경敬(Reverence)은 인간의 대자연에 대한 경외심을 말한다. 신信(Verification)은 자연의 성에 대하여 인간이 경을 지닐 때 나타나는 신험한 덕성들이다.

인간人間은 "간間"의 존재인 한에 있어서 어떠한 경우에도 자유로울 수 없다. 인간의 참된 자유는 모든 인간이 한몸이라고 하는 "동귀일체同歸一體"(Every existence together forms One Cosmic Life)의 경지에서 달성되는 것이다.

지난 두 세기 동안의 혁명은 로칼한 혁명이었고, 뚜렷한 타도의 권력대상이 있었다. 그것은 형이하학적 혁명이었다. 그러나 21세기의 혁명은 전 지구적인 관계양상의 혁명이며, 문명이나 과학 그 자체의 타당성을 검증해야만 하는 메타과학적, 형이상학적인 혁명이다.

억압에서 풀려나 물질적 풍요를 누리기 위한 혁명이 아니라 문명의 발전을 역방향으로 되돌리는 반문명의 회귀(Counter-cultural Returning)가 되어야 한다. 우리가 잘살면 잘살수록 문명 속의 격차와 괴리는 다시 심해지고, 자연은 쓰레기더미화 되며, 자정능력을 상실한다. 우리의 적은 타자화된 계급투쟁 속에 있는 것이 아니라, 일차적으로 우리 내부에 있다. 사회체제화 되어버린 자본의 독주는 자본과 관계되는 모든 함수를 노예화 시킨다. 자본은 정치를 노예화 시키며, 우리가 살고있는 문명을 노예화 시키며, 문명이 산출하는 학문, 과학, 예술, 그 모든 것을 노예화 시킨다.

우리가 딛고 서있는 하늘과 땅을 노예화 시킨다. 과연 이대로 간다면 인간세의 운명이 얼마나 갈 것인가?

수운이 대구장대에서 목이 잘린 후 30년 후 녹두 전봉준全琫準, 1855~1895 장군의 리더십 아래 동학혁명이 일어났다. 그리고 30만 명의 조선민중이 한없이 추상적인 듯이 보이는 수운의 대의명분을 위하여 아낌없이 목숨을 바쳤다. 왕조는 사라졌지만 동학은 살아남았다. 그 동학의 불꽃이 대한민국임시정부(1919)를 만들었고 촛불혁명(2016~7)을 만들었다. 지금이야말로 전 인류의 혁명도시들이 연대하여 새로운 개벽의 혁명을 실천해야 할 것이다.

Keynote address for the
World Revolutionary Cities
Solidarity Conference
by
Doh-ol Young-Oak Kim

Eastern Learning and Revolution in the 21st century

One of the leaders of the Bolshevik movement, Leon Trotsky (1879~1940) once offered an interesting observation about revolutions (*My Life*):

"Revolutions are the mad inspiration of history."

Trotsky's characterization evokes something of a turbulent and sudden transformation. By "inspiration" he meant the hope or vision that such changes bring about in the people's hearts — or the excitement that comes from observing the tumultuous events of history unfolding as if a weathervane spinning violently in a tempest. Trotsky was surely trying to capture the mentality of the revolutionary leaders in its entirety, their collective, fierce spirit. Undoubtedly, so too was the Donghak Revolution a "mad inspiration" for Jeon Bong-Jun (1855~1895), who upheld this spirit until the very moment of his execution at Hanseong, Joseon.

The western origin of the word for revolution (*revolutio*) comes from the concept of revolving heavens, i.e., "revolution of the celestial bodies," which may be inadequate for characterizing the kind of total reversal of the existing power structure or values. In comparison, the eastern word for revolution, *Hyuk*(革) *Myung*(命) carries a strong implication for "replacement"—more specifically, "replacing the heavenly mandate (命)," or even replacing the heavenly god itself, the originator of such a mandate. Such meanings behind the term in the eastern tradition is not easily translated for a western audience.

In Greek philosophy, which is often considered the foundation of western culture, one rarely encounters the concept of revolution. Instead, the people of Hellas pursued the immutable notion of *Idea*, a state of being where every element coexists in a harmonious, mathematical balance. Such a notion of *Idea* rejects change and aspires for the perfection of a fixed order. Therefore, revolution has no place in this world view. The Greeks did not quite understand that harmony and order (*kosmos*) are only truly achievable when they are able to harness the concrete changes of the spatiotemporal reality which we inhabit. They could not have understood the notion that Change is a higher, more noble concept than that of Permanence.

Such a Greek tradition enmeshed with Christianity and begat the inexorable philosophy of the Medieval Period. Medieval philosophy adamantly prioritized the maintenance of the established power or belief structure. Most of the philosophical efforts in this period, therefore, was devoted to promoting and sustaining unreasonable social structures and the absolute authority of the Church, and to eradicating any efforts to introduce change by punishing and expunging notions of heresy. The very *raison-d'être* of the Church, therefore, was to philosophically promote the belief that the societal order can only be maintained through keeping the majority under an uneven power structure, translating also, to the absolute subordination of mankind to God. With this historical backdrop, revolution had clearly no place to stand.

When Renaissance Humanism rose above the historical horizon, and with the advent of Early Modern nation states, various religious Reformations started making progress by rejecting the universalism of the Roman Catholic Church, the word "Revolution" finally begins to acquire meaning.

But even the so-called father of modern political theory, Niccolò Machiavelli (1469~1527), does not discuss the importance of Revolution itself, even if he does refer to the importance of forming nation states that will endure the threat of Revolution. In other words, he was more interested in the development of a stable political entity than in a reformation of existing social or political structures. The 17th century poet and intellectual, John Milton (1608~1674), who was an impassioned civil servant of the Commonwealth of England, was one of the first thinkers to defend the inherent usefulness of Revolution as a necessary tool for human societies to achieve its due potential. Milton believed that Revolution was in fact a basic right for any society to defend itself against dictatorial abuse. The new order created by Revolution must reflect and realize the demands of the general populace. It is not until Milton that Revolution is conceived as the means to achieve "Freedom." His *Areopagitica* (1644) is known throughout our history as the most eloquent and influential philosophical defense for the right to Freedom of Speech and Expression. This Miltonian notion of "Freedom" continues all the way to Hegel's *Philosophy of History*. The various revolutions of 18th century Europe and America can also be considered forms of effort by the masses to achieve freedom from the oppressive powers of the authority. Behind every modern revolutionary theory exists the base concept of "freedom" and the corresponding utopic fantasy.

The German philosopher Immanuel Kant (1724~1804) was a thinker of the Enlightenment who also acknowledged the power of Revolution as a driving force for the progress of mankind. In his essay, "What is Enlightenment," he states: "*Sapere aude!*" "Have courage to use your *own* 'Understanding'!" To be able to publicly use one's own Reason as applied to one's own life is, according to Kant, the most innocuous form of freedom. Everything that is required for enlightenment, in the end, boils down to freedom. Kant regarded the post-revolutionary chaos, sacrifices and pain of the citizenry as but a necessary historical process. Revolution was for Kant a natural corollary to humankind's effort to achieve the highest ethical ideals. We must remember that Kant finished his *Critique of Pure Reason* in 1781, a time of ferment at the eve of the French Revolution in 1789. In other words, he was aware of what was transpiring in France and carried out its philosophical systematization.

Such works by Kant bore further fruit in Hegel (1770~1831), who considers human history as the very process of actualizing freedom. History, according to Hegel, is the procedure by which Absolute Spirit (*Geist*) realizes the emergence of self; here, the Absolute Spirit is not an entity that transcends the historical process but one that is squarely within history (*Die Vernunft in der Geschichte*). The Absolute Spirit actualizes its ultimate goal through rational process, this goal being "the enlargement of freedom." The self-realization of the Absolute Spirit is a dialectic, consisting of a repeated three-step process: Thesis (*an sich*), Antithesis (*für sich*), and Synthesis (*an und für sich*). This step-by-step development is a procedural necessity and constitutes the core concept of the dialectic structure of Karl Marx's (1818~1883) Theory of Revolution.

Dong-hak (Eastern Learning) is situated chronologically between the late 18th century American and French Revolutions, and the early 20th century Russian Bolshevik Revolution. Interestingly, Dong-hak Revolution displays characteristics of a Synthesis between these two major historical points of interest. I offer here a few general words about Dong-hak for the world citizens who may be somewhat unfamiliar with Korean history.

First of all, Dong-hak (Eastern Learning) is not something that is conceptually opposite to Seo-hak (Western Learning). The character "*Dong*" of Dong-hak comes from the word "Hae-Dong," which signifies "Joseon." In other words, Dong-hak adopts Joseon's foundational values. In fact, Dong-hak was originally conceived to signify "*Mu-geuk-dae-do* (無極大道: The Limitless Great Dao)." And the "*Hak*" in Dong-hak does not simply mean "Learning" in a general sense but specifically implicates a comprehensive methodology to arrive at a revolution.

The founder of the Dong-hak movement, Choi Su-wun (1824~1863), extensively traveled all of the eight regions of the Korean peninsula as a peddler in his twenties. During this time, he witnessed the devastating life of the commoners, brought on by geopolitical forces that shaped the destiny of Joseon, western imperialist invasions to China, and the reality of Opium Wars and the Taiping Rebellion. Moreover, having informed himself in detail regarding the religious movement called "Christianity," which was a forceful wave of western imperialism that was contaminating East Asian culture, Su-wun finally proclaimed his revolutionary ideals under the banner of "*Bo-Guk-An-Min* (보국안민輔國安民: Correction of Government and Pacification of People)."

Therefore, the issues that Su-wun dealt with have complex and unique characteristics in the context of revolutionary world history. First, he was already aware in mid-19th century that Joseon's monarchic government had lost its ability to properly govern its subjects. Su-wun was not only unique in this assessment, but such an assessment also considered the possibility of political revolution as a historical necessity — in short, an early manifestation of Karl Marx's revolutionary theory, specifically referring to the inevitability of collapse. Second, Su-wun and his successor "Hae-wol" Choi Si-hyung (1827~1898) adopted a special and immensely successful organizational structure called "Po-Jeop-Je (포접제包接制: a hierarchical recruiting system)" as a concrete revolutionary methodology. For 30-odd years, this organization continued to flourish and play a vital role in consolidating and mobilizing the Korean people.

Third, the healthy maintenance of an organization relies on the spiritual unification of leadership values. Su-wun authored a "Bible" that could function as just such a canon, and his successor Hae-wol took it upon himself as his life's mission to publish the original text officially in print, which was not an easy task at that time. Fourth, Su-wun's "Bible" is not a systematic doctrine devised as a tool of religious subordination, it is a series of short essays, or one could even say hymns, containing Su-wun's insightful ideas derived from his experience in public life. It is equivalent to, let's say, the words (*logion*) of the Historical Jesus that are completely devoid of the *Kerygma* (sermonized teachings that are tied to the interest of the Early Church). Precisely because it contained the unfiltered and direct words of the living person that is Su-wun himself, his writing was able to resonate deeply with the Korean public.

Fifth, Su-wun's revolutionary strategy is extremely complex. Political revolutions always go hand in hand with the decline of the government. But at that time, the ability to overturn the governmental power structure did not reside with the people. For this reason, Su-wun officially proclaims his confrontation with Joseon's monarchy and embraces his own execution (March 10, 1864). He did not relent in his belief, until the very last moment of his execution, that his death will be the fulcrum that overthrows the Kingdom of Joseon. Su-wun's action was thus not a simple political instigation; rather, it was the onset of a completely new movement that demands an epistemological reversal of human values themselves, our very way of living. Su-wun named such a fundamental and comprehensive transformation, "*Gae-byuk* (개벽開闢: Re-Making)." And it is this concept of *Gae-byuk* that became the foundation for all popular movements in 20th century Korea.

Sixth, *Gae-byuk* must be accompanied by the toppling of monarchy. But to Su-wun, this does not mean simply replacing the political structure or even its removal. He believed that a more fundamental shift in our own mentality that supported such a dynastic structure must take place. That means transforming all vertical hierarchies into horizonal relationship structures, which is based on an exceptionally radical notion of egalitarianism. In fact, after his own awakening, Su-wun immediately emancipated his two enslaved females, thereafter boldly adopting one as his foster-daughter and the other one as his daughter-in-law.

Seventh, Su-wun may have lived during the Joseon Dynasty, but his mindset was intimately related to the notion of world peace. He frequently mentions the term "*Shib-i-je-guk Goe-jil-wun-su* (십이제국 괴질운수)." "*Shib-i-je-guk*," which literally means "twelve imperialist nations," refers to the 19th century geopolitical situation, whereby we enter the era of suffering caused by imperialist conflict of world superpowers. "*Goe-jil-wun-su*" (The fortune of a mystery disease) refers to the cholera epidemic that was rampant in East Asia and around the world. According to the reports by western missionaries around 1860, the death toll reached over 400,000. Su-wun took these historical circumstances to be an indication that *decline* has reached its bottom, and that it was prime time for an *ascent* to take place. He declared it to be a perfect condition for "*Dasi-Gaebyuk* (다시 개벽: Re-Making)."

Eight, Su-wun diagnosed that the biggest hurdle against realizing the Great Re-Making was none other than the spread of Christianity. To reject the basic hierarchical structure of monarchy is to eliminate all supra-human and mystical entities that support such monarchic power structures. As long as there is a God that wields transcendent power above human beings, man will have no escape from the authority of the king. Christianity's problem lies in its power to deceive the masses through the exclusive nature of its god, which is substantiated and personalized, yet transcendent and subscribes to the fantasy of omnipotence. Su-wun considered Christian monotheism as none other than monarchy's last stronghold and the façade of imperialism. Initially, however, he was in support of Christianity, because he believed that learning Seo-hak (or Christianity) would help people embrace the merits of western culture, such as the sciences and rational thinking. Su-wun himself then undergoes a mystical experience of communing with the personal God. He takes one full year to deeply verify his experience, after which he comes to the conclusion that the absolute, transcendental God as an entity does not exist. Instead, God is the Process itself that participates in the creation of space and time.

Ninth, Su-wun comes to the ultimate conclusion that man himself is God. God resides in every human being and is constantly participating in the Universe's process of Becoming. Such a concept is, in fact, a much more complex and sophisticated notion than those of Nietzsche, who announced the "death of God," or of Marx/Engels, who simply spurned religion as "the Opiate of the masses." Instead of simply erasing a substantive being that is called God, Su-wun thus expands the notion by taking all the gratifying sensations that comes from man's relationship with God, and applies it to the wonderment that comes from the process of life itself, from the forces of mother nature and the cosmos. In this way, the fiction of God participates in our very own lives in a concrete and realistic manner. Su-wun called such a participation "*Do-Deok* (도덕: Morality) or equivalently, "*Do-seong-ip-deok* (도성입덕道成立德: Fulfillment of Tao and Establishment of Virtue).

The American Revolutionary War (1775~1783) is, strictly speaking, not a revolution. A revolution is not simply a recasting of where the power resides; it must be accompanied by a transformation of fundamental social structures, subversion of power structures, or even further, an epistemological shift, an alteration of the way of life. And these transformations usually take place during times of conflict against the established forces, when small groups of people, leading the rage of the masses, organize and unite in order to render the establishment powerless. The American colonists desired independence from England. America had built a new world on a wild wasteland, and the basis for this construction was Freedom. They established a free world on a free land that was devoid of the shackles of tradition: this is construction, not revolution. But in this process, they also performed incessant atrocities. Such errors continued to be committed until the 1960s and 70s during the Vietnam War. By contrast, the late 18th century political history of France can be properly characterized as a creative, revolutionary process — one that bestows a meaningful light on the term "citizen." Through this process, notions such as freedom, egality, and the idea that sovereignty rests with the people became concretized. Nevertheless, in order to actualize the contents of the *Declaration of the Rights of Man and of the Citizen* (August 26, 1789) nearly two centuries of ideological see-sawing had to take place; revolution is, in fact, everywhere still in the making.

The last two centuries saw many revolutions take place all over the world, which I consider to be part of single chronological paradigm when seen from a macroscopic perspective. These revolutions all share a common theme of being liberated from an oppressive establishment. Their common denominator is none other than "freedom." But the final goal of revolution cannot be that of freedom. Freedom may be rendered meaningful by a temporary release from oppression, but it falls short of an everlasting, universal ideal. Freedom is not apocalypse. The freedom that I advocate is one that has solidarity with universal values, and one that is only achieved first and foremost through autonomous restraint. What is begotten from this solidarity is called peace. Peace is ultimately attained though the realization of *Anātman*.

Su-wun expressed the final objective of revolution as achieving "mankind's reverence for the sincerity of the universe." Such a concept of Su-wun may be difficult for westerners to understand. The liberation of mankind must be achieved in harmony with nature. Su-wun declared: "my philosophy can be summarized into these three characters: *Seong* 성誠, *Gyeong* 경敬, *Sin* 신信." *Seong* (성誠: Sincerity) refers to the sincere movement of Nature. *Gyeong* (경敬: Reverence) refers to the reverence of mankind towards such Nature. And finally, *Sin* (신信: Verification) signifies the concrete, positive results as a consequence of such Man's reverence towards Nature.

The Korean word for human, "*In-gan*" (인간人間), comprises the term "relations" (간間); as long as mankind is defined by their relational structures, man cannot be completely free. True freedom can only be conceptualized and attained when we comprehend the notion: *Dong-gui-il-che* (동귀일체同歸一體: Every existence together forms One Cosmic Life).

The revolutions of the past two centuries were *local* revolutions, and they all had concrete adversaries to be overthrown. Those were revolutions with a *physical* nature, as opposed to a *metaphysical* one: The revolution of the 21th century is exactly that, a *global*, world-wide revolution defined by the need to overturn all relational modes, a conceptual revolution that necessitates the validation of culture and science themselves.

We are not talking about the kind of revolution that frees us from past restraints so that we may enjoy the abundance of resources. We are talking about the kind of revolution that pivots back the conventional development of civilization and accomplishes a "Counter-cultural Returning." The greater the material abundance we live with, the wider the gap and more severe the societal estrangement becomes, not to mention the increasing destruction of Nature, which will result in the loss of its ability to self-purify. Our enemy does not reside in the otherized entity of class-struggle but in our own interior beings. Institutionalized capitalism enslaves all functions related to the capital: it enslaves politics, civilization, and everything that the civilization produces, such as scholarship, sciences, and the arts. Capitalism even enslaves the very Heaven under which we live, and the Earth on which we stand. If we keep continuing in this manner, what will become of the fate of humankind?

Thirty years after Su-wun's decapitation at Castle Quadrangle, Daegu, the Dong-hak Revolution was launched under the leadership of General Mungbean, Jeon Bong-Jun (1855~1895). No less than 300,000 Koreans gave their lives willingly to Su-wun's great cause despite its seeming abstract quality. The monarchy perished but Dong-hak survived. That very flame of Dong-hak both established the Korean Provisional Government (1919) in Shanghai and sparked the so-called Candlelight Revolution (2016~17) in contemporary Korea. Let all revolutionary cities around the world come together in solidarity and demonstrate our readiness for a new revolution under the banner of *Gaebyuk* (Re-Making).

trans. by S. J. Kim

About the author

Doh-ol Kim Young-Oak is the foremost philosopher of Korea. Having authored no less than 90 books and produced over 300 television programs at KBS, MBC, EBS, JTBC, etc., he has, for many decades, tirelessly led the Korean public, guided popular culture and helped solidify national consciousness. Doh-ol obtained his B.A. at Korea University, his M.A.'s at National Taiwan University and Tokyo University, and his Ph.D. at Harvard University, returning to teach at his alma mater, Korea University in the Department of Philosophy as an Assistant Professor in 1982. Later, in 1996, he graduated from medical school at Wonkwang University. While he achieved professional success in a variety of areas, including cinema, documentary filmmaking, theatre, Korean classical music, and journalism, Doh-ol's extensive scholarly work remains the pillar of East Asian Classical Studies.

Doh-ol revolutionized the way in which the history of modern Korea and the popular movements were understood with his 10-part documentary series, *The History of Korean Independence Movement* (2005). His new and detailed interpretation of the Dong-hak Bible has revived the Dong-hak spirit in our contemporary Korean society. Most recently, Doh-ol can be seen traveling to far corners of the nation, marching with the Korean farmers in an effort to revive our countryside and its culture and fight against its imminent decline.

수운이 지은
하느님 노래 **용담유사**

2022년 1월 21일   초판 발행
2022년 2월 28일   1판 3쇄

현재 우리말 역 · 도올 김용옥
펴낸이 · 남호섭

편집총괄 _김인혜
편집 _임진권 · 신수기
제작 _오성룡
표지디자인 _박현택
인쇄판출력 _토탈프로세스
라미네이팅 _금성L&S
인쇄 _봉덕인쇄
제책 _우성제본

펴낸곳 · 통나무
서울특별시 종로구 동숭동 199-27
전화: 02)744-7992
출판등록 1989. 11. 3. 제1-970호

ⓒ Kim Young-Oak, 2022   값 21,000원
ISBN 978-89-8264-152-7 (04150)